マネジメントの心理学

産業・組織心理学を働く人の視点で学ぶ

伊波和恵／髙石光一／竹内倫和
[編著]

ミネルヴァ書房

はしがき

　組織のマネジメントと心理学，もしくは企業のビジネスと心理学，一見すると両者はあまり関係ないように見えますが，じつは両者を結びつけて考えることが今日きわめて重要な課題となってきています。なぜなら，組織を構成するのは，人であり，人の意識や態度，行動のメカニズムを心理学的に理解した上で，実際のマネジメント施策を考えていくことが重要であるからです。たとえば，経営学分野でもっとも権威のある学術団体であるアメリカ経営学会（Academy of Management）には25の部会がありますが，産業・組織心理学（正確には組織行動論）部会の会員がもっとも多いことは，上記の証左であると考えられます。本書は，このマネジメントと心理学との融合を目指し，タイトルを「マネジメントの心理学」としました。産業・組織心理学の重要テーマに新たな視点を付加してまとめられた初学者向け入門書です。就職や起業など，働く人が自分自身の生活や人生をマネジメント（管理）するという意味も含まれています。

　企画当初，編者3人は，東京富士大学経営学部「ビジネス心理」学科に所属していました。当時，ビジネス心理という看板を掲げる大学は稀でした。産業・組織心理学をベースに，現代の社会の要請により応えようとした結果の新しい枠組みでした。

　実際，会社などで働きはじめてから，心理学をもっと学んでおくべきだったというビジネスパーソンの声を本当によく耳にします。その一方で，残念なことに，大学で学んだことはあまり役に立たないという声も聞きます。そのようなビジネスの現場で，社会の中で活用しうる考え方や知識を，学生自身が今後10年間を考えるような気持ちで学べるようにするにはどうしたらよいか，大学での学びと社会での実践とが結びつくような体験をどのようにもたらしうるかというのが教員としての私たちの課題でした。産業・組織心理学を共通基礎領

域にしながら，個別専門領域を異にする3人の編者――ミクロ組織論（組織行動論）や人的資源管理理論の竹内，中小企業論や起業論を専門とする髙石，生涯発達心理学（成人期～老年期）と臨床心理学を主とする伊波――の間で交わされた，教育現場での模索と議論の中で，気づいた課題とその対策3点に基づき，「学生」や「若いビジネスパーソン」向けの産業・組織心理学の入門書として本書を企画しました。

　1つめは，経営学や経営心理学においては，経営者・管理職者の視点が強調されがちであるということです。幹部やトップを目指す学生には，人生の目標，あるいは未来の通過地点に至るうえで，それらの理論がとても重要であることに異論はありません。しかしながら，多くの学生や若いビジネスパーソンにとって，その視点はいささか遠すぎはしないでしょうか。一人の人間が学校段階で働くことを真剣に考えながら会社に就職し，就職した会社でいろいろと思い悩みながら活躍していくというキャリア発達過程を産業・組織心理学の各テーマに当てはめながら考えていくことが重要ではないかということです。

　そこで，各章冒頭に，ある一人の青年が，大学生から就職活動を経て中小企業の社会人となっていく様子を，12話のショートストーリーで描きました。彼は架空の人物ですが，これまで編者たちがさまざまな大学で，企業で出会ってきた人々を投影した，誰でもないが，どこにでもいるようなごく普通の青年です。

　2つめは，中小企業で働く視点の必要性です。就職活動中の学生や，社会人となった卒業生たちと話していると，大企業ベースの理論的枠組みのみでは説明しきれない現実について話題になります。ときに，「それ，教えたはずだよね？」と咎めたくなることもあるのですが，数年前に大学で学んだはずの数々の有用理論が，いわゆる「机上の空論」となって彼らの意識や関心から切り捨てられそうになるのを見るにつけ，胸が痛みます。少なくとも，「聞いたことがある」と，手がかりになるような学びの記憶の痕跡があってほしいものです。

　そのためにできることとして，各章末にケーススタディを用意しました。実

際，大学での学びに，復習や自習が問われる時代になってきています。各章での既習内容をもとに，自分の頭を使ってケーススタディを読み解いたり，グループでディスカッションしたり，別の類似例を探したりすることで，現実と理論の照合がより可能になると期待できます。

　3つめは，学生自身が心理社会的発達の主体であり，産業・組織心理学がテーマとして取り上げている現場や状況にやがて身を置くという当事者意識が淡いのではないかということです。

　「就職というものをどう考えるのか」，「就職した後で，組織の中で私はどう働くのか」ということを個人の視点で現実的に考えることができれば，学生たちにも産業・組織心理学を学習する意欲が高まるのではないかと仮定しました。すなわち，働く個人の視点からマネジメントを考えてみることの重要性です。そこで，組織から個人を捉えるというアプローチではなく，ある個人から組織を捉えるというアプローチを強調するようにしました。

　各章の執筆は，それぞれ各テーマで学会において高く評価され，第一線でご活躍されている先生方にお願いをしました。各執筆者の年代は，若手のホープ，中堅の先生，さらに円熟した先生など多岐にわたりますが，それはある年代に偏るのではなく，マネジメントの考え方の原点である適材適所を意識した結果です。

　今日，企業では高い生産性と倫理観が強く求められています。たとえて言うならば，"三方良し"の精神の重要性です。"三方良し"とは，売り手良し・買い手良し・世間良し，つまり，売り手も買い手も満足したうえに，社会貢献もできるのが良い商いであるという，近江商人の哲学を簡潔にした表現です。企業においてこのような精神を実現できるかどうかは，組織構成員である人にかかっており，今後，ますます働く人の価値はその重要度を増していくことでしょう。そのような中，本書が，マネジメントのあり方を読者が考える上で少しでも役に立つことがあれば，著者一同にとって望外の喜びです。

　本書の執筆にあたり，ミネルヴァ書房編集部の吉岡昌俊氏には企画の段階から大変お世話になりました。吉岡氏の存在なしには成立しえませんでした。な

お，編集・校正作業にあたりましては，内山暢子さん，深田和子さん，大西光子さんにも多大なるご助力をいただきましたことに感謝申し上げます。また，編者3人の出会いの場である東京富士大学の学長，岡村一成先生には，構成に関してのご助言を賜り，快く特別に寄稿していただきました。本当にありがとうございました。また，日々知的刺激を与えていただいているそれぞれの大学の同僚の先生方，そして日々支えてもらっている家族に，この場を借りて感謝の念を伝えたいと思います。

　　2014年3月

編者一同

＊文中，三方良しについては，共同研究者の菅沼憲治先生（聖徳大学）からご示唆いただきました。参考文献：菅沼憲治　2006　自分を大切にし，人を大切にするセルフ・アサーション・トレーニング——人生の棚卸しのための手続きと理論　秘書教育研究，**14**，61-68．

目　　次

はしがき

第1章　働くということ　……………………………………浦上昌則… 1
ストーリー第1話　「出遅れたわね」──就職って何だ？…… 1
1　この社会に生きること…… 4
2　働くことと職業に就いて働くこと…… 7
3　学ぶことと働くこと…… 11
ケーススタディ　上村君の働く意味…… 17

第2章　採用と就職　……………………………………………竹内倫和… 19
ストーリー第2話　"ますますのご活躍をお祈り申し上げます。"…… 19
1　企業における採用管理…… 23
2　採用計画の立案…… 24
3　採用活動の展開…… 28
ケーススタディ　面接で何を評価したら良いのか…… 37

第3章　組織と私　………………………………………………竹内倫和… 39
ストーリー第3話　会社に入る…… 39
1　組織における職業生活の始まり…… 43
2　組織適応・不適応の結果…… 46
3　組織へうまく適応するには…… 48
ケーススタディ　新入社員の育成…… 56

v

第4章　リーダーシップ——管理者・経営者の役割…竹内規彦…59
　　ストーリー第4話　リーダーシップとマネージャー……59
　1　リーダーシップとは何か……63
　2　環境変化とリーダーシップ——モデルとなるリーダー像の変遷……66
　3　ダイナミックな環境におけるリーダーシップ……71
　　ケーススタディ　旅館経営者・吉田進の苦悩……79

第5章　ワーク・モチベーション………………………林　洋一郎…81
　　ストーリー第5話　やる気の出しかた，保ちかた……81
　1　ワーク・モチベーションの定義……85
　2　欲求と特性の理論——やる気の源泉は個人の欲求……86
　3　認知的選択理論——やる気が強まるプロセスに注目する……92
　4　自己調整に関わる理論——自らを司る心理プロセス……95
　5　まとめとワーク・モチベーション研究の今後……97
　　ケーススタディ　アルバイトのモチベーション向上策……101

第6章　コミュニケーション——人と人との橋渡し…伊波和恵…103
　　ストーリー第6話　職場のコミュニケーション……103
　1　職場の人間関係とコミュニケーション……107
　2　仕事をしやすくするコミュニケーションの方法とは？……112
　　ケーススタディ　新リーダーは理解がない上司なのか……118

第7章　キャリア発達………………………………………鄭　有希…121
　　ストーリー第7話　5年後の僕たちは…………121
　1　キャリアとは……124

2　キャリア発達理論……126
　　3　新しいキャリアパラダイム……129
　　　ケーススタディ　転　職……136

第8章　人事マネジメント・教育研修……………山本　寛…139
　　ストーリー第8話　大人の勉強——管理職への挑戦……139
　　1　人事マネジメント——その特徴と領域……143
　　2　業績評価——組織の中で，個人はどのように評価されるのか？……145
　　3　教育研修——組織と個人，両方にとって望ましい能力開発とは……148
　　　ケーススタディ　教育研修のケース……155

第9章　起　業………………………………………髙石光一…157
　　ストーリー第9話　起業するということ……157
　　1　なぜ，だれが起業するのか……160
　　2　起業の心理学——起業家のパーソナリティ，認知構造，類型学……163
　　3　起業成功のメカニズム……168
　　　ケーススタディ　栄子さんの起業……174

第10章　経営革新……………………………………髙石光一…177
　　ストーリー第10話　"日々創出，日々前進！"——経営革新……177
　　1　企業の成長・発展と経営革新——なぜ，経営革新に取り組むのか……180
　　2　経営革新の心理学……185
　　3　経営革新を実現する組織……188
　　　ケーススタディ　社員たちによる経営革新……193

第11章　心の健康 …………………………………… 伊波和恵 … 197
　　　ストーリー第11話　心が風邪をひいた——同期のうつ …… 197
　　1　ストレスとストレス反応 …… 200
　　2　メンタルヘルス不全 …… 204
　　3　セルフケアとラインケア …… 207
　　　ケーススタディ　メンタルヘルス不全——働きながら治せますか …… 212

第12章　働く環境の質 ……………………………………… 施　桂栄 … 215
　　　ストーリー第12話　職場環境を見直す …… 215
　　1　安全な作業環境を保つ組織とは …… 219
　　2　安心して働きやすい人的環境とは …… 225
　　　ケーススタディ　コンプライアンスのケース（チャレンジャー号爆発事故）…… 233

補　章　働くことと心理学 ………………………………… 岡村一成 … 235
　　1　心理学の知識が産業界で応用された初期の頃 …… 235
　　2　モチベーション管理の研究 …… 236
　　3　リーダーシップの研究 …… 239
　　4　人事心理学分野の研究 …… 241
　　5　作業心理学分野の研究 …… 243
　　6　マーケティング分野の研究 …… 244

事項索引

人名索引

目　次

ストーリー編　おもな登場人物

理（おさむ）…大学3年生（21歳）。都内にある中堅総合大学の文系学生。大学卒業後，アンテナ製造販売の企業『マイクロセルテック』に入社し，営業部門に配属。

こころ…大学3年生（21歳）。理と同学年のサークル仲間。大学卒業後，人材派遣サービス会社に入社。

博樹（ひろき）…大学3年生（21歳）。理のサークル仲間で，同学年の理系学部学生。大学院へ進学，修士修了後，大手メーカーに入社。

若松主任…入社10年目。理が就職した『マイクロセルテック』社の営業部での上司。
浅野先輩…入社5年目。『マイクロセルテック』社での営業部の先輩。
木元課長…入社9年目。営業部の上司。『マイクロセルテック』社には転職してきた。
斎藤部長…入社29年目。営業部の上司。会社設立メンバーの一人。
松本社長…『マイクロセルテック』社の創業者であり，現社長。

第1章
働くということ

浦上 昌則

ストーリー第1話 「出遅れたわね」——就職って何だ？

「理(おさむ)くん，今日，ガイダンス出ていなかったでしょ？」

サークルの部室に入ってくるなり，こころちゃんは厳しめの口調で僕を問い詰めた。僕は何のことを言われているのか，さっぱりわからなかった。

「ガイダンスって？」

「就活連続講座のガイダンス，今日から始まったのよ。掲示板にも書いてあったじゃない」

あぁ，と横で博樹(ひろき)が声を上げると，スマホを取り出してスケジューラをチェックした。

「キャリア支援センターのだよね。俺ら工学部は，金曜だ」

「え，うちは……」

「そうよ，今日だったのよ。理くん，忘れているんじゃないかと思ってメールもしたのに」

慌ててスマホをバッグから出してみると，たしかにこころちゃんからメールが来ていた。着信時刻は2時間前。終わってる。出席しそこなった。

思わず，僕は机に突っ伏した。

「でも，僕ら，まだ2年だよ。まだ9月だよ？　就活って，まだ早いだろ?!」

大学にも，入ったばかりの気分でいた。

大学には週4日通っている。大体3コマくらいずつ授業を受けて，サークル活動は週3回，アルバイトもファストフード店で週3回。ときどきは土日もシフトに入る日々。この夏には合宿で自動車の普通免許も取った。

大学2年9月。たしかに，ここまであっという間だった。

それでも，卒業なんてまだまだずっと先のことだと，思う。
　就職だって，そうだ。就職のための活動だから，就活。それなら，実際にはじめるのは4年生になってからでも充分に間に合うんじゃないか？
「理くん，微妙に出遅れたわね」
　こころちゃんがしんみりと言った。意地悪な口ぶりではないのが，よけいに胸をえぐられる思いだった。けっこう，ずしんとこたえた。
「いやでも，まだ2年だから。こんな早い時期に受ける説明なんて，どうせたいした話じゃなかっただろ？」
　助けを求めるように博樹をみるが，裏切られた。博樹も，こころちゃん支持派だった。
「甘いよ，理。今は，どう準備するか，段取りをチェックしておく段階。大学入学だってそうだっただろう？　実際に入学するのは高校卒業した4月だったとしても，受験はいつ，内申書はいつの，って，必ずやらなきゃいけない準備，俺ら，やってきたよな？」
「博樹は一般受験だったからいいけどさ。僕，高校の一般推薦だったから。そういうの，今ひとつ自信ないんだよね」
「あ，わかる。私も中学受験したきり，あとは受験なしで来ちゃっているから，試験とか筆記とかってなると，正直不安だもの。やだな，ちゃんと新卒のうちに採用されるかなぁ？」
「自信のある奴なんているわけない。でも，だからこそやらなきゃいけないんじゃないか？　けっこう，一生の問題だろ」
「……」
　2人のシリアスさに，返す言葉もなかった。ものすごく正論だ。いや，就職とか，考えていなかったの，ひょっとして僕だけだったのかっていう，出遅れ感に妙に焦った。
「そもそも理くんは，大学卒業したらどうしたいの？　働きたいの？　それとも，もっと勉強したいの？　大学院とか，全然違う学校へ行くとか。留学もあるよね」
「そりゃ，ま，働くでしょ，ふつうに」
「あ，俺は進学」
　博樹は，横で軽く手を挙げ，異議を唱えた。

「なんだよ，博樹。人のことを煽っといてさ。この先，まだ勉強したいの？ まさか，博士号とか目指しちゃうの？」
「いやいやいや，博士課程はまた別として，修士は行くでしょ」
「なんで？」
「だって，俺，理系だよ？ 理系じゃ，修士は全然珍しくないからね。学内でまず進学推薦とるつもりだし。そのためにちょっとでも有利なゼミに入るつもり」
「計算づくかよ。策士だなぁ」
「これくらいは当たり前だ」
　博樹によれば，3年になったら配属される研究室，いわゆるゼミの選考がこれから始まるのだという。実際，もう具体的な候補も考えているのだそうだ。
「理くんは，一般企業に入りたいの？ それとも，公務員志望？」
「あぁ，公務員……親には勧められたな。安定しているからって」
　よくある話だが，地元へ戻って就職しろ，という親の願望とワンセットになっていた。
「公務員志望なら，もう筆記の対策講座くらい始めていないと，って時期だけれど」
「はぁ，マジか。じゃあ，一般企業で。どこでもいいから大企業に入れたらいいよね」
　軽く言ってみたら，こころちゃんと博樹，どちらからも冷たいまなざしで見つめられた。
「……何かまずいこと，言った？」
「世間知らずって，怖いわねぇ」
　こころちゃんが溜息をつくと，博樹がやけに凜々しい口調で言った。
「理，まず就活ガイダンスに出たほうがいい。話はそれからだ」
「ていうか，博樹くんみたいに，まずはスマホのリマインダとか，使ってみたら？ 予定の管理はかなり大事だよ？」
　何だか，面倒なことになってきた。
　学生のうちくらいは，のんびりしたいのに。いや，できると思っていたのに。
　よく一緒にいる博樹やこころちゃんが，案外，2年も3年も先のことを考えていることに驚いたし，本当に焦ってしまった。

「……ひとまず，キャリア支援センターに行くわ。今日の資料，もらってくる」

　２人に見送られながらサークルの部室を出て，僕は歩きながら考えてみた。

　そもそも，シューカツって，何だろう？

　サークルの先輩たちも４年になるとほとんど来なくなる。

　"１，２年生のうちに頑張って，単位は早めに揃えておけよ。４年ではゼミと卒論だけ残すのがベストだ"

　入学間もない頃，僕たち新入生を相手にそう力説していた元サークル長の姿も学内で見ない。もっともSNSでは，以前と変わりなく元気に呟き続けている。こっちで内定がとれているのに飽き足らず，彼は実家の静岡のほうでもシューカツしているのだ。地元との往復生活のために，バイトも辞めたと呟いていた。

　たまに会っても，先輩たちは皆，髪を黒髪にして，リクルートスーツを着ているから，一瞬誰だかわからない。みんな同じに見える，個性を押し隠した無機質なファッションと思ってしまったりする。どちらかと言うと，興味がないジャンルの服っていうか，全然格好いいとは思えないんだ。

　何のかんの言いながらも，僕ももうすぐそんな服を着て，シューカツするようになるのだろうか？　……まだ想像できない。

　いや，考えるべきことはもっと根本的なことだ。就職活動は，職を得るための作業に過ぎないのだから。

　それよりも，就職するって，どういうことなんだろう？

　働くって，何だろうか？

　僕は，きちんと働く人になれるのだろうか？

１　この社会に生きること

（１）　社会と個人

　本章の目的は，働くということ，とくに「職業に就いて働く」ということをしっかりと考えることである。しかし，これを考えるのは簡単ではない。なぜ

なら，それを考えるためには，われわれが生きている場についての，いくつかの基礎的な知識が必要になるからである。以下，順を追って基礎知識を確認したい。

最初に確認しておくべきことは，人間が生きている「**社会**」という場についてである。そこで次の質問に答えてほしい。「社会」とは何を意味する言葉だろうか。

小学校から教科として「社会科」が設置され，それをずいぶん学習してきているが，この問題にしっかりと答えられる人は多くないだろう。確認が必要なほどに，十分に理解されてはいない言葉なのである。

「社会」は古くから日本にあった言葉ではない。それは society の訳語として明治初頭に作られた。齋藤（1977/2005）によれば，何年もの時間と試行錯誤が費やされ，明治10年頃にようやく「社会」という訳語が定着したようである。当時の知識人は，欧米には「同質平等な個人とそれら個人のつながりとしての社会というもの」（齋藤，1977/2005, p. 185。傍点は齋藤による）が存在するようだと考え始めていた。しかし，同質平等な**個人**や，個人によって形成される社会といったものは，それまでの日本には存在しない。天皇や将軍による統治制度の中では，「同質平等な個人」は存在せず，そのため社会という概念も存在しなかったのである。それゆえ，概念の理解はもちろん訳語の定着に時間が必要だったと考えられる。

現在では，「個人」も「社会」も，誰もが知る一般的な言葉になっている。その反面，当時のように社会とは何か，個人と社会の関係はどういうものか，などといったことを突き詰めて考えようとはしないのではないだろうか。社会科は暗記科目と言われたりするが，もしそのように社会科を勉強していたならば，「社会」とは何を意味するかという先の質問には答えられないだろう。

さて，社会学の辞典などを参照すると，「社会」にはいくつもの意味が与えられていることがわかる。しかし，基本的には「個人のつながり」，「個人のつながりの様相」のことを指すと考えてよい。「人間は社会の中で生きる」ということは，「個人は，他の個人間のつながりの中で，また他の個人とのつなが

りの中で生きる」という意味なのである。

（2）　社会と職業
　このように，人間は他の個人とのつながりの中で生きている。そして何人もの個人が集まると，そこには役割が生まれる。これは家族や友人グループ，部活動といったものを考えればわかりやすいだろう。**役割**とは，社会の中で占めている地位や位置にふさわしいものとして，その個人に期待される行動様式のことと言える。個人がその役割を果たすことで社会は円滑に機能するため，社会は個人にその役割遂行を求めるのである。
　また，それぞれの個人が社会における役割を果たすことで，個人は社会からの恩恵を受ける。これを小さな組織で考えてみよう。たとえば，部活動の組織の中で，部長が部長の，会計が会計の役割を果たさなければどうなるだろうか。またその他の部員が部員の役割を果たさなかったらどうなるだろうか。このような組織は，間違いなく混乱するだろうし，そうなればすべての部員がこの組織に属している意義を見出せなくなるだろう。各構成員がそれぞれの役割を果たすことで組織はうまく作用し，それによって構成員は利を得られるのである。なお，その中の誰かが役割を果たせばよいわけではなく，また何かの役割だけが重要というわけでもない。全員がそれぞれの役割を果たす必要があるところには留意が必要である。
　これは社会のレベルでも同じである。社会でもすべての個人はそれぞれの役割を果たすことが求められる。その役割の代表的なものが職業なのである。これは読者の生活が，多くの個人の職業活動によって支えられていることを考えると容易に理解できるだろう。飲食店の一つのメニューのみを取り上げても，食材の生産から，加工，流通，販売といった多くの職業活動がその提供過程にかかわっている。このうちのどこか一つでも欠けてしまうと，それを食べることができなくなってしまうのである。
　このようにわれわれの生活は，多くの個人の役割遂行によって支えられている。そのため，この社会で生きていくからには，自らも積極的に社会にかかわ

る（役割を引き受ける）ことが不可避である。社会での役割を果たすことで自分も社会の恩恵を受けられるという，まさに他の個人とのギブ・アンド・テイクの中で生きているのである。職業に就いて働くということを考える際には，個人がこのようなシステムの中に位置しているということを踏まえておかなければならない。

2　働くことと職業に就いて働くこと

（1）働くこと

　次には，「働く」という言葉を取り上げたい。「働く」とはどういう意味だろうか。「働く」という言葉の意味を答えてほしい。

　おそらく，「仕事をすること」と考えた人が多いのではないだろうか。では，「仕事をすること」とはどういう意味だろうか。ここで「働く」ことと答えてしまうと，たんに言い換えをしているだけの堂々巡りになってしまい説明にならない。

　中には，「英語にすると，どちらも work ではないか」と気づいた人もいるだろう。たしかに，「働く」も「仕事（仕事をする）」も，work という言葉で表現できる。辞書を参照すると，work は他にも「活動する」とか「勉強する」などの意も表す，とても広い意味を持っている言葉であることがわかる。そしてそこに共通しているのは，行為や行動を表現しているという点である。

　日本語の「働く」も，広義にとらえると work とほぼ同じ意味といってよいだろう。「活動する」「動く」という活動全般を意味している。本節のタイトルが「働くことと職業に就いて働くこと」であることとも関連するが，このように「働くこと」は人の活動全般を幅広く指すので，それは「職業に就いて働くこと」と同じではない。そこで，その相違について考えてみよう。

　ここでは，何のため（誰のため）に働くのかという目的の観点から考えてみたい。生活に密着したことから趣味のようなものまで，自分自身のための活動は多い。しかし，友人のため，家族のための活動もあるし，アルバイト先のた

め，困っている人のために働くという場合もある。人間の働く目的は多様にあるので，整理のために「個人」と「社会」という区別を導入する。ある個人を自分とすると，それ以外の人はすべて社会に分類できる。そうすると，自分自身のために働くことと，社会のために働くことの2種類に分けられる。ただし，このように明確に分類できないものもあるだろう。たとえば，趣味で料理を作ることなどである。趣味なので自分のためとも言えるが，誰かに食べてもらうという意図があれば，それは社会のためとも言えるだろう。

　職業に就いて働くことに話を戻そう。職業に就いて働くことは，自分のためだろうか，それとも社会のためだろうか。先に職業は社会における役割分担であることを述べた。このことを踏まえて職業に就いて働くことを分類すれば，社会のために働くことと言えよう。しかし，自分のためという目的がまったく無いかといえばそうでもない。先に趣味で料理を作ることを例にあげたが，それが職業になった場合はどうだろう。職業になったからといって，自分にとっての料理を作る意味が無くなるわけではないだろう。またそこからの収入で生活するなら，それは自分のためとも言える。このことから，職業に就いて働くことは，自分のためでもあり，社会のためでもあるという複数の目的を同時に持つ活動と言えそうである。

(2)　職業とは

　職業は社会における役割分担であることは先に述べたが，職業とは何かという定義にかかわることには触れなかった。国語辞典では，職業は「くらしをたてるためのしごと。なりわい」などと説明されることが一般的である。また「日本標準職業分類」においては，職業は「個人が行う仕事で，報酬を伴うか又は報酬を目的とするものをいう」と定義されている（総務省，2009）。他方，尾高邦雄（1941）は，職業とは「個性の発揮，連帯の実現及び生計の維持を目指す」継続的な行動様式と，3つの要件を含んだ定義を行っている。これら3つを簡潔にまとめると次のように表現できるだろう。

- 個人的側面：（適材適所の考え方により）個性を発揮する。

- 社会的側面：社会の構成員として，分担する役割を果たす。
- 経済的側面：勤労の代償として生活のための収入を得る。

　以上の定義にみられるように，職業は大きく2つの意味で使われている。一つは，何をして生計を立てているのかを意味する職業であり，もう一つは，個人の社会へのかかわり方を意味する職業である。ここでは職業を尾高（1941）のいう後者の意味と考えておく。

　尾高（1941）のように職業の要件を細分化すると，先の何のために職業に就いて働くのかという整理と符合する部分が見えてくるだろう。経済的側面はもちろん自分のためであり，社会的側面は明らかに社会のためである。しかし，個人的側面は判断が難しい。尾高はこれを個人と社会の両面からとらえている。個人には個人差があるのだから，それぞれに適した職業に就くべきであり，そうすることは個人にとっても社会にとっても利のあることと考えるのである。そこで，この側面については個人と社会の両者のためと考えておこう。このように整理すると，職業に就いて働くことは，①自分のため，②社会のため，③自分のため，かつ社会のため，という3つの目的があると整理できる。

　なお，尾高（1941）はこれら3つの要件を重視する程度には個人差があると指摘している。つまり，3側面を意識する程度がほぼ同じである個人もいれば，たとえば社会的側面を強く意識するものの，他の2つはそれほどでもないという個人もいると考えるのである。しかし，どれかが欠落するようなことはなく，そのような場合は職業ではないとも言う。この指摘はとても重要である。たとえば職業は生計をたてるために大切ではあるが，そればかりを目的にして働くだけでは，「職業に就いて働いている」とは言い難いものになってしまうのである。

（3）　職業に就いて働く意義

　これまで，職業に就いて働くということを考えるためにさまざまなことを述べてきた。それらを簡単にまとめてみたい。

　われわれの生活している社会は，その構成員である個人が自らの役割を果た

すことで円滑に作用している。そして社会が円滑に作用すれば，すべての個人がその恩恵を受けられる。このようなシステムの中で，個人が担う代表的な役割が職業である。しかし職業は経済的側面，個人的側面，社会的側面の3つの要件を持つものであり，たんに社会的役割を果たすこと（社会的側面）だけを目的としたものではない。それによって収入を得ることや，自分の特徴を活用して社会に貢献することも重要な職業の要件なのである。職業に就いて働くこととは，自分のための活動でもあり，社会（自分以外の多くの個人）のための活動でもあり，さらに自分のためと社会のための両方を同時に追求する活動でもある，複合的な活動なのである。

　職業に就いて働くことをこのように確認できれば，その意義は自ずと明確になるだろう。自分自身という個人の観点からすれば，収入が得られることや，自分以外の誰かのために自分が貢献できたという感覚を得られることがその意義の代表的なものと言えよう。また社会的観点からすれば，それぞれの個人がその役割を果たすことで社会が円滑に作用し，個人がその恩恵を受けることができるようになるという意義がある。

　しかし，職業に就いて働く意義はそれだけに留まらない。すでに述べたように社会と職業は不可分の関係にある。藤本（1991）は，職業が成立したのは「たとえば手工業者が，その製品を，みずからまたは商人の手を通して，販売し，その代価をもって衣食を求めることが確実になったとき」とし，鎌倉時代をその始まりと位置づけている。その後，人々の生活様式も職業も大きく変化してきた。そして産業革命以降の産業社会においては，経済の役割が重要であり，職業はその発展に大きく寄与している。有本（1991）は，「職業を無視して社会の発展はありえない」とし，職業の性格によって社会の発展が規定されると述べている。このことから，職業に就いて働くということは，これからの社会を創造するという意義を持っていることも理解できるだろう。

　なお，戦後，いわゆるサラリーマンとよばれる会社組織に雇われるという職業の形態が増加し，現在ではそれが多数を占めるようになっている。このような職業の形態においては，職業に就いて働いているにもかかわらず，社会にお

ける役割分担を果たしていると実感しにくいという指摘がある（たとえば浦上,2010）。一つの例をあげよう。よい教育を多くの子どもたちに提供するという社会的役割を果たしたいと考え，ある教育関係の会社に入社した社員がいたとしよう。その会社は，実際によい教育を子どもたちに提供しているが，当然社内には経理や総務といったさまざまな部署がある。その社員は経理の業務を担当することとなった。はたしてこの社員は，経理という社内での役割を果たすことを通じて，よい教育を多くの子どもたちに提供する社会的役割を行っていると認識できるだろうか。

会社には複数の個人が属しているので，個人は会社内での役割を担うことになる。しかし，職業とは社会における役割分担であり，会社での役割分担ではない。この相違により，たとえ会社での役割に真摯に取り組んだとしても，それを社会における役割を果たしていると認識することは難しいと指摘されるのである。会社等に雇われて働く際には，会社での自分の業務と，会社が果たしている社会的役割の関係をしっかりと把握することが重要である。そこを見失うと，自分が社会に貢献しているという感覚を持ちにくくなってしまうだろう。

3　学ぶことと働くこと

(1) 教育の目的

ここまでは職業に就いて働くということについて考えてきたが，ここからは教育や学ぶということについて考えてみたい。それを，これまでと同様に個人と社会の関係からとらえると，学ぶことと働くことは密接に関連していることが理解できるだろう。

大学は一つの教育機関であるが，教育は何のために行われているかを考えたことがあるだろうか。また教育にはなぜ多額の税金が使われているのだろうか。

わが国の教育基本法第一条には，教育の目的が記されている。それは「教育は，人格の完成を目指し，平和で民主的な国家及び社会の形成者として必要な資質を備えた心身ともに健康な国民の育成を期して行われなければならない」

というものである。これまでの学校生活をふり返った際，国語や数学などといった教科を学んできたというイメージが強いと，この一文には納得し難いかもしれない。しかしそれはあくまでも学習者の感覚でしかない。わが国の教育は，ここに示された目的に達するために整備されていることを確認しておきたい。

　また，このように教育の目的をとらえなければ，それに税金が使われる理由を理解することが難しいだろう。教育基本法にあるように，教育を，この国，この社会を担っていく人を育成するためのものととらえれば，そのための費用を構成員全体で負担しようという考え方も理解しやすくなるはずである。

　このようなわが国の教育についての考え方は米国の影響を受けていると言われるが，米国では幾多の議論を経てこのような考え方を定着させている（苅谷，2004など参照）。19世紀後半，たとえばハイスクールを拡大しようとした際には，一部の人しか利用しないハイスクールのために税金の負担が多くなることに，反対する声も大きかった。そういう人たちに対して語られたことが，次のような内容である。

　　　たとえば，私のいるニューオーリンズを例にとろう。そこには二つのハイスクールがあり，それにかかる費用は，市の学校教育費のおよそ二五分の一ほどである。これらの学校が二五分の一以下の成果しかもたらしていないか，考えてみるとよい。同窓会に行って，新聞社や市議会や会計事務所や農場や工場に行って，卒業生たちがどれだけの知的，道徳的，社会的な価値をもたらしているか予想してみるがよい。そして，これらの紳士たちが州にもたらしている知性と美徳がいったい何ドルくらいの価値になるのかを自問してみるがよい（Seaman, 1885：苅谷，2004より）。

　この主張は，ハイスクールは生徒が個人的な利益を得るためのものではなく，社会全体に対して価値をもたらすものであることを強調している。そしてその価値は知的，道徳的なものでもあり，「新聞社や市議会や会計事務所や農場や工場」と羅列されているように，経済的価値でもある。このように，教育は個

人の人格を育成することはもちろん，国や社会のよき形成者を育成するために行われているのである。

（2） 何のために学ぶのか

　読者は，「何のために学んでいるのか」と問われたらどのように答えるだろうか。「将来のために」といった答えや「それを学ぶことが好きだから」「興味があるから」，もしかしたら「何となく，なりゆきで」などという回答が出てくるのではないだろうか。

　これまで児童，生徒，学生として学校に籍を置き，教育を受ける側にいたため，「学ぶこと，勉強することは自分のため」という自分を中心としたイメージが強くなっているかもしれない。もしそうであれば，これまでに述べてきたことを再度確認してほしい。自分を，社会を構成する一人の個人とみなし，その自分が**学ぶ意義**を社会的な観点から考えてみてほしい。

　もしかすると自分が学ぶ意義を社会的な観点から考えるのは難しいと感じるかもしれない。ところが，実際にはそれほど難しいことではない。なぜなら，個人は社会の中で生きているからである。社会の中で生きている以上，個人の夢や希望は社会と何らかのかかわりを持つことが多い。

　たとえば公務員になりたくて勉強している人は，なぜ勉強しているのかと問われたら「公務員になるため」と答えるかもしれない。しかし，これは個人の観点（個人の希望）であり社会的な観点は欠如している。そこで，さらに「自分は公務員になって何をしたいのか」と自問する。するとその答えは，おそらく社会的な観点を持つものになるだろう。「高齢者の活躍できる地域を創造したいから」などという答えが出てくるなら，自身の勉強は社会的な意義も持っていることになる。このような自分の学びと社会の接点を，意識できるかどうかがポイントになる。

　なお，「それを学ぶことが好きだから」といった個人的な理由の場合は違った視点での検討が必要になる。もちろんそれも学ぶ理由として重要であるが，社会との接点を見出しにくいのである。そのため，学ぶ理由とは別に，自分と

社会とのかかわり方を設定する必要がある。しかし，だからといってそれを学ぶ意義が消滅するわけではない。学ぶことの利点には，知識や技術を身に付けられることの他に，**学び方**や**学ぶ力**を身に付けられるという点がある。長い人生を通して社会とかかわり続けるためには，新しいものを学び続けることが不可欠である。とくに職業を通してのかかわりは，その傾向が強いと言えよう。そのため，学ぶ力を身に付けておくことは，長期間にわたり社会とかかわり続けなければならない個人にとってメリットとなるのである。もちろんそれは，社会にとってもメリットである。

　学ぶことにしても働くことにしても，その重要性は個人が社会の中で生きている，生きていくという事実から生じる部分が大きい。本書はとくに職業に就いて働くことに焦点が当てられるが，職業に留まらず，他のさまざまな役割で働くことを通して個人は社会とかかわっている。個人が社会に積極的にかかわるということは，個人にとっても，社会にとっても有益なことである。そして個人の社会にかかわる力，かかわり続けられる力は，学ぶことによって育成され，その学びを支援するために教育というシステムが作られている（図1-1）。

　われわれは，このようなシステムの中で生きていることを忘れないようにしたい。いわゆる**アイデンティティ**は，このようなシステムを踏まえたうえで形成される意識である。アイデンティティとは，「自分は何者なのか」といった

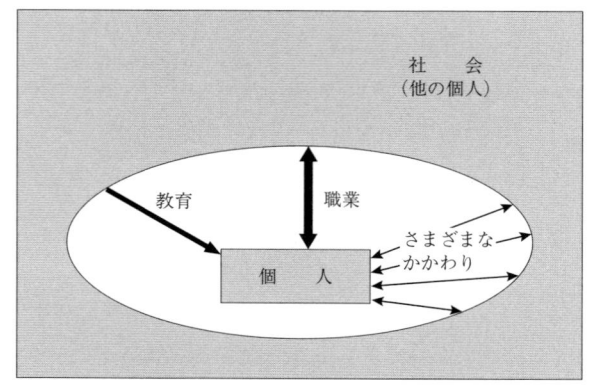

図1-1　個人と社会のかかわりについての模式図

第1章 働くということ

自己への問いかけに対する肯定的で確信的な回答のことであるが，この回答を形成するには自分を社会の中に位置づける必要がある。働く意義や学ぶ意義についての混乱は，自分と社会の関係における混乱，すなわちアイデンティティの混乱とも言える。もし混乱した際には，自分という個人は社会の中で生きているということを再確認すると整理がつきやすいはずである。

 〈もっと詳しく知りたい人のための文献紹介〉

梅澤正　2008　職業とは何か　講談社現代新書
　⇨本文中でも紹介した尾高（1941）による職業の考え方に基づいている。比較的読みやすく，職業とは何かについてより理解を深めるために，また自らの将来の職業を考える際に助けとなるだろう。

浦上昌則　2010　キャリア教育へのセカンド・オピニオン　北大路書房
　⇨こちらも尾高（1941）による職業の考え方に基づいている。職業やキャリアという観点から，学ぶこと自体，また何を学ぶべきなのかということを検討する資料として適しているだろう。

下村英雄・安達智子・川崎友嗣・白井利明・若松養亮　2009　フリーターの心理学――大卒者のキャリア自立　世界思想社
　⇨フリーターについての心理学的研究書。心理学やキャリア研究領域の専門的な内容であるが，職業や働くこと，生きることに関するフリーターの考えかたが明らかにされている。個人と社会という視点から読んでみると興味深いだろう。

〈文　献〉

有本章　1991　職業と教育　有本章・近藤大生（編）　現代の職業と教育　福村出版　pp. 9-23.
藤本喜八　1991　進路指導論　恒星社厚生閣
苅谷剛彦　2004　教育の世紀――学び，教える思想　弘文堂
尾高邦雄　1941　職業社會學　岩波書店
齋藤毅　2005　明治のことば――文明開化と日本語　講談社学術文庫（オリジナル刊行　1977）
総務省　2009　日本標準職業分類（平成21年12月統計基準設定）――日本標準職業分

類一般原則（http://www.stat.go.jp/index/seido/shokgyou/gen_h21.htm）
浦上昌則　2010　キャリア教育へのセカンド・オピニオン　北大路書房

第1章 働くということ

 ケーススタディ　上村君の働く意味

　「お兄ちゃんは大学を卒業したら働くんでしょ！　働きだしたら，私を楽にしてね。私，いろいろとほしいものがあるんだけど，お金がなくて大変なんだ。そんな私を楽にすることがお兄ちゃんの働く意味だよ！」
　突然，そんなことを歳の離れた妹に言われた上村和彦君は大学の3年生です。妹のユミは中学1年生。大切な妹ではあるけれど，そう言われて素直に肯定できるはずはありません。上村君自身，なぜ自分が働くのかという理由をまだ見つけられていないのですが，妹を楽にするために働くというのは，何か間違っているような気がします。
　何でそんなことを言うのかとユミに尋ねたら，中学校の先生から聞いた話が影響しているようでした。ユミたちは，今日，クラスの係をさぼって遊んでいたようです。それを先生に見つかりお説教をされました。そのときの話の内容が，次のようだったそうです。
　「働く」とは「傍楽（はたらく）」とも書くことができる。「傍楽」とは，傍を楽にすることである。傍とはあなたの周りにいる大切な人たちのこと。その大切な人たちを少しでも楽にするために活動することが「働く」ことなのだ。だから「働く」ことはとても尊いことである。クラスのみんなのことを忘れ，自分の役割を忘れ，働くことをさぼった君たちは…
　このような説教話を妹から聞きながら上村君は考えました。「なぜ僕が働いて，ユミを楽にさせなければならないんだ？」と問い返すことは簡単ですが，たしかに妹は自分にとって大切な家族です。その家族を楽にするために自分が働く。それは，自分が働くとても大切な理由だとも思います。しかし，ユミの言う先生の言葉は否定できないけれど，違和感も残ります。
　「ね！」と愛想よく迫ってくる妹に適当な返事をしながら，上村君はアルバイトのことを考えていました。彼は，輸入雑貨を扱う店でアルバイトをしています。本や玩具，小物の家具など，店長が気に入ったものなら何でも扱うような店です。その店で自分が働いている理由は…，①海外の雑貨が好きだから，②お金がほしいから。家族を楽にするため…，なんて考えたことはないな。でも，それも働く理由としてはアリだろうな（③）。他には…，④お客さんのうれしそうな顔を見るのが気持ちよいから，ということはあるか。プレゼントに使う人も多いから，⑤お客さん

とその大切な人たちがもっと親密になる手伝いができるから，というのも働いている理由になるかな…。そういえば，店長がいつも言っていることもそうかも。「君がこれを一つ売ることができれば，その分，これを作った国が，作った人々が少し幸せになれる。そしてわれわれも」。見たことも会ったこともないけれど，外国の人たちの手伝いをしていると考えてもいいのかな。ならば，⑥それを作った人たちが少し幸せになるため，と言ってもいいかも。もちろん⑦僕も幸せになりたいし，店長も…。普段は気にしていないけれど，働く理由はけっこうたくさんあるもんだなぁ…。

　ならば，ユミの話に感じた違和感は何だろう。あの話は間違っているのだろうか。間違っているわけではないようにも感じるのだけれど…と考えている上村君の横で，ユミは妄想をどんどん広げています。この妄想のために働くのはちょっとなぁ…と苦笑いをしかけたとき，ひらめきがやってきました。

「ユミはまだ子どもだね。先生が本当に言おうとしたことをちゃんとわかっていないんだ」
　楽しい妄想をいきなり止められたユミは，「なによ！」と嚙みついてきました。「どこがわかってないの⁉」
「傍を楽にするというのはね」と，上村君はいま思いついたことを話し始めました。傍とは，家族とか身近な人たちだけのことではないと思う。わかりやすいのは家族だろうけどね。でも本当は，同じ時を生きているすべての人のことじゃないかな。自分自身や会ったこともない人も含めて，世界中のすべての人。それから楽というのは，「楽をする」とか「楽しむ」とかだけではなくて，幸せにするという意味だろうね。僕が働く意味は，ユミのためも少しはあるけど，僕とできるだけ多くの人が少しでも幸せになることにあるんだと思う…。たぶんね。

第2章
採用と就職

竹内倫和

ストーリー第2話　"ますますのご活躍をお祈り申し上げます。"

　4年生の春。

　マンションの集合ポストにあった自分宛の封筒は，不吉な薄さをしていた。先週，面接を受けた企業名入りだ。手にとれば，これまた不吉な軽さだった。

　その場で即座に開封し，外灯の下で一読，撃沈。

　「……貴殿のご期待に添えず，不採用の結果となりました。貴殿のますますのご活躍とご発展をお祈り申し上げます」

　あぁ，また祈られてしまった。

　これでたしか14社目。14戦0勝14敗。胸のあたりが痛んだ。

　連敗記録を2ケタに更新した頃から，面接に呼ばれるようにはなっていた。が，快進撃にはつながらず，内定はまだ一つもない。

　情けない。不甲斐ない。本命グループの一つだったのに。

　内定持ちのこころちゃんにアドバイスされたとおり，スケジュールを立ててセミナーの登録は迅速確実に済ませ，エントリーシートを誤字脱字，空欄もないように作った。出かける前に身だしなみも入念にチェックした。会場までのルートも事前に確認したうえ，時間に余裕を持って出かけた。待合室でも，スマホをいじることなく，ノートを見て過ごした。面接の質疑応答もほぼイメージ通りだったし，何より，共通の趣味があるという面接官とはとくに話が弾んだ。15分間，笑顔で，リラックスして受け答えできたと思う。

　もちろん，終了後，SNSに選考に関する具体的な情報や面接のインプレッションなど，余計な書き込みも一切していない。

　思い返しても，面接はいい感触だった，と思う。期待をもってからの"ごめんなさい"はキツイ。あの感じのよさは幻想だったのかな。

会社どころか，社会そのものから，自分が歓迎されていないような気がした。もう，溜息しか出なかった。

　３日後，次の会社でも面接に呼ばれた。大手の人材派遣会社で，今度はグループディスカッションだった。会場内ではリクルートスーツを着た６人が６チームに分けられていた。各チームのテーブルにはホワイトボードが１台ずつ設置されていた。噂には聞いていたが，参加するのははじめてだ。僕は相当戸惑い，ホワイトボードの前に座った。持ち時間は120分，ディスカッションテーマは「よい上司とは？」だった。

「じゃ，まず，自己紹介から行きましょうか？」

　開始早々，慣れた様子で，中央の男子学生が口火を切ると，「では，私から」と，その向かいの女子学生がきりっと引き受け，爽やかに自己紹介を披露した。初対面にもかかわらず，全員をまんべんなく見渡す目配り，にこやかさ。

　その後も，その２人を中心にした流れで議論が始まった。出番なしのいいところなしとなりそうだったので，僕は思い切って名乗りを上げてみた。

「あ，じゃ，僕，意見をホワイトボードに書きますね」

　以降は，ひたすら書記役に徹し……結局，最後に「お疲れさまでした」と挨拶を交わすまで，言葉も発することもほぼないままに120分を終えた。

　結果は15敗，黒星を更新。予測はしていたから，心は痛まなかった。

　その夜，実家の母から電話があった。おのずと就活の話題になった。

「就活，どうなの？　頑張っているの」

　はいはい，頑張ってますよ……と，電話を切りたくなったが，我慢して聞いていた。母は，一つ上の従兄が今年，地元で高校教師になったというニュースでもって，僕に軽くプレッシャーをかけてきた。

「お父さんも心配しているわよ。理から何か連絡はないか，相談はないのかって，しょっちゅうそわそわしているもの。自分で電話すればいいのにねぇ」

　ここで親父に電話を替わられても困る。とっさに話の矛先を妹に向けた。

「何かあったら，連絡するよ。それより理彩も受験生だろ，そっちを心配してやってよ。オープンキャンパスとか，模擬試験とか，いろいろな行事があるからさ」

「そうねぇ，ま，就活もあと1ヶ月くらいなのよね。私の頃も，バブル崩壊直後の大変なときだったけど，それでも2ヶ月くらいで何とかカタチがついていたから。何とかなるんでしょう？　理も，身体に気をつけて，頑張りなさいね」

母の切っ先鋭い激励は，意外ときつくて，その後しばらく凹んだ。あと1ヶ月くらいでけりがつくとは，楽観できなかった。

就活はいよいよ本格化していた。残している単位は卒論と卒論ゼミを含め10単位未満。学業成績も学生生活も平凡なりにまずまず順調だが，残念ながら，今の僕を構成する日常の要素が就職の成功に結びつく気配はまるでない。

平静を装ってはいたが，ゴールデンウィークを前に，内定が一つもないのには，さすがに内心焦っていた。攻略方法が間違っているのか，……それとも，そもそものスペックの低さが課題なのか。

僕の場合，受講のための通学は週に1日で充分だった。けれども，週に4日はキャンパス内にいた。今は，就活の合間に大学のキャリア支援センターに立ち寄って，情報交換したり，資料をもらったり，スタッフにエントリーシートをチェックしてもらったりして過ごすことが多かった。

3年生で経験したインターンシップ先からすでに内定を受けているこころちゃんと，学校に寄せられた求人募集案内をチェックしに一緒にセンターへ向かった。よりよい"ご縁"を求めて今しばらく就活を続けてみるというのだから，うらやましいことだ。

センター内のカウンターで，14, 15社目の首尾と課題について，センター職員に話した。キャリアアドバイザーの小林さんが，親身に聞いてくれた。

「面接は人柄をみるための機会だから。君を会社に迎え入れるとどんな感じか。どんなふうに働けるか，イメージしてもらう場。君のほうで場慣れすることが当面の課題でしょうね。模擬面接の予約，今，入れておきますか？」

「お願いします」

「グループディスカッション対策は，今は学内で講座開講していないのですが，模擬セッションの資料なら，どうぞ。これで流れのイメージは掴めると思います。3年生向けの講座が5月下旬にありますけれど，申し込みますか？」

「あ，はぁ，お願いします」

小林さんが話しやすい人だったので，ついでにそれまでの就活の状況も話し

てみた。これまでの連敗を振り返る反省会になった。一通り話を聞いた彼女は，いくつかの課題と改善案をまとめてくれた。

　筆記試験でよく利用されている，SPI についても，そもそもの心構えからして甘かったことに気づいた。

　「SPI 対策は，企業が課した"夏休みの課題"と思ってやってみてはどうですか。つまり，企業のほうとしては，SPI をやると条件を提示しているのですから，応募者が準備してきて当たり前の実力試験という位置づけなんですよ。だから，できる人は足切りにもあわない」

　「……」

　「君の場合，後になるほど SPI を通過してきているということは，実地で練習しているということ。体系立てて対策したほうがいいですね」

　「僕，頑張り方をいろいろ間違えていたかもしれません。親にも心配かけちゃって」

　「あぁ，ついでに。ご両親世代の経験は，今の就活には通用しないと思ってください。バブル前後を経験した親御さんには，ご自分の体験談が今の大学生に要らないプレッシャーをかけていることに気づいていない方が多いので。いや，悪気はなく，無邪気な親ごころなんですが……食らうとキツイですよね」

　小林さんの慰めに，僕は深くうなずいた。

　「就活状況は本当に流動的です。たとえば，経団連が設定している企業側の新卒採用活動のいわゆる解禁日も，ここ数年，毎年，変更されています。ちなみに，外資系等，その設定日をあえて無視する会社もありますから，要注意ね」

　感心して就活ノートにメモを取っていたら，ガイダンスのときにも同じことを聞いているはずよ，と，横でこころちゃんがぼそりと言った。

　就活をはじめてから，世の中には無数の会社があることにあらためて気づいた。この中で，自分とめぐりあう就職先を一つ，こんな短期間に見つけることができるのだろうか？　つくづく考えてみれば，途方に暮れそうになる。

　会社が多様であるように，就職試験もまた多様だ。しかも，いろいろな組み合わせで関門を課してくる。そういう試験を通じて，僕らは一体何を測られ，何を試されているのだろうか？

1　企業における採用管理

　企業は，仕事量の増加に対応する，あるいは従業員の退職に伴う欠員を補充することなどを目的として，従業員の採用を行う。働く個人からの視点では，**就職**となる。個人がより自分の希望に沿った企業への就職を目指し，自己理解や業界・企業研究などをしっかりと行いながら就職活動をするのと同様に，企業もよりよい人材を採用するために，人事部が中心になって採用計画の立案や募集活動，採用選考などの採用管理を行うことになる。

　採用とは，「企業内の労働需要を満たすため，外部労働市場から労働力を調達すること」（八代，2009，p. 76）と一般的に定義づけられる。採用を考える上で，重要なことの一つは，**外部労働市場**からの人材の調達という点である。一般的に企業内での人材需要を満たす方策としては，採用以外に，異動や出向あるいは転籍などの方策がある（八代，2009）。

　異動とは，同一企業内での部署，部門，地域間の従業員の移動を意味する。たとえば，人事部で人員を補充する場合に，営業部に所属していた従業員を人事部へと配置転換するというのが異動である。これは企業内の**内部労働市場**からの人材の調達方法と言える。出向あるいは転籍は，子会社や関連会社などの同一企業グループ間での従業員の移動を意味する。たとえば，A社人事部で人員を補充するときに，社内に適任の人材がいなく，A社の関連会社であるB社の人事部に所属している従業員に来て仕事をしてもらうという場合などである。したがって，出向や転籍は，内部労働市場と外部労働市場の中間に位置する**準内部労働市場**からの人材の調達方法と言える。なお，出向は，雇用関係のある企業（出向元企業）に籍を残した状態で子会社や関連会社で仕事に従事することを指し，転籍は，雇用関係のある企業から新たに異動する子会社や関連会社に籍を変更して，そこで仕事に従事することである。したがって，採用とは企業内の労働需要を満たす方策であるが，異動や出向，転籍と違って企業の外にある外部労働市場から人材を調達する方法ととらえる必要がある。

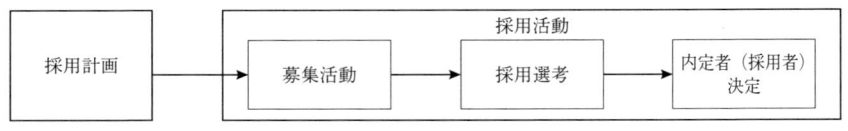

```
採用計画 → 募集活動 → 採用選考 → 内定者（採用者）決定
                    採用活動
```

図2-1　企業における採用管理のプロセス

　採用を考える上で重要な点の2つ目は，必要なときに，必要な数，必要な能力を持った人材を調達するということである。ヒト，モノ，カネ，情報と言われるように，人材は企業が経営活動を行っていく上で欠かすことのできない重要な経営資源である。しかし，同時に**人件費**という費用も発生するものである。そのため，採用管理は多段階のプロセスを経て厳密かつ慎重に行われる必要がある。具体的には，図2-1に示されるように，**採用計画**段階と**採用活動**段階の2つに分かれる。つまり，いつ，何人，どのような能力を持っている人を採用するのかについて採用計画を立て，それに基づき実際の採用活動が行われる。採用活動は，募集活動を展開した上で，応募者の中から適切な人材を選抜するという採用選考を行い，最終的には内定者（採用者）の決定で終わることになる。

　そこで，本章ではわが国企業の採用活動について，上記の各プロセスに基づいてどのような方法や方策を用いて行っているのかを検討していくこととする。なお，派遣社員やパート・アルバイトの増加など雇用形態の多様化に伴って採用活動は多岐にわたるが，紙幅の都合もあり中途採用ではなく，新規学卒予定（新卒）の正規従業員（とくに大卒者）を対象とした採用活動について検討していくこととする。

2　採用計画の立案

(1)　採用計画とは

　企業の採用計画は，各部署からの人員要求や退職者の予定数，今後の経営状

---

(1) 派遣社員は，派遣元企業である派遣会社と雇用契約を結んで，派遣依頼のあった派遣先企業で仕事を行うことになる。したがって，派遣社員は派遣先企業とは雇用契約を交わしていないので，厳密には採用ではなく，活用になる。

況の見通しなどを踏まえて人事部を中心に立案される（岡村，2005）。

　人事部では，各部署の仕事の状況について，必ずしもすべてを把握している訳ではない。そのため，仕事状況の変化などに応じて各部署から提案される人員要求について精査を行い，採用計画に反映することを行っている。

　また，日本企業の多くは**定年制**を設けているため，今後の退職者の予定数を計算することができ，採用計画を立てるときの重要な情報の一つになる。たとえば，「2007年問題」と言われたように，**団塊の世代**が2007年から数年間で一斉に大量退職を迎えるといったときに，団塊の世代がたくさん在籍していた伝統的な企業において，大幅な採用者数の増加が行われていた。

　さらに，経営状況の今後の見通しは，採用計画を立てる上で重要な情報になる。とりわけ，日本企業では一度雇った従業員を解雇するのが容易ではない。そのため，経営状況が思わしくなく，従業員の過剰感が表れてきたときに，企業が真っ先に行うのが新規採用者の抑制になる。一般的に，景気状況がよいときには求職者有利の売り手市場，景気状況が悪いときには企業が有利な買い手市場になるのは，このような背景からである。

（2）採用計画を策定する前提

　採用計画を立てる前提として，以下の2点について事前に把握しておく必要がある。一つは，各企業において適正な人員量がどの程度なのかという適正人員量の把握であり，もう一つは，雇用形態が多様化しつつある中で，どのような雇用形態でどのような人材を採用するのかを検討する前提としての**人材ポートフォリオ**の把握である。

　第一の適正人員量の把握ということについて，もっとも単純な方法としては「仕事量」に基づく計算方法と「人件費」に基づく計算方法の2つの方法がある（白井，1992）。仕事量に基づく人員量の計算方法は，企業組織を構成する工場，部，課などの各組織単位ごとの総作業量を一人当たりの標準作業量と労働時間の積で割るというものである。また，人件費に基づく計算方法は，売上高に人件費率を掛けたものに対して，一人当たりの人件費額で割ることによって，

人員量を計算するものである。式に表すと，それぞれ以下のとおりである。これによって，採用計画段階で適正人員量から現在の人員数を引き，今後の退職者数を足すことによって，採用予定者数の概算を数値化することが可能になる。

$$仕事量に基づく計算：人員（要員）量 = \frac{総作業量}{一人当たり標準作業量 \times 労働時間}$$

$$人件費に基づく計算：人員（要員）量 = \frac{売上高 \times 人件費率}{一人当たり人件費}$$

第二の人材ポートフォリオの把握については，雇用形態が多様化しつつある中で，企業内の人材を類型化し，それぞれごとにどのような雇用形態で採用，管理していくべきかという議論が背景になっている。その中で，**ルパックとスネル** (Lepak, D. P., & Snell, S. A., 1999) は，人的資本の「**価値**（value）」と「**稀少性**（uniqueness）」の2軸を用い，それぞれの高低（2×2のマトリックス）によって，企業内における人材を類型化した議論を展開している（図2-2）。ここでいう人的資本の価値とは，各企業の**競争優位**（competitive advantage）に人材が貢献する度合いを意味し，稀少性とは外部労働市場からの人材調達の困難度合いを示している。

まず，会社の競争優位に貢献し，外部労働市場から獲得することが困難な人材（価値と稀少性の双方高い人材）は，「**内部開発型**（internal development）」人材と位置づけられている。ついで，競争優位に貢献するけれども，外部労働市場から獲得することが比較的容易な人材（価値は高く，稀少性は低い人材）は，「**外部調達型**（acquisition）」人材と言われている。さらに，競争優位にはあまり貢献せず，外部労働市場からも容易に獲得できる人材（価値と稀少性ともに低い人材）は，「**契約型**（contracting）」人材と指摘されている。最後に，競争優位にはあまり貢献しないけれども，外部労働市場からの獲得が困難な人材（価値が低く，稀少性は高い人材）は，「**提携型**（alliance）」人材と位置づけられている。

このルパックとスネルによる社内人材のポートフォリオの議論に基づいて採用を考えると，「内部開発型」人材は，新規学卒者を正規従業員として採用し，長期にわたる能力開発によって育成していくということが考えられる。「外部

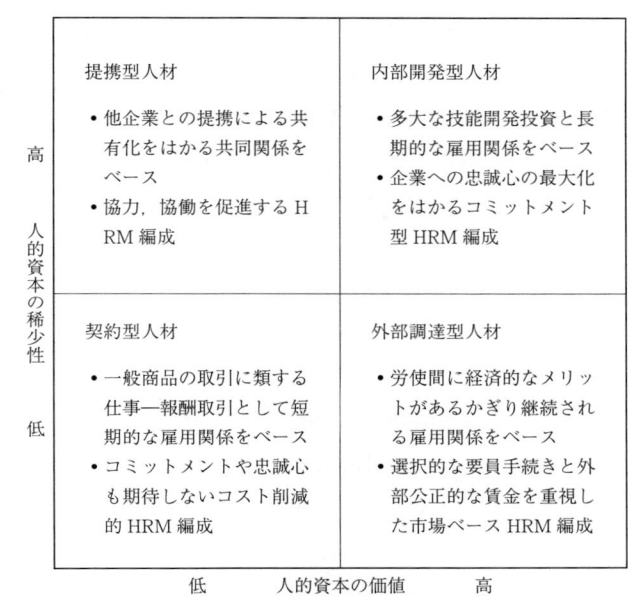

	低　　人的資本の価値　　高	
高 人的資本の稀少性 **低**	**提携型人材** ・他企業との提携による共有化をはかる共同関係をベース ・協力，協働を促進するHRM編成	**内部開発型人材** ・多大な技能開発投資と長期的な雇用関係をベース ・企業への忠誠心の最大化をはかるコミットメント型HRM編成
	契約型人材 ・一般商品の取引に類する仕事—報酬取引として短期的な雇用関係をベース ・コミットメントや忠誠心も期待しないコスト削減的HRM編成	**外部調達型人材** ・労使間に経済的なメリットがあるかぎり継続される雇用関係をベース ・選択的な要員手続きと外部公正的な賃金を重視した市場ベースHRM編成

図2-2　Lepak & Snell（1999）による人材ポートフォリオ
　（注）　図中のHRMは，人的資源管理（Human Resource Management）のことである。
　（出所）　岩出（2002）p. 189.

調達型」人材は，外部労働市場からの調達が容易であるため，必ずしも新規学卒者を雇用して，企業内部で育成する必要はない。したがって，中途採用で，正規従業員もしくは契約社員といった非正規従業員の雇用形態で採用することが考えられる。「契約型」人材は，企業の競争優位への貢献が低く，外部労働市場から調達することも容易であるため，パートやアルバイト，派遣社員などの短期の雇用契約（活用）をベースにした非正規従業員の形態での採用が考えられる。「提携型」人材は，必ずしも企業優位に貢献しないけれども，外部労働市場での調達が困難なため，育成費用を抑制しながら，そのような人材が必要になったときに活用できるようにすることが重要である。したがって，他企業と提携して共同で雇用，育成することをルパックとスネルは主張している。

　上記のルパックとスネルの人材類型は，一つの概念的枠組であるため，たと

えば各企業によって価値のある従業員とはどういうスキルや知識を持っている人材なのかについて個別に検討する必要がある。したがって，採用計画を立てる前提として，各企業は自社の状況を判断して，人材類型の具体的内容を検討し，どのような人材をどのような雇用形態で採用すべきか，ということを明確化しておくことが必要であると言えよう。

3　採用活動の展開

(1)　**募集活動のあり方**

　新規学卒予定者向けの募集活動は，会社説明会やセミナーの実施，就職支援企業が展開する就職サイトでの採用情報の提供，自社の採用専用ホームページでの情報提供，学校キャリアセンター（進路支援室）への求人依頼や学校推薦依頼，またとくに大学の理系などでは特定の研究室における教授への推薦依頼など，方法は多岐にわたる。

　そのような中，企業の募集活動のあり方について，リアリズムの重要性が指摘されつつある（堀田, 2007；守島, 2004；根本, 2002）。具体的には，**RJP** と言われる考え方への注目である。RJP というのは，realistic job preview（現実的職務予告）の略で，アメリカの産業・組織心理学者である**ワナウス**（Wanous, J. P., 1992）によって提唱された募集方法についての考え方である。日本語訳にもあるように，RJP とは，よいことばかりでなく，悪いことも含めた社内の現実的な仕事内容についての情報を応募予定者に正直に伝えて，募集活動を行うという方法である。日本企業の場合は，後述するが職務概念が必ずしも厳密に設定されていないため，仕事内容ばかりでなく，組織についての現実的な情報を事前に応募予定者に伝えるという **ROP**（realistic organization preview：現実的組織予告）と言う方が適合している可能性がある。

　堀田（2007）では，これまでの伝統的な募集採用方法と RJP に基づく伝統的な募集採用方法の違いを図 2-3 のように示している。これまでの伝統的な募集方法では，企業は自社の仕事内容についてよい情報ばかりを強調した募集

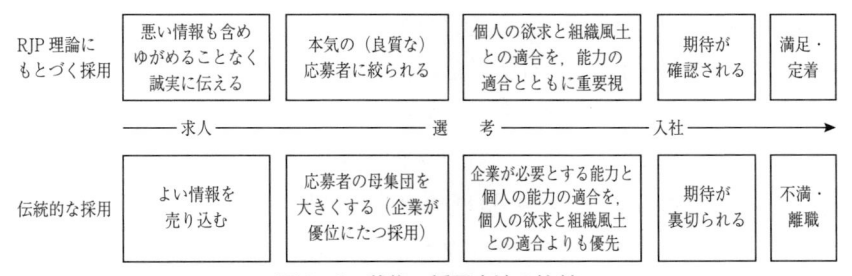

図2-3 募集・採用方法の比較

	求人	選考	入社	
RJP理論にもとづく採用	悪い情報も含めゆがめることなく誠実に伝える	本気の（良質な）応募者に絞られる	個人の欲求と組織風土との適合を，能力の適合とともに重要視	期待が確認される	満足・定着
伝統的な採用	よい情報を売り込む	応募者の母集団を大きくする（企業が優位にたつ採用）	企業が必要とする能力と個人の能力の適合を，個人の欲求と組織風土との適合よりも優先	期待が裏切られる	不満・離職

（出所） 堀田（2007）p. 62.

活動を行い，より多くの応募者を獲得しようと考えていた。そしてたくさんの応募者の中から，より優秀な人材を獲得することを意図するものと言える。

しかし，このような伝統的な募集採用方法では，大きな問題がある。それは実際に採用した人材の**リアリティショック**（reality shock）が大きくなってしまうという問題である。リアリティショックとは，新しく会社に入った新規参入者が入社前に会社に対して抱いていた「期待（expectation）」と入社後の会社の「現実（reality）」との間におけるギャップが幻滅という形で表出することである。そして，このリアリティショックが大きい新規参入者ほど，入社後の組織への一体化意識や職務満足が低下し，（第3章で詳しく論じられる）入社後の早期離職につながる可能性が指摘されている。実際に，竹内（2004）では，企業に入社した新入社員に対して入社時点と入社1年後に縦断的調査を実施し，リアリティショックの影響について実証的分析を行っている。その結果，新入社員の入社後のリアリティショックが，入社後1年間の彼・彼女らの組織コミットメント（会社への一体化意識）や仕事に対するモチベーションの低下と関係していること，また，入社後1年間の現在の会社を辞めて他の会社に転職したいという離転職意思の高まりと関係していることを明らかにしている。したがって，伝統的な募集採用方法では，各企業が求める人材を採用できたとしても，入社後のリアリティショックによって会社や仕事への意欲を低下させてしまう。さらに最悪の場合には早期離職をしてしまうということにもつながりかねず，募集方法の新たな考え方としてRJPに関心が高まりつつあると言える。

RJPの効果を集約すると，主として以下の3つの効果が指摘されている（堀田, 2007；守島, 2004）。1つ目は，上記で説明したように入社後の仕事内容を明確化することによって，過剰期待が抑制され，入社後のリアリティショックを少なくすることができるという「**ワクチン効果**」である。2つ目は，十分な企業からの情報をもとに，応募者自らが仕事や組織への適合性を吟味して応募を決断することを促すという「**スクリーニング効果**」である。3つ目は，組織の誠実さを感じさせること，および応募者による主体的な意思決定を促すことによって，応募者の入社後の組織への一体化意識や帰属意識を高める「**コミットメント効果**」である。

(2) 採用選考で何を評価しているのか

　企業は，応募者の中から採用選考で，一人ひとりの能力や特性を加味して，選抜を行っていく。採用選考の方法としては，大きく**適性検査・筆記試験**（テストセンターやWebテストでの実施を含む）と**面接試験**とに分かれる。また，応募者から最初に提出される**エントリーシート**の内容をもとに，一次選抜をしている企業も多くある。

　一般的に，企業では採用面接を実施する人数の絞り込みのために，エントリーシートや適性検査・筆記試験を活用している場合が多い。とくに一般消費者からの知名度の高い大企業では，新卒予定者から非常に多くの応募がある。近年ではインターネットによって応募の手間が簡略化しているので，この状況に拍車が掛かっている。したがって，企業はすべての応募者に対して面接を行うことが現実的に不可能であり，エントリーシート段階あるいは適性検査や筆記試験を実施することによって，面接対象者のスクリーニングを行っていると言える。

　では，採用選考を通じて，企業は応募者のどのような点を重視し，評価しようとしているのだろうか。日本経済団体連合会（経団連）が会員企業に対して行った「新卒採用（2013年4月入社対象）に関するアンケート調査」の結果か

（2）経団連が，会員企業1,301社に対して実施し，回答企業数は583社である。「企業が採用選考にあたって重視する要素」の質問項目は，25項目から5つを各企業が回

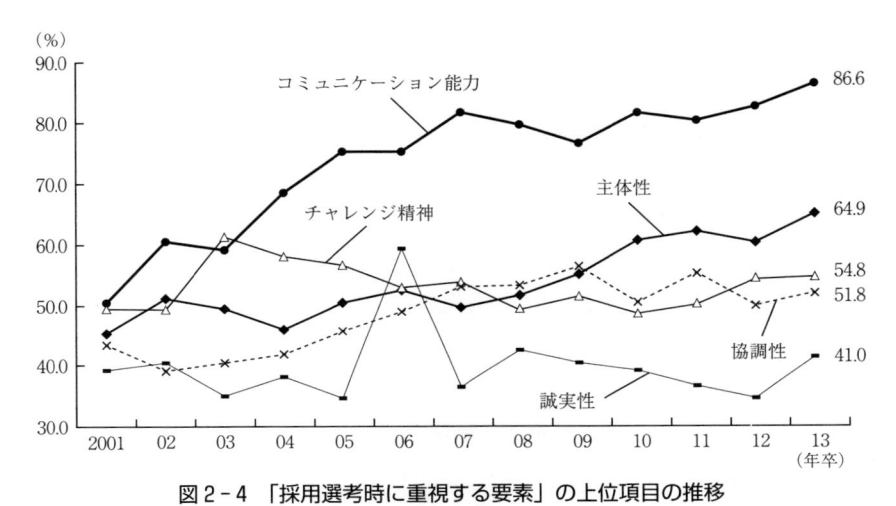

図2-4 「採用選考時に重視する要素」の上位項目の推移
(出所) 日本経済団体連合会（2014）p.2．

ら（図2-4），企業が採用選考にあたって，「コミュニケーション能力」（86.6％）をもっとも重視して，評価していることが明らかである。2番目が「主体性」（64.9％）で，3番目以降は「チャレンジ精神」（54.8％），「協調性」（51.8％），「誠実性」（41.0％）となっており，上位5項目の内容から，企業は応募者の属人的な性格や資質を重要視して選抜を行っていることを読み取ることができる。ちなみに，過去10年間ずっとコミュニケーション能力がもっとも重視されている。さらに，ここにあがっている5つの要素は過去10年間順位の多少の入れ替えはあっても，すべて上位5番目以内に入っていることが明らかになっている。このことから，上記の結果は一時的な傾向ではなく長期的に重要視されてきた採用選考の要素であるととらえることができる。その一方で，応募者の「専門性」（10.8％，14番目）や「学業成績」（5.8％，17番目），「保有資格」（0.7％，23番目）といった専門的スキルや能力は，採用選考において相対的に必ずしもあまり重視されていないと解釈することができる。

↘答するものである。

では，採用選考において，属人的な性格や資質を重視している結果をどのように解釈することができるのだろうか。これには採用選考における日本企業の特質が関係していると考えることができる。日本企業は，もともと職務概念が非常に曖昧な組織形態である。その一方で米国の企業は，職務分析に基づく明確な**職務記述書**が各職務に設定されており，職務概念がきわめて明確な組織形態であると言える。したがって，米国企業の場合には，特定の職務を担当する人材を採用するという発想のもと，特定の職務を遂行する上でもっとも効果的な人材を採用選考で重視するということになる。換言すると，米国企業で重視されるのは応募者の持っている専門性や能力と職務が必要とする能力とがどの程度一致しているかであり，「**個人－職務適合**（Person-Job fit）」を追求する採用選考を行っていると言える。しかし，日本企業では職務概念があいまいで，職務ごとに職務記述書などは設定されていない。そのため，応募者に対して事前に担当職務を明示して採用活動を行う企業はきわめて限られており，むしろ（とくに文系出身の新入社員の場合は）入社して初任配属が決まってから，どのような仕事を担当するのかがわかるというのが一般的である。このように日本企業では職務概念が曖昧なため，選考段階では職務との適合を重視するのではなく，会社の文化や価値観，社風と適合する人材を選抜して採用しようと考えているのである。つまり，応募者の価値観や考え方と企業が大事にしている価値観との一致度合いを日本企業は重視しており，「**個人－組織適合**（Person-Organization fit）」を追求する採用選考を行っていると言える。日本では「就職」ではなく，厳密には「**就社**」ではないかと言われるゆえんである。

　したがって，日本企業に特有の「個人－組織適合」を重視する採用選考の考え方により，具体的に重視する項目として，コミュニケーション能力や主体性，協調性などといった応募者の属人的な性格や資質に関する項目が調査で上位に挙げられていたと考えられる。応募者の観点からは，採用選考の段階で，仕事に対する意気込みを見せると同時に，自分がその会社の価値観や理念のどういう部分に共感し，フィットしているのかをアピールすることを忘れてはならないだろう。しかし，その一方で，近年の新たな採用活動の試みとして，事前に

入社後の職務内容を限定して，新卒予定者を募るといった**職種別採用**を導入する日本企業もあるため，今後の動向を注視していく必要がある。

（3）　面接試験の方法と評価バイアス

　採用選考の重要な方法である面接試験においても，さまざまなやり方が考案されている。以下，代表的な面接方法（岡村，1994）について紹介をする。

　第一が，標準面接法である。これはあらかじめ質問項目や評価項目，評価基準が厳密に設定されている方法であり，面接者の違いによる評価のズレやバイアスが入りにくい面接法と言える。しかし，一般的な質問項目になりやすいといったデメリットがある。

　第二が，自由面接法であり，この方法はあらかじめ決められた質問項目はなく，自由な雰囲気のもとでその場にあった質問をするやり方である。より応募者の本音が聞き出しやすいというメリットがある一方で，それを聞きだせるかどうかは面接技能に依存するため，面接者一人ひとりの技能の高さが求められるというデメリットがある。

　第三は，チーム面接法である。これは複数の面接者によって応募者に質問をし，回答を評価していく方法である。面接者が多くなればなるほど，面接者の主観やバイアスが軽減され，より客観的な評価が可能になるというメリットがある。しかし，面接者が多いと応募者の緊張などの心理的な負荷が高まってしまうというデメリットがある。

　第四が，グループ面接法あるいはグループディスカッションといわれる方法である。応募者5人から8人程度のグループに対して，議論すべきテーマを出題し，応募者同士が議論するプロセスを面接者が評価する方法である。個人ではなく，集団の中で応募者が実際にどのような役割を果たすのかを理解できるという長所がある。しかし，特定の応募者が多くの知識を持っているなど，テーマ内容で応募者間の有利，不利が発生しないように，テーマ設定をすることが重要である。

　第五は，圧迫面接法であり，面接者が応募者を故意に過度のストレス状態に

表2−1　面接者がミスを犯しやすい14のポイント

① 面接者が話をしすぎて被面接者に関する必要な情報が得られない
② 質問が場当たり的で，被面接者全員について一貫した情報が得られない
③ 職務遂行能力と関連がない質問をしやすい
④ 被面接者の緊張を解きほぐせず，本音の情報が引き出せない
⑤ 自信過剰に陥り，軽率な判断になりやすい
⑥ 一つの特徴を見つけて人物のタイプを固定的に評価しやすい（ステレオタイプ）
⑦ 表情，容姿，態度など言語外の表面的な印象に影響されやすい
⑧ 一度に多くの面接をし続けることにより，評価が寛大化したり，また逆に厳格化したり，ときには中心化しやすい
⑨ 一つの優れた，または劣った点に目を奪われ，それで人物全体を評価してしまいやすい（ハロー効果）
⑩ 人物の良い点よりも，不採用理由になる欠点ばかりを探してしまいやすい
⑪ 直前に面接した人物の特徴と比較して評価しやすい（対比効果）
⑫ 面接の最初の数分で評価をしてしまいやすい
⑬ 自分と似た点を多くもった人物を高く評価しやすい
⑭ 応募書類や他の評価ツールの評価結果に影響されやすい

（出所）　二村（2001）pp. 122-123.の内容から筆者作成

追い込み，その対処の仕方から応募者のストレス耐性を評価する方法である。入社後，ストレス負荷の高い仕事に従事してもらう場合などには，効果的な面接法である。しかし，むやみに応募者に心理的な負荷をかけることは企業イメージにマイナス効果をもたらすため，必要な場合に限って実施することが求められる。

　以上，それぞれの面接方法には，長所と短所が含まれているため，実際には複数の面接方法を用いて，応募者の資質や能力，考え方を適切に評価していくことが求められる。また，面接において評価者の主観やバイアスが無意識に入り込んできてしまうことを勘案し，二村（2001）は，応募者の適切な評価を行うために，面接者がミスを犯しやすいポイントを事前に理解しておくことの重要性を指摘している（表2−1）。応募者の適切なアセスメントを行うには，面接方法の検討に加えて，面接者の面接・評価技能の向上もきわめて重要である。

〈もっと詳しく知りたい人のための文献紹介〉

二村英幸　2001　人事アセスメント入門　日本経済新聞社
　⇨採用適性検査で有名な SPI の開発に携わり，人事アセスメントの専門家である著者による人事アセスメントの入門書である。人事アセスメントの基本や考え方についてわかりやすく説明がなされているばかりでなく，実務的にアセスメントを行う際のポイントについての記載も豊富になされている。

永野仁（編著）　2004　大学生の就職と採用——学生1,143名，企業658社，若手社員211名，244大学の実証分析　中央経済社
　⇨大学生の就職に関する意識の実態や企業の採用活動のあり方，大学の就職支援のあり方といった，就職や採用に関するトピックについて多角的に分析がなされている著書である。統計解析に基づく検証が行われているため，初学者には少し難しい部分があるかもしれないが，データに裏打ちされた事実が提示されている。

〈文　献〉

堀田聰子　2007　採用時点におけるミスマッチを軽減する採用のあり方——RJP（Realistic Job Preview）を手がかりにして　日本労働研究雑誌，**567**，60-75.

岩出博　2002　戦略的人的資源管理論の実相——アメリカ SHRM 論研究ノート　泉文堂

Lepak, D. P., & Snell, S. A. 1999 The human resource architecture : Toward a theory of human capital allocation and development. *Academy of Management Review*, **24**, 31-48.

守島基博　2004　人材マネジメント入門　日本経済新聞社

根本孝　2002　新学卒者の就職と RJP（現実的仕事情報）の実態——大卒若年層および企業アンケート調査による考察　経営論集，**50**，37-59.

日本経済団体連合会　2014　新卒採用（2013年4月入社対象）に関するアンケート調査結果の概要　(http://www.keidanren.or.jp/policy/2014/001.html)

二村英幸　2001　人事アセスメント入門　日本経済新聞社

岡村一成　1994　組織成員の選抜　岡村一成（編）　産業・組織心理学入門　福村出版　pp. 30-47.

岡村一成　2005　組織成員の選抜とアセスメント　馬場昌雄・馬場房子（監修）　産業・組織心理学　白桃書房　pp. 75-98.

白井泰四郎　1992　現代日本の労務管理（第 2 版）　東洋経済新報社

竹内倫和　2004　新規学卒就職者の組織適応と態度変容　岩内亮一・梶原豊（編）　現代の人的資源管理　学文社　pp. 167-183.

Wanous, J. P. 1992 *Organizational entry : Recruitment, selection, orientation, and socialization of newcomers.*　Reading, MA : Addison-Wesley.

八代充史　2009　人的資源管理論——理論と制度　中央経済社

第2章　採用と就職

☕ **ケーススタディ　面接で何を評価したら良いのか** 〜〜〜〜〜〜〜〜〜〜〜〜〜〜〜〜

　加藤鉄平君は，都内の私立大学を卒業後，大手電機メーカーに就職をし，2年目になりました。大学では経営学を学び，ゼミで組織心理学や人的資源管理論を専門に勉強していたということもあり，入社前から人事部を希望していました。見事その希望が叶い，本社人事部に初任配属され，人事部の中でも採用課で働いています。

　入社1年目は，人事部の方針の下，補助的な仕事が中心で，採用活動全般について理解してもらうということでしたが，2年目になった今年は，新卒の採用担当になり，3つ年上の先輩社員である吉田透さんに助けてもらいながら，業務に従事していました。

　採用面接が本格化する時期になり，加藤君もはじめて面接を担当することになりました。加藤君は採用試験でこれまでにたくさんの面接を受けてきましたが，面接を行うのははじめてだったため，吉田さんに面接をどのようにやったらよいかについて質問をしてみました。すると，吉田さんから2ページぐらいの面接マニュアルが渡され，簡単な説明を受けましたが，基本的には，経験を積んで面接のやり方を習得していくということのようです。加藤君は若干不安を抱えながら面接を迎えました。

　1次面接は，加藤君と吉田さんとが2人ペアになり，応募者4人ずつに対して基本的に標準面接法で質問していくというものです。吉田さんとの1次面接は滞りなく進み，評価結果も2人の間で極端に分かれるということもなく，加藤君はホッとしていました。

　2次面接は，エントリーシートをもとにした自由面接法になります。2次面接では，面接者2人で応募者1人という形式で面接するのですが，担当課長である採用担当歴12年の武田義彦さんとペアで行うことが決まりました。面接経験が豊富なため，武田さん主導で面接をしてもらうように事前にお願いしました。

　2次面接当日，最初の応募者は地方の国立大学卒業予定のA君です。エントリーシートの内容をもとに，大学で勉強してきたことや，どういう仕事がしたいかなどについて，質問を重ねて深く聞いていきました。しかし，どうもA君の回答はどれも単調かつ言葉が少なめで，集団で一緒に仕事をしていく上で大丈夫かなという印象を加藤君は受けました。そのような中，武田さんが趣味の質問をし，A君が釣りの趣味があることがわかりました。武田さんも偶然にも釣りが趣味であったため，

急に2人で釣りの話で盛り上がりはじめ，意気投合して面接が終了しました。
　面接終了後，担当した応募者の評価結果について，武田さんと話し合いをすることになりました。応募者のA君について，加藤君はコミュニケーション能力や協調性の問題から，2次面接で不採用という評価を考えていました。しかし，いざA君の評価の話になったとき，武田さんは趣味の話で盛り上がったことを理由に，A君はコミュニケーション能力が高いから3次面接へ進めようと，当然という顔で提案をしてきました。加藤君は，面接者として応募者の何を見て評価すればよいのかがわからなくなりました……。

第3章
組織と私

竹内倫和

> ストーリー第3話　会社に入る
>
> 　8月末，僕は就職活動を終えることにした。ご縁があったのは，電子機器メーカーだ。僕は『マイクロセルテック』に入社を決め，10月の内定式に臨んだ。
> 　11月，キャリア支援課の小林さんに呼ばれ，就活報告会で体験を話すことになった。「後輩の参考になるように，リアルな話をぜひ聞かせてもらえませんか？」と頼まれて，悪い気はしなかった。僕など，スロースターター七転八倒パターンだから，反面教師にしかならないだろう。けれども，小林さんだけでなく，キャリア支援課ではお世話になったから，恩返しになるかと思った。
> 　こころちゃんも，インターンシップからの即決パターンということで，別の日に話すことが決まっていた。博樹も大学院への内部進学が決まっていた。
> 　その報告会で話すことを少しまとめてみよう。
>
> 　4年生の前期終了時点で，合同セミナーで話を聞いたり，説明会に参加したり，エントリーシートを出したりした企業は80社を超えていた。面接まで呼ばれたのが，そのうち24社。役員面接など，最終まで漕ぎつけたのが7社，内定は3社。夏休みに入っても，僕は迷いながらも就活を続けていた。もう充分やったという気持ちもある反面，何だか止め時がわからなかったのだ。
> 　8月初め。都内を半日歩き，スーツが汗まみれになった僕は，ターミナルステーションの近くでたまたまやっていた中小企業セミナー会場に涼みに寄った。
> 　『マイクロセルテック』という社名が目に入った。聞いたことのない会社だった。
> 　そこのブースでは，アンテナや何かのパーツなどが引き延ばされた画像パネ

ルが展示されていた。無線機器のアンテナと関連パーツを作っている会社らしい。

　ブースにいた男性社員２人に促されて座ってみたものの，最初は，正直なところ，ピンとこなかった。文系の僕には関係なさそうだなと思った。主力商品のアンテナというのがまた，いかにも地味な感じで，どこでどう取引がされているのか，どういう需要があるのか，イメージが全然思い浮かばなかった。けれども，話を聞いているうちに，アンテナといっても，大小さまざまであること，身近なものでは有名なスマートフォンのアンテナもこの会社の製品だということがわかった。

　いわゆる，B to B（Business to Business）の会社だ。企業間取引をメインにしているから，企業としての一般認知度は高くないのだが，業界内シェアでは５本指に入るという。

「でも，機械のことは全然勉強していません。私は文系の学生です」

　総合職の中でも，営業の仕事には興味がある。けれども，技術的なことについては，まったくわからない。

　よくある展開なのか，年上の男性がすぐに答えた。

「たしかに，製品を作るのはわれわれエンジニアの仕事です。でも，それを売るのは，どこの会社だって，理系出身者ばかりではないんですよ」

「でも，製品の知識がなかったら，務まらないんではないでしょうか……」

　そう尋ねる僕の声は何だか弱々しかった。若いほうの男性がうなずいた。

「それを言ったら，私は営業職ですが，法学部出身ですよ。製品の知識や特徴は，その都度，勉強して覚えているんですよ」

「重要な点は，それをきちんと相手に説明できるかどうか。興味のない人に興味をもってもらったり，知識のない人に知識をわかりやすく伝えたり，企業間の取引を成立させる契約を結んだりするのは，コミュニケーションや交渉ごとであって，言葉の役割がとても大切なんですよ。だから，わが社の製品の良さを伝え，抱えている問題点や課題を洗い出していく作業をしてほしいんです」

「そうです。口下手が多いエンジニアに代わって，売り込むのがわれわれ営業マンの仕事なんですよね。で，逆に，顧客側のニーズを承って社に戻り，こういう製品が作れるのかどうか，エンジニアに伝えていく」

「そうそう，作れる人が作って，売るのが得意な人が売る。われわれは，技術力にはかなり自信を持っているんですが，いくらよい製品を作っても，それだけではまず売れないんです」

「そうか，そこが営業の役割なんですね」

恐るおそる口を挟むと，エンジニア氏はにこやかにうなずいた。

「そうです，そうです。わからなかったら，わかるまで，われわれに訊いてくれたらいいんです」

「会社ってのは，あくまでもチームプレイであって。一人が万能に何でもできる必要はないのでね。チームを意識して動けて，学ぶ力がある人は大歓迎です」

その短いやりとりはとても印象的だった。和やかな雰囲気の中にも，エンジニア氏と営業さんがタッグを組んで会社を盛り立てていこうという構図が垣間見えた。

それはきっと，信頼関係というのだろうと思った。

その後も何社かのブースを廻った。内定を受けていた会社とも比べてみた。ベンチャー系コンテンツビジネス2社と，介護サービス業1社，いずれも総合職だった。

帰宅してからも，つくづく考えてみた。サークルのメンバーの中では博樹と一番馬が合うように，僕はこういうエンジニアの価値観や仕事のしかたが性に合うのかもしれない。

一目で恋に落ちるような出会いではなかった。けれども，僕は翌日その会社に連絡をとり，結局，そこでの内定をもって就活打ち止めとした。

年が明け，卒業を経て，僕は入社式に臨んだ。秋の内定式で顔を合わせた16人全員が揃っていたわけではなかった。12人は見覚えがあり，2人が追加採用，新卒同期は14人。8人が技術職で，6人がその他の職種だった。

その他，中途採用の人たちが6人。ほとんどがエンジニア採用らしい。

1〜3年の有期雇用の人もいれば，定年後の再雇用のベテランもいたので，予想より賑やかな入社式となった。

翌日からは研修が2週間続いた。その後は1ヶ月おきに部署を異動して，OJTを受けた。大学の友達の中には「研修期間は楽勝」と話す者もいたが，

『マイクロセルテック』では，なかなかハードな毎日だった。僕はエンジニアではないから，技術部門では技術指導をうけるわけではない。ただし，そこの部署で扱っている製品ごとのマニュアルを渡され，読み込むように指示された。マニュアルでわからないことがあったら，何がどうわからないのか考えて，素人でも読んでわかるように改善案を出す。
　担当エンジニアに尋ねて内容を理解してから，文章や説明用のモデル図や表を書き起こして，またそれをみてもらう。毎日，その繰り返しだった。
　「図表のまとめ方はいいセンスしている。ただし，文章は冗長で，ちょっと回りくどいな。今度のエンジニア向け文章講座の研修会に出てみるといい，推薦しておくよ」
　部品調達の部門では，部品の型番のチェックに泣かされた。シミュレーションで誤発注を2回してしまい，先輩から注意力不足を厳重注意されたりもした。どの部品の発注をどの会社にかけるのか，コストやスケジュールを念頭に置いたうえで的確に手配できる先輩たちが神にみえた。
　こうして，褒められたり，落とされたりしながら，僕のOJTは進んでいった。
　研修が一通り終わる頃には，いくつかの部署に挨拶を交わしあう顔馴染みが増えていった。幸い，僕は人の顔と名前を覚えるのが特技といってもいいほど，早いほうだった。挨拶するときには，相手の名前も呼ぶのがささやかなコツ。大学のとき，ゼミの先生からそう聞いて以来，愚直に実践している。
　入社同期の同僚たちとはときどき食事をしたり，情報交換し合ったりしているうちに，中田君や谷口君など，何人か親しい飲み仲間ができたりもした。会社にも徐々に馴染んでいった。
　やがて本配属になった先は第二営業グループ，カーナビゲーションシステム用のアンテナを扱う部署だ。『会社はチームプレイだ』と，就活中の僕に言った営業マン，若松さんが直属の上司になった。
　会社はさまざまな部署で成り立っている。一筋縄ではいかない構造をしている。人は石垣，人は城，なんて，会社を戦国武将の言葉になぞらえた表現もよく聞くけれど，利益を生む組織って何だろう？

1　組織における職業生活の始まり

（1）　学校から職業への移行と組織適応

　高校や大学在学中に就職活動で企業からの内定を獲得し，学校を卒業した新規学卒就職者（以下，新規学卒者）は，これまでの学校生活に終止符を打ち，新たな職業生活を始めることになる。**学校から職業への移行**（school-to-work transitions）である。職業生活をスタートさせるにあたり，新規学卒者の多くは企業という組織に入り，組織の一員として働くことになる。

　個人の生涯にわたるキャリア発達段階と発達課題を提示した**シャイン**（Schein, E. H., 1978）の**キャリア発達理論**では，新規学卒者の入社後の最初のキャリア発達課題は「**組織社会化（organizational socialization）**」であると指摘している。組織社会化とは，バウアー（Bauer, T. N.）らによれば「組織の外部者から内部者へと移行していく過程」（Bauer et al., 1998）と定義づけられるものである。具体的には，その組織への移行過程において，新規学卒者は組織構成員として参加するのに必要な態度や行動，知識を獲得し，組織へ適応することがキャリア発達上求められている。すなわち，組織の一員として職業生活を始めるにあたり，新規学卒者は，入社する組織に固有の態度・行動様式を理解，獲得するとともに，仕事上必要な知識を学習し，組織に適応することが求められているといえよう。

　しかしながら，学校から職業への円滑な移行がうまく果たせず，入社後数年で会社を辞めてしまう新規学卒者の問題が大きな社会的関心を集めている。図3-1は，1987年から2010年までの新規学卒者の入社後3年以内の離職率を示すものである。新規学卒者の卒業した年度によって，入社後3年以内の離職率は変動があり，現在は2000年代前半の高水準よりは低下しつつある。しかし，2010年卒業の新規学卒者において，中学校卒で62.1％，高校卒で39.4％，短期大学卒は39.9％，大学卒で31.0％の者が，入社後3年以内で会社を辞めており，わが国において依然多くの新規学卒者が，学校から職業への移行を円滑に行えていない実態を示すものといえる。

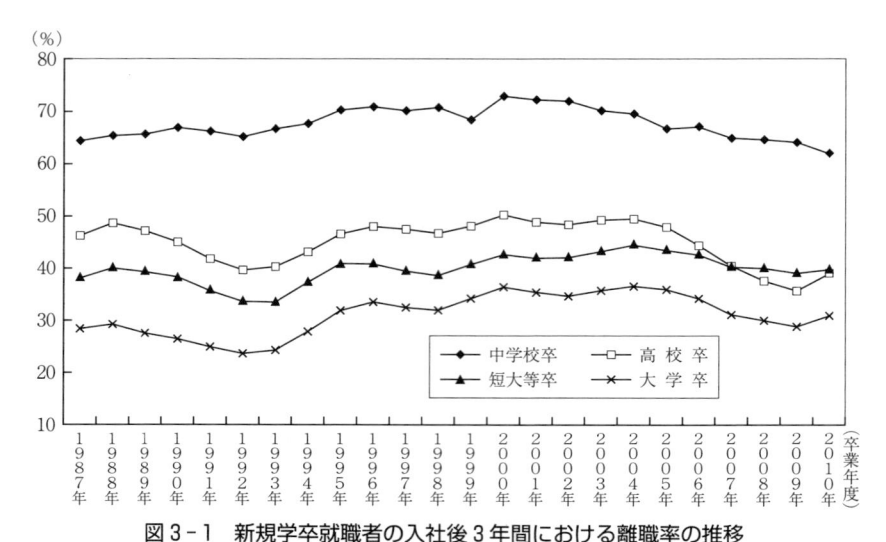

図 3-1 新規学卒就職者の入社後 3 年間における離職率の推移
（出所）厚生労働省「新規学卒就職者の在職期間別離職率の推移」をもとに筆者作成

そこで，本章では企業という組織で職業生活を始めるにあたって，新規学卒者がどのように組織へ適応していくのかについて，組織社会化研究を中心に検討を進めていくこととする。

（2） 組織とは

われわれは日常的に，組織という言葉をよく使用しているが，組織とは何かと質問されて，的確にそれを答えることはなかなか難しいだろう。ここでは，組織概念について考えてみたい。**馬場昌雄**（1983）は，組織の成立要件として，以下の3点が重要であることを指摘している。

第一に，組織は明確な目的を持ち，その達成に向けて活動するということである。つまり，共通目標の保持である。たとえば，パナソニックでは，創設者である松下幸之助が「生産・販売活動を通じて社会生活の改善と向上を図り，世界文化の進展に寄与すること」と目標を示し，現在でも**経営理念**として設定されている。このように組織は固有の目標をそれぞれ有し，その目標達成に向

けて日々経営活動を行っている。

　第二に，組織は共通目的達成のために持続性をもち協働する人々の集まりということである。一人では組織とは言えず，複数の人々によって構成されるところがポイントである。

　第三に，組織は目的達成のため，地位・役割の分化，権限階層などの構造を持つということである。組織では2人以上の人々によって仕事を行うことになるため，組織目標の効率的達成に向けて**分業**を取り入れる必要がある。分業には，「職能」による分業と「職階」による分業の2種類がある。前者が人事部や営業部，経理部などといった仕事の内容や種類に基づいた分業を意味し，後者は係長や課長，部長などといった組織内での地位に基づく分業を示すものである。このような分業構造を持つことが，組織であるための必要要件になってくる。

　このように，「共通目標」を持ち，「複数の人々」によって構成され，「分業構造」を有しているものをわれわれは組織と呼ぶのである。また，この組織には，2つの側面があることを理解しておくことが大事である（田尾，1991）。つまり，**ヒューマン・オーガニゼーション**（human organization）と**ワーク・オーガニゼーション**（work organization）という側面である。ヒューマン・オーガニゼーションとは，組織は人によって構成され，人のためにあるという考え方であり，組織を構成する個人の幸福が最優先される。しかし，それが行き過ぎてしまうと組織目標が達成されず，組織の存続自体が危ぶまれてしまう。その一方で，ワーク・オーガニゼーションとは，組織は仕事の集まりであり，仕事の達成のためにあるという考え方である。仕事の目標達成が何よりも優先され，この側面ばかりが過度に強調されると，組織で働く個人の人間性が失われてしまう。ときに過労死や過労自殺などのように，人間の尊厳自体が脅かされることにもつながりかねないと言える。組織というのは，基本的にこの相反する2つの側面を併せ持つものであり，どちらの側面が正しく，どちらの側面が正しくないという性質のものではない。したがって，組織のマネジメントを考えるときには，この2つの側面のバランスをとって適切に運営していくことが重要なことと言える。

2　組織適応・不適応の結果

(1)　組織適応の結果

　新規学卒者の入社後の最初のキャリア発達課題は，組織社会化であることはすでに述べたとおりであるが，新規学卒者が組織社会化を果たすと，どのような良いことがあるのだろうか。既存の研究を概観すると，新規学卒者の組織適応指標として一般的に設定される**組織コミットメント**や**職務満足**が組織社会化の結果として高まり，**転職意思**は低下することが明らかになっている（Bauer, et al., 2007；竹内・竹内, 2009）。つまり，所属する会社が好きだからこの会社で働きたいという，新規学卒者の組織への情動的な一体化意識が高まり，担当職務に対する満足度も高まり，所属組織を辞めたいという転職意思が低下することが明らかになっているのである。その他にも，組織社会化の結果として，新規学卒者の仕事への**モチベーション**や**職務成果**が向上することも明らかになっている（Bauer et al., 2007；Takeuchi & Takeuchi, 2009）。このことから，組織社会化をうまく達成した新規学卒者は，会社や仕事に対する肯定的な態度を高め，仕事の成果も高くなることが示唆される。

(2)　組織不適応の結果（早期離職の問題性）

　逆に，新規学卒者が組織社会化をうまく果たせず，組織不適応の状態になってしまった場合には，先に示したように早期離職に至るということも考えられる。新規学卒者が早期離職をすることの問題性について，企業と個人の両視点から少し詳細に考えていきたい。

①企業の視点からの検討

　新規学卒者の早期離職には，企業視点で考えると以下の問題があると考えられる。

　まず，多額の採用コストの無駄ということである。企業は，新規学卒者一人を採用するのに，物理的なお金ばかりでなく，多くの時間や労力をかけている。

たとえば，募集段階では企業は新卒予定者に自社のことを知ってもらうために会社説明会を何度も実施し，さらにインターネットの就職情報提供サービス企業に，お金を払って会社情報の掲載をお願いしている。また，選抜の過程では，たくさん送られてくるエントリーシートの採点や面接を実施する人事担当者の時間と労力，さらには就職試験にかかる費用など，多くの人員と時間，費用をかけて採用活動を行っているのである。そのような多くの労力と費用をかけて採用した新規学卒者が，入社後数年で会社を辞めてしまっては，採用コストが無駄になってしまうことになる。

　ついで，教育訓練投資の無駄が挙げられる。新規学卒者が入社後すぐに一人前に仕事ができることはないため，企業は入社後１，２年の間，新規学卒者に対して積極的に教育訓練投資を行っている。入社後すぐに行われる新入社員研修などは，そのよい例である。最初は，教育訓練投資を積極的に行い，新規学卒者が一人前になってからその教育訓練投資を回収することを企業は考えているのである。しかし，入社後数年で新規学卒者が会社を辞めてしまうと，その教育訓練投資は回収することができず，企業としては大きな損失を被ることになる。

　最後に，翌年度以降の募集・採用活動への影響である。就職活動を行っている学生は企業研究に就職情報誌やサイトを積極的に活用しているが，そこには各企業の情報として，平均年収や採用実績などと一緒に入社３年後の離職率データが掲載されている。近年，ブラック企業という言葉がよく使用されるように，就職活動を行っている学生は，入社３年後の離職率が高い企業を敬遠する傾向にある。したがって，新規学卒者の早期離職は翌年度以降の企業の募集・採用活動に悪い影響を及ぼしてしまう可能性がある。

②個人（新規学卒者）の視点からの検討

　新規学卒者個人の視点からは，早期離職に伴って以下の問題が考えられる。

　第一に，早期離職した**第二新卒者**における就職の困難性を挙げることができる。第二新卒者の定義は必ずしも明確ではないが，就職先が決定しないで学校を卒業し，就職活動を行っている者と，学校卒業と同時に入社したが，入社後

数年（2，3年まで）で会社を辞めて，新たに別の企業への就職活動を行う者を総称していう。労働政策研究・研修機構が行った第二新卒者の採用に関する実態調査（労働政策研究・研修機構，2005）の結果では，過去3年間に正社員採用を行っている企業の中で，実際に第二新卒者を採用した実績があるのは，48.1％で半数に及ぶ。しかし，一度就職し，社会人経験のある第二新卒者は，中途採用枠で採用されることが多く，第二新卒者を中途採用枠で採用対象としている企業は全体の29.1％で3割弱にとどまっている。このような調査結果から，早期離職をした新規学卒者は，限られた募集企業の中で就職活動を行わなければならず，就職活動の困難性を示すものと言える。

第二に，離職に伴う心理的・精神的負担の大きさである。新規学卒者は，最初から1，2年で辞めることを前提に企業に入社している訳では必ずしもなく，何らかの就業継続が困難な原因があって早期離職をせざるを得ないということで決断している場合が多数である。早期離職へと至る過程では，大きな悩みや葛藤を抱えており，場合によっては心身の健康を損なってしまう場合もある。このように早期離職の決断は個人にとってきわめて大きな精神的負担を掛けることになるといえ，問題点として指摘することができる。

*

以上のように，新規学卒者の早期離職は，企業と個人の双方にとって問題であり，組織にうまく適応するための方策を考えることは重要な課題であると言える。

3　組織へうまく適応するには

（1）　組織社会化の2つの研究視点

新規学卒者のよりよい組織への適応を検討する組織社会化研究では，これまで大きく2つの視点からの研究が行われてきた。一つは，組織社会化の**過程的視点**に基づく研究であり，この視点は新規学卒者がどのようなプロセスで組織に適応するのかを検討するものである。つまり，新規学卒者の組織適応を促進

第3章　組織と私

```
組織要因  ┌─────────┐
         │組織社会化戦術│──┐
         └─────────┘  │
                      ↓         ┌──────────┐
                  ┌─────────┐   │         │
                  │組織社会化学習内容│──→│ 組織適応 │
                  └─────────┘   │         │
                      ↑         └──────────┘
         ┌─────────┐  │              ↑
個人要因  │個人の適応行動│──┘              │
         │(プロアクティブ行動)│─────────────┘
         └─────────┘
```

　　　過程的視点　　　　　内容的視点　　　　組織社会化結果

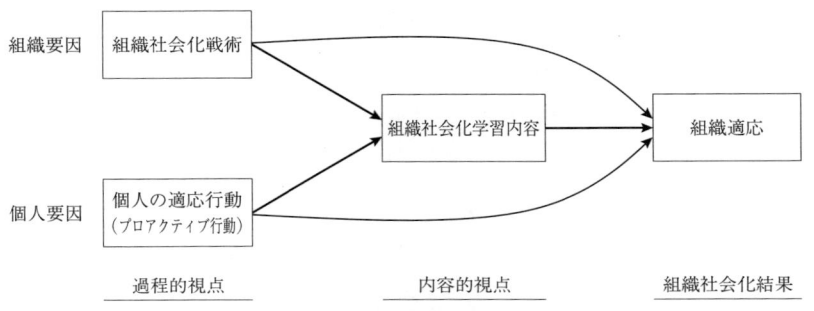

図3-2　組織社会化研究の統合的フレームワーク

あるいは阻害する「規定要因」を明らかにする研究と言える。もう一つは，組織社会化の**内容的視点**に基づく研究であり，新規学卒者が組織に適応するにあたって，どのような知識や態度を学習，獲得すべきかという，組織適応に必要な「**学習内容**（learning content）」の構成要素を検討するものである。組織社会化研究において，これら2つの視点は，それぞれ個別かつ独立した検討が行われてきたが，新規学卒者の組織適応に向けた過程的視点と内容的視点を統合して，組織社会化研究の枠組みを示すと，図3-2のように表すことができる。以下，組織社会化研究の過程的視点と内容的視点の成果を見ていくこととする。

（2）過程的視点

　図3-2の左側にあるように，これまでの組織社会化研究では，新規学卒者の組織適応を規定する要因として，組織要因と個人要因の大きく2つの要因に着目して検討がなされてきた。つまり，新規学卒者の組織適応を促進するために，企業がどのようなことをすべきかという組織要因に着目するものと，新規学卒者自らが組織適応に向けて何をすべきかという個人要因である。

(1)組織要因

　組織要因として，これまでにもっとも検討され，実証的有効性が確認されてきたものは，**組織社会化戦術**（organizational socialization tactics）である。組織社会化戦術とは，新規学卒者に対して企業が教育訓練施策などを通して，制度的に情報を提供することによって，新規学卒者の先行き不安を解消し，組織

への社会化を促進するための企業施策である（竹内・竹内，2011）。この社会化戦術は，①文脈的（context），②内容的（content），③社会的（social aspects）の3要素を含むものである（Cable & Parsons, 2001）。

　文脈的社会化戦術は，新規学卒者向けの教育訓練プログラムが行われる方法や文脈に着目するものである。つまり，新規参入者が個別的ではなく，集合的に共通の教育訓練プログラムを受け，**Off-JT**（第8章参照）のように公式的に会社の内部者とは隔離されて新規学卒者向けの研修が行われることを意味している。具体的には，新規学卒者に対して新入社員研修を共通かつ公式的に実施しているかということになるであろう。

　内容的社会化戦術は，新規学卒者に対して行われる一連の教育活動プログラムの内容に着目するものである。すなわち，新規学卒者に対して入社後行われる一連の教育活動プログラムの実施内容に関する情報を明示的に伝える。さらに，組織内でのキャリア発達（昇進等）に関する情報を企業が提供し，新規学卒者に対して企業内でのキャリアラダー（昇進の道筋）を示すものである。

　社会的社会化戦術は，職場の上司や先輩である同僚が，新規学卒者に対して役割モデルとしての役目を務めることを促し，新規学卒者により多くのソーシャルサポートを与えるものである。入社したばかりの新規学卒者に対して，職場の先輩を仕事上の相談（ときには，個人的な相談にも）に乗ったりする指導者として設定する**メンタリング制度**などは，社会的社会化戦術の具体的な施策と言える。

(2)個人要因

　個人要因では，新規学卒者が組織適応に向けて主体的に必要な情報を獲得することを意図する適応行動の重要性が指摘されてきた。この組織適応に向けた新規学卒者の主体的適応行動は，**プロアクティブ行動**（proactive behaviors）と言われる。プロアクティブ行動は，初期の研究では情報探索行動とフィードバック探索行動に焦点を当てた研究が多かった。しかし，その後より包括的なプロアクティブ行動に関する検討の必要性が指摘されるようになり（Miller & Jablin, 1991），**アシュフォードとブラック**（Ashford, S. J., & Black, J. S., 1996）は，

一般的社会化行動，ネットワーク構築行動，上司との関係構築行動，職務転換交渉行動，肯定的思考枠組を上記の2つの探索行動に加えた7つの行動が，包括的な新規学卒者のプロアクティブ行動であると指摘している。

　情報探索行動は，新規学卒者が社会化するのに必要な情報を上司や同僚から積極的に得ようとする行動であり，フィードバック探索行動は，自分が行った職務上の結果や方法について，上司からフィードバックを求めることによって，社会化に必要な行動を形成しようとするものである。一般的社会化行動とは，社内の公式ならびに非公式の集まり（パーティや飲み会など）に積極的に参加することによって，同僚からメンバーの一人として認められることを意図する行動である。ネットワーク構築行動は，社内における人的なネットワークを構築するために新規学卒者が行う行動を指し，上司との関係構築行動は，上司に自分の存在や価値を認めてもらうために，効果的に職務を行うことを意図する行動を意味している。職務転換交渉行動とは，新規学卒者が希望しない職務の担当になった場合に，自分の希望する職務内容に変更をしてもらうように，上司や同僚と交渉する行動を意味し，肯定的思考枠組は，新規学卒者が自らにとって予期しない不都合なことが起こったときに，それを否定的に捉えるのではなく，肯定的に物事を捉えなおし，積極的に職務を遂行しようという行動を意味するものである。

＊

　以上，組織要因としての組織社会化戦術と個人要因としてのプロアクティブ行動の内容について説明を行ってきたが，組織社会化戦術では，一般的に文脈的，内容的，社会的社会化戦術が企業内で制度的に実施されているほど，新規学卒者の組織適応指標に効果的であることが報告されている。また，個人要因のプロアクティブ行動もそれぞれの行動をより多く行っている新規学卒者ほど，組織社会化結果である組織適応が高まることが明らかになっている。さらに，図3-2に示されるように，組織社会化戦術とプロアクティブ行動は，直接的に組織適応を高めるだけでなく，次項で説明する組織社会化学習内容を高めて，その結果，間接的に組織適応を高める役割を果たしていることも報告されてい

る（Ashforth et al., 2007）。

（3） 内容的視点

　組織社会化の内容的視点では，新規学卒者が入社後組織に適応するにあたって獲得すべき態度や行動，知識の内容について検討している（Chao et al., 1994；Haueter et al., 2003；Taormina, 1994, 2004）。すなわち，**組織社会化学習内容**の構成要素が何であるかを具体的に検討していると言える。

　その中でも，チャオら（Chao et al., 1994）では，新規学卒者が入社後の組織社会化過程において学習し，獲得すべき知識として，①歴史（history），②言語（language），③政治（politics），④人間（people），⑤組織の目標と価値観（organizational goals and values），⑥熟達（performance proficiency）の6つが大事であると指摘している。

　歴史は，企業の沿革や職場の成り立ち，社史などを理解することを意味し，言語は，仕事上あるいは会社内で使われる隠語や略語，通称語などを把握することである。政治は，組織内の部署間の力関係を含めた社内政治の状況を把握，理解することであり，人間は，職場内の人々との良好な人間関係を構築することを意味する。組織の目標と価値観は，企業の目標や規範，価値観を適切に理解し，受容することである。最後に，熟達は，仕事の効率的なやり方や，仕事上必要な技能の獲得を行うことを意味する。

　しかし，その後のホイターら（Haueter et al., 2003）の研究では，「組織」と「職場集団」，「仕事」といった対象レベルごとに組織社会化の学習内容を集約して考える必要性を指摘している。具体的には，新規学卒者が組織の目標や価値観，政治や慣習，リーダーシップスタイルなどを理解することを意味する「組織次元」の学習内容，職場集団のルールや目標，価値観を理解することを意味する「職場集団次元」の学習内容，仕事を行う上で必要な知識の獲得や適切な職務行動を学習することを意味する「仕事次元」の学習内容である。この3次元によって，組織社会化学習内容を適切に把握することができることを指摘している。

また，わが国の新規学卒者を対象にした組織社会化学習内容の次元に関して，竹内・竹内（Takeuchi & Takeuchi, 2009）の研究では，チャオら（Chao et al., 1994）によって開発された測定尺度を用いた実証分析結果から，組織に関連する学習内容（組織次元）と仕事に関連する学習内容（仕事次元）の2次元によって組織社会化学習内容が把握されることを報告している。

以上の議論より，組織社会化学習内容については，チャオらによる6次元とホイターらの3次元，竹内・竹内による2次元が報告されており，わが国では組織次元と仕事次元の学習内容によって把握される可能性が高いと言える。組織社会化の学習内容とその後の組織適応との関連については，欧米および日本の双方において，新規学卒者の組織社会化学習内容の獲得がその後の組織適応を有意に促進することが明らかになっている（Chao et al., 1994；Haueter et al., 2003；竹内・竹内，2009）。つまり，新規学卒者が組織社会化過程において学習内容を獲得できるかどうかが，組織適応を果たす上で重要なことを意味するものである。したがって，わが国において組織社会化学習内容が上記の2次元によって把握されるのかという，組織社会化学習内容の次元性および内容について今後さらなる検討が求められると言える。

〈もっと詳しく知りたい人のための文献紹介〉

宗方比佐子・渡辺直登（編著）　2002　キャリア発達の心理学　川島書店
　⇨残念ながら，組織社会化について日本語で書かれている著書はほとんどない。そのような中，本書では組織社会化について1章設定されている。組織社会化の概念や歴史など，とてもわかりやすく記述されており，とくに初学者にとって勉強になる。

Wanberg, C. R. (Ed). 2012 *The oxford handbook of organizational socialization.* New York : Oxford University Press.
　⇨和訳書が出ていない英語の著書になるが，組織社会化研究において第一線で活躍している欧米の研究者らによって書かれた組織社会化に関するハンドブックである。全部で19章立てになっていて組織社会化について網羅的に検討がなされている良書である。

〈文　献〉

Ashford, S. J., & Black, J. S. 1996 Proactivity during organizational entry : A role of desire for control.　*Journal of Applied Psychology*, **81**, 199-214.

Ashforth, B. E., Sluss, D. M., & Saks, A. M. 2007 Socialization tactics, proactive behavior, and newcomer learning : Integrating socialization models.　*Journal of Vocational Behavior*, **70**, 447-462.

馬場昌雄　1983　組織行動（第2版）　白桃書房

Bauer, T. N., Bodner, T., Erdogan, B., Truxillo, D. M., & Tucker, J. S. 2007 Newcomer adjustment during organizational socialization : A meta-analytic review of antecedents, outcomes, and methods.　*Journal of Applied Psychology*, **92**, 707-721.

Bauer, T. N., Morrison, E. W., & Callister, R. R. 1998 Organizational socialization : A review and directions for future research.　*Research in Personnel and Human Resources Management*, **16**, 149-214.

Cable, D. M., & Parsons, C. K. 2001 Socialization tactics and person-organization fit.　*Personnel Psychology*, **54**, 1-23.

Chao, G. T., O'Leary-Kelly, A. M., Wolf, S., Klein, H. J., & Gardner, P. D. 1994 Organizational socialization : Its content and consequences.　*Journal of Applied Psychology*, **79**, 730-743.

Haueter, J. A., Macan, T. H., & Winter, J. 2003 Measurement of newcomer socialization : Construct validation of a multidimensional scale.　*Journal of Vocational Behavior*, **63**, 20-39.

厚生労働省　新規学卒就職者の在職期間別離職率の推移（http://www.mhlw.go.jp/topics/2010/01/tp0127-2/24.html）

Miller, V. D., & Jablin, F. M. 1991 Information seeking during organizational entry : Influences, tactics, and a model of the process.　*Academy of Management Review*, **16**, 92-120.

労働政策研究・研修機構　2005　第二新卒者の採用実態調査（JILPT 調査シリーズ No. 3）　労働政策研究・研修機構

Schein, E. H. 1978 *Career Dynamics : Matching individual and organizational needs*. Reading, MA : Addison-Wesley.（二村敏子・三善勝代（訳）　1991　キャリア・ダイナミクス　白桃書房）

Takeuchi, N., & Takeuchi, T. 2009 A longitudinal investigation on the factors affecting newcomers' adjustment: Evidence from Japanese Organizations. *International Journal of Human Resource Management*, **20**, 928-952.

竹内倫和・竹内規彦　2009　新規参入者の組織社会化メカニズムに関する実証的検討——入社前・入社後の組織適応要因　日本経営学会誌，**23**，37-49．

竹内倫和・竹内規彦　2011　新規参入者の組織社会化過程における上司・同僚との社会的交換関係の役割——縦断的調査データによる分析　組織科学，**44**，132-145．

田尾雅夫　1991　組織の心理学　有斐閣

Taormina, R. J. 1994 The organizational socialization inventory. *International Journal of Selection and Assessment*, **2**, 133-145.

Taormina, R. J. 2004 Convergent validation of two measures of organizational socialization. *International Journal of Human Resource Management*, **26**, 76-93.

ケーススタディ　新入社員の育成

　岡田義一課長は，ある保険会社の本社営業企画部で企画課を束ねる課長として2年目を迎えました。今年は，3年ぶりに新入社員が企画課に配属されることが決まり，どのような新入社員が来てくれるのかを楽しみにしていました。
　都内の私立大学を卒業して入社した田中博史君は，研修施設での新入社員研修が終了した後の5月に正式に配属になりました。岡田課長は，早速配属になった田中君を呼び，こう告げました。
　「企画課では，3年ぶりの新入社員だから，君が来てくれたことをとても嬉しく思うし，期待しているよ。ぜひ，頑張ってほしい」
　「ありがとうございます。頑張ります」と田中君は答えました。
　そうすると，岡田課長は思いついたように企画課5年目で田中君の5年先輩にあたる木村一郎君を呼んで，こう話しました。木村君は，ずっと高い成果を上げている社員で，企画課の若手有望株です。
　「うちの会社では，新人指導係制度というのがあって，入社してきた新入社員に対して，先輩社員が指導係になって1年間仕事上の相談などを受けるという制度があるんだ。そこで，木村君には田中君の指導係になってほしいんだが，どうだろうか」
　「私が指導係ですか……。あ，はい。わかりました」と，木村君は急な話で少し驚きながらも，田中君の指導係になることを承諾しました。
　「田中君は，何か仕事のことでわからないことがあれば，木村君にどんどん質問すれば大丈夫だから」と岡田課長は話し，その場は終わりました。
　田中君の入社から9ヶ月が経ち，他のメンバーとの共同の仕事や補助的な仕事ではなく，そろそろ単独の仕事を与えようと岡田課長は田中君にある地域の営業所の営業目標を過去の実績をもとに立てる仕事の依頼をしました。仕事の期日に田中君を呼び，仕事の報告をするように岡田課長が言うと，意外な答えが返ってきました。
　「すいません，まだできていません……。どういうやり方で営業目標を立てたらよいのかがよくわからなくて」と田中君は言うのです。この回答にびっくりして，岡田課長はなぜ指導係の木村君に営業目標の立て方を聞かなかったのかと自然と少し大きな声になりながら尋ねると，
　「じつは，最初の頃は木村先輩に質問して，仕事のことについて教えてもらうこ

第3章 組織と私

ともあったのですが，最近は仕事が忙しいから後にしてくれと言われることが多く，質問もできなくなってしまって……」と田中君は答えるのでした。

事態を重く見た岡田課長は，次の日に指導係である木村君を呼んで，この問題について話してみました。そうすると，

「田中君が質問してこないのが問題ではないですか。正直，この1ヶ月間は僕自身新商品の営業推進全国プロジェクトに掛かりっきりで，後輩の面倒までなかなか見きれませんよ。後輩の指導も大事だと思いますが，私も自分自身の仕事があって，目標達成をしないと自分の成果に関係してきてしまいますから」と木村君に言われてしまいました。

木村君には，組織にとって後輩の指導が大事であること，また木村君自身がリーダーになったときに，今回の経験が役に立つことを説明しましたが，岡田課長はこれから田中君の育成がうまくいくのかどうか，大きな不安を感じました。

第4章
リーダーシップ
──管理者・経営者の役割──

竹 内 規 彦

ストーリー第4話　リーダーシップとマネージャー

　社内メールが回ってきた。社長がビジネス番組に出演するという告知だった。毎回1社がフォーカスされ，その経営者がゲストとして招かれるのだ。僕も大学時代から観ていた有名な長寿番組だ。会社としては相当のイメージアップに違いない。単純に嬉しくなった。親にも知らせたし，こころちゃんや博樹にもメールした。SNS でも呟いた。

　当日は，営業部の有志を中心に，その番組の放映を40人くらいの社員で見守った。会社近くの居酒屋の座敷を貸し切ったのだ。僕も，中田君や谷口君など，何人かつきあいのよい同期を誘っていた。夜も遅い時間だった。皆，ほどよく酔いが回っていたので，野次や合いの手混じりに騒がしく視聴した。

　"『マイクロセルテック』創業者にして現・代表取締役社長，松本幸大，59歳。"

　「来た来たっ」「よ，社長っ！」「し，静かにっ！」

　"会社名をご存じない方も多いだろう。が，『マイクロセルテック』の製品のない現代生活はもはや不可能──。この携帯電話にも，このゲーム機器にも，この PC にも。この部分を1,000倍に拡大してみれば，このように『マイクロセルテック』のマークがくっきりと刻まれている。じつに，国内シェア第5位。『マイクロセルテック』は，超小型アンテナ界のかくれた巨人である。"

　"『日々創出，日々前進！』を社是に，『マイクロセルテック』は松本を中心とする5人の創業メンバーによって今からおよそ30年前に設立された。はじめは30平米足らずの小さな作業場。そこで，5人がぎゅうぎゅう詰めになって開発し，立って議論した。交代で誰かが外に出ていなければならないほどの狭さ

だった。"

「あ，斎藤部長？」「鈴木さんだ，若い……」

　画面に誰かがうつるたびに，拍手が起こった。かつての若々しい創業者メンバーたちは，30年のときを経て，今では貫禄たっぷりの取締役級の重鎮ばかりだった。

　"松本は，職人肌のエンジニア。没頭ぶりはものすごく，文字通り，寝食を忘れて集中する。今でもその姿勢は変わらない。『何ごとか，ひとさまのお役に立つモノを生み出すのが，この両腕の使命，わが天命と心得ています』そう語る松本は，今でも社内に居るときは，つねに作業着姿である。みっともないから社長らしく背広を着るように，と忠告する人もいたそうだが，一向に聞く耳を持たない。『これでないと落ち着かないんですわ』松本は，そう笑う。"

　会社の創業ストーリーの大きな山場は，開発戦略の選択だった。

　開発費は無尽蔵ではない。総務と経理の責任者，現取締役の鈴木が，総務省や通産省などから得た情報を元に，会社の生き残り戦略を小型アンテナに定め，この一点に賭けたのだ。アンテナを扱う以上，国の規制や法的な制約もある。現実的な制約の中で，松本のエンジニア魂と技術がポケットベル用の小型アンテナに結集されたとき，爆発的な売れ行きをみせた……というのが最初のサクセスストーリーだった。

　誰からともなく，思わず拍手と歓声が上がった。

　まるで会社のプロモーションビデオなのではないかというほど，魅力的な仕上がりだった。つい，夢中になって観てしまった。技術部の中田君などは，一瞬映り込んだ過去の製品にいちいち反応して，あの周波数特性は……，周波数帯が……云々，エンジニア仲間とマニアックな会話で盛り上がっていた。

　放映後すぐに，"良い会社だな。入りたくなったよw" "観たよ。地味にすごい会社だね♡" 博樹とこころちゃんからそれぞれにメッセージが届いた。

　次の日，営業先に向かう途中で，若松さんとその話をした。若松さんは，お子さんの体調不良で，昨日は定時に上がっていた。番組は奥様と観たそうだ。

「うちの会社，すごいなって。嬉しくなりました」

「『日々創出，日々前進！』なんて言っているが，あれの元は社長の口癖，『役に立つモノ，創り出せ！』だったんだってさ。斎藤部長が昔言っていた

第4章 リーダーシップ──管理者・経営者の役割

よ」

「うちの斎藤部長，創立メンバーなんですってね。昨日ので，はじめて知りました。でも，ほかの人たちは，皆，取締役ですよね？ 斎藤さんだけが部長って，何か理由でもあるんですか？」

「販売の三井さんもそうだよ。うちの斎藤さんと三井さんは，経営には深入りしたくないって辞退したらしい。長年慣れた現場に近いところにいたかったんだそうだ。斎藤さんは，"駄々を捏ねて居残った"と言っていたが」

「へぇ。出世したくなかったんですかね？」

「斎藤さんは，5人の中で，いいムードメーカーで，取りなし役だったそうだ。松本社長の信頼も厚い。だからこそ，雰囲気のよい営業部門と販売部門であり続けるのに，斎藤さんと三井さんを残し続けたんじゃないかって」

うちの斎藤部長は，たしかにとてもよい人だ。温厚で，しかも気前がいい。いつもにこやかで，挨拶するときちんと返してくれる。ただ，肝心なことはすべて現場任せというか，大変そうなのは木元課長とか，若松さんのような主任クラスの先輩たちだという気がする。東奔西走して，営業部のノルマを達成してくるのは主任たちだ。斎藤部長は，大抵，自席に居て，書類を読み，判子を押し続けているだけ，という気がしていた。

「あのカリスマ社長がリーダーなら，社員一同，ちゃんとついていきますって」

「そんなことはないよ。実際，エンジニア社長の下で，社是っていうか，リーダーの経営理念が会社の隅々まで行き届いていることがけっこう重要なんだよな」

「そうなんですか？」

つい，疑り深い声色になってしまった。

「斎藤部長とか，いつも判子押ししているっていう印象なので」

たしかに，と，若松さんが吹き出した。

「部長が判子押しているのは，その案件について，自分が関係者であること，責任者であることの意思表示と同義だからね。何もないときはそれだけで十分だし，何かあったときには，部長に出動してもらわなくてはならない。頭を下げるのが仕事なんて，損な役回りだよな。でもそれが，組織の中では，マネジメント上，リーダーの現場代行というような，とても重要な役割なんだ」

61

「それなら，ついでに，課長というのは，どういう位置づけですか？」
「課長は，管理職の一員，マネージャーだな。部長の下のポジション。でも，うちなんかだと，今の課長はプレイングマネージャーの要素が強いかな。つまり，部下のノルマだけでなく，自分自身のノルマも意識しないとならない。そのうえ，所属している部や課のノルマなんかも視野に入れて，いろいろプランニングの下案を作って，実行していくんだからね」
「プランニングですか？」
「年間計画とか，予算とか，人事とかね，諸々。現場を熟知している人じゃないと，そんなもの，見通しを立てられないから」
「部長はそれを全体的に整理する感じですね」
「そう，それを元にして，上との交渉や対外的な交渉をしてきてくれる。ああみえて，頼もしいんだよ，うちの斎藤部長は」
「僕，正直，見損なっていました，すみません」
僕は若松さんに素直に謝ったが，若松さんは，俺に謝られても，と苦笑した。
「特許とか，知財戦略に関しても，うちは松本社長が強い権限を持っている。技術部のほうは，松本カラーが強いらしい。が，営業や販売には，社長，じつはあまり興味がないんだな。その代わりに斎藤さんや三井さんが松本スピリットをこっちにまで行き届かせている」
社員個々人が何のために働くのか，ということに方向性を与えるのが，会社の理念なのだ。会社が一体感を持って意思決定していけるのは，リーダーシップが発揮され，組織中にマネジメントが行き届いているということだという。
番組を機に，この会社で働く意味について，僕はあらためて考えてみた。
博樹は"良い会社"と，こころちゃんは"すごい会社"と言ってくれた。僕も，そう思う。でも，それは固定的な性質ではなくて，多分，状態を指す形容詞なのだろう，とも思う。それならば，ずっと会社がよくあり続けるためには，何が必要なのだろうか？　よいリーダーとは，よいマネジメントとは，どういうことなのだろうか？

第4章　リーダーシップ──管理者・経営者の役割

1　リーダーシップとは何か

(1)　リーダーシップの定義

「リーダーシップとは何か？」という問いかけに対し，皆さんはどのように答えるだろうか。さまざまな場面での出来事やその経験から，「上司や先輩が部下や後輩に指示・命令を与えること」，「上司や先輩が，コミュニケーションを通じて部下や後輩を導いていくこと」，「チームや組織を現状からあるべき姿に向けて動かすためにメンバー一人ひとりを方向づけること」などの回答を準備された読者の方も多いだろう。事実，これらの状況は，いずれもリーダーシップが成立している状況を示していると言えるが，より明確かつ包括的に定義するとどうなるか。これまでの研究の定義をみながら少し考えてみよう。

たとえば，ヘンフィルとクーンス (Hemphill, J. K., & Coons, A. E., 1957) による1950年代の定義では，リーダーシップは「集団の諸活動を共有された目標へと向ける……一個人の行動」(p. 7) と説明し，集団を統括するリーダーの役割に着目している。その一方で，同じく集団状況でのリーダーシップとして，スミルシックとモルガン (Smircich, L., & Morgan, G., 1982) は「一ないしは複数の個人が，他者の現実の枠組みづくりと定義づけを行うプロセス」(p. 258) であるとし，リーダーの役割は複数で担うこともあるという立場に立っている。さらに，より大きな組織という観点からとらえたものとして，ハウスら (House, R. J. et al., 1999) は，リーダーシップを「他者に影響を与え，他者の動機づけを鼓舞し，また組織の成功やパフォーマンスに他者が貢献できるようにする個人の能力」(p. 184) とし，組織全体の目標達成に向けたリーダーの資質に着目している。同じく組織の観点からではあるが，**シャイン** (Schein, E. H., 1992) は，リーダーを組織における変革の担い手としてとらえ，リーダーシップを「さらなる適応にむけた連続的な変革のプロセスを引き起こすために……既存の［組織］文化から脱皮する能力」(p. 2) と定義している。

このように，リーダーシップのとらえ方は，組織のどの階層に着目するか，

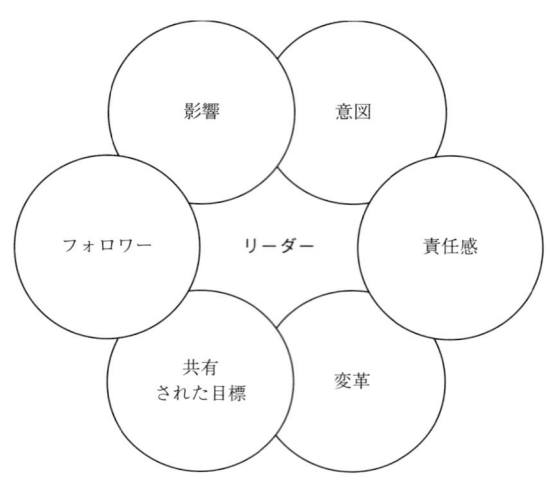

図4-1 リーダーシップに含まれるもの
(出所) Daft (1999) p. 6. より筆者が邦訳し抜粋

図中の要素：影響、意図、フォロワー、リーダー、責任感、共有された目標、変革

またいつの時代に，研究者がどのような意図で定義したかなどにより，必ずしも一様ではなく，まさに「リーダーシップの定義を試みようとした人々の数とほぼ同じ数だけ，その定義は存在する」(Stogdill, 1974, p. 259) のである。

ダフト (Daft, R. L., 1999) は，このようなリーダーシップのとらえ方に関する多様性を認めつつも，リーダーシップは図4-1に示される6つの要素からなることを示している。第一に，リーダーシップは人々の活動であり，そこには「リーダー」と「フォロワー」とが存在する。リーダーとフォロワーとが相互に「影響」しあうプロセスが含まれるのである。この相互の影響の過程は，何ら目的なく持続するわけではなく，人々がどこに向かうべきか，どういう状態になるのが望ましいのかに関する「意図」が含まれている。この意図は組織や集団を構成する人々全員に「共有された目標」として存在していなければならず，メンバー一人ひとりが「責任感」を持ってその達成に向けて関与している状態が含まれるのである。さらに，この共有された目標達成の過程には，既存の古い状態から新しい望ましい状態への変化や「変革」を伴うだろう。このように，リーダーシップは，「リーダーとフォロワー全員に共有された目標の

第4章 リーダーシップ——管理者・経営者の役割

表4-1 リーダーシップとマネジメントの違い

リーダーシップ	マネジメント
企業が進むべき未来の方向性を定め，ビジョンと戦略を描く。	計画と予算を立てる。
その方向性，ビジョンや戦略を社員たちに理解させ，納得させ，その実現に向かわせる。	目標を達成するための手順を組み立て，経営資源を配分する。
非常に基本的だが，ついつい見過ごされがちな，人間関係上の必要性，価値観，感情などに訴えかけ，モチベーションとエンパワメントを推し進める。	組織を編制し人員を配置する。
	統制を敷き，問題があれば解決する。
インフォーマルな人間関係に依存する。	フォーマルな組織の権力や権限に依存する。
人心を統合する。	組織をコントロールする。
変革を成し遂げる能力を意味する。	複雑な環境に適応する。

（出所） コッター（2002）p. 195.

達成に向けての変化や変革を伴う相互の影響関係」によって特徴づけられる概念として考えられるだろう。

（2） リーダーシップとマネジメントは同じ？

　リーダーシップとよく似た言葉に「マネジメント」がある。たしかに，日常ではこの2つをあまり区別せずに考えることも少なくない。はたして，この2つの概念は同じものと考えていいのだろうか。

　組織変革とリーダーシップ研究において著名なハーバード・ビジネススクール名誉教授の**コッター**（Kotter, J. P.）（2002）は，リーダーシップとマネジメントは本質的に違うものだと指摘している。表4-1はこの点についての彼の主張をまとめたものである。彼の言葉を借りて要約すると，マネジメントが「階層とシステムを通じて機能する，論理的でスタティック（静的）なもの」（p. 195）であるのに対し，リーダーシップは「人と企業文化に訴えかけることで機能する，柔軟でダイナミックなもの」（p. 195）と説明できる。この違いを十分に理解しておくことがいかに大切か，企業の組織の変革を例に挙げて考えてみよう。仮に，リーダーシップをマネジメントと同じ概念ととらえ，組織

変革を試みようとすると，たとえば組織構造の見直しや人事制度の改編・人員の整理など，より制度的・技術的な側面に特化した**トップダウン**型のアクションに偏ってしまう可能性がある。

しかし，変革には，企業が進むべき方向性（**ビジョン**や**戦略**）が，組織のメンバー一人ひとりに十分に理解されなければならない。同時に，メンバー各人がそれらに対する高い納得感をもち，さまざまな困難や障害を乗り越えてでも変革を実現させるというリーダーとフォロワーの強いコミットメントが組織のあらゆる階層で必要となる。このような変革に対する「原動力」は，たんに制度もしくは技術の側面での導入・改編のみから，しかもトップが上から連鎖的にコマンドするだけでは生まれないのである。これはリーダー不在の変革であり，すでに数多くの企業が失敗を経験している。表4-1にも示されているとおり，まさに「ついつい見過ごされがちな」人や企業文化の側面に訴えかける役割を担うのがリーダーであり，企業のトップのみならず，あらゆる階層で「リーダーシップ」が求められるといえる。

2　環境変化とリーダーシップ——モデルとなるリーダー像の変遷

今日，急速に進展する経済のグローバリゼーションの中で，国・産業・企業などのさまざまなレベルでたえずイノベーションが創出されている。顧客や株主など企業のステークホルダーのニーズは多様化し，企業間の競争も一層激しくなっている。それゆえ，企業や組織を取り巻く環境は，より予測が困難でかつ不確実性の高い状態へと変化している。効果的なリーダーシップを考えるフレームワークは，企業や組織が置かれている外部の環境や文脈と必ずしも無縁ではないのである。

ここで少し，環境変化との関係から，求められるリーダー像がどのように変化してきているかをみてみよう。図4-2は，組織外部の環境変化の特徴を「**安定的**」—「**流動的**」の軸でとらえた場合，「**ミクロ**」（集団）および「**マクロ**」（組織全体）の各レベルにおいて求められるリーダーの特徴を説明したも

第4章 リーダーシップ──管理者・経営者の役割

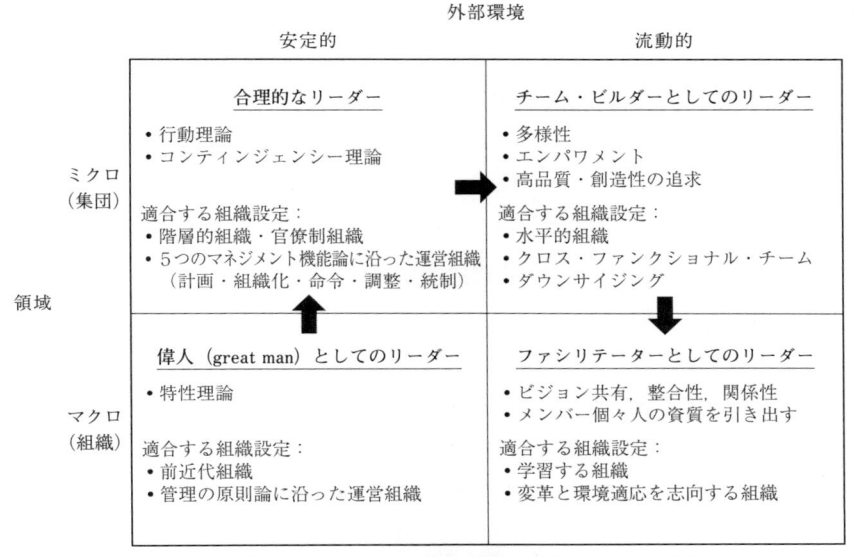

外部環境

	安定的	流動的
ミクロ（集団）	**合理的なリーダー** ・行動理論 ・コンティンジェンシー理論 適合する組織設定： ・階層的組織・官僚制組織 ・5つのマネジメント機能論に沿った運営組織 　（計画・組織化・命令・調整・統制）	**チーム・ビルダーとしてのリーダー** ・多様性 ・エンパワメント ・高品質・創造性の追求 適合する組織設定： ・水平的組織 ・クロス・ファンクショナル・チーム ・ダウンサイジング
マクロ（組織）	**偉人（great man）としてのリーダー** ・特性理論 適合する組織設定： ・前近代組織 ・管理の原則論に沿った運営組織	**ファシリテーターとしてのリーダー** ・ビジョン共有，整合性，関係性 ・メンバー個々人の資質を引き出す 適合する組織設定： ・学習する組織 ・変革と環境適応を志向する組織

領域

図4-2　モデルとなるリーダー像の変遷：環境変化との関連から
（出所）　Daft（1999）p. 48. をもとに筆者が加筆修正し作成

のである。

（1）　偉人としてのリーダー

　まず，図4-2の左下から，比較的安定的な環境下において求められるマクロ（組織や社会）でのリーダー像として，「**偉人（great man）としてのリーダー**」の役割が挙げられる。この偉人という考え方は，初期のリーダーシップ研究（1930〜40年代頃）における効果的なリーダーシップの考え方に由来する。すなわち，リーダーはそもそも生まれながらにしてある種の「**特性（traits）**」をもった人物であり，リーダーは英雄（hero）とほぼ同義であるという考え方に根差している。たとえば，ワシントンやリンカーンなどの政治家から，ガンジーやマーティン・ルーサー・キング・ジュニアなどの社会的リーダー，ヴァンダービルト（鉄道王）やカーネギー（鉄鋼王）等の企業家などが，偉大なリーダーのシンボルとして紹介されるケースも少なくない。このことは，変化

の比較的小さい環境や時代背景において、組織や社会を束ねる偉大なリーダーの存在がより注目され、彼らがどのような「特性」をもった人物なのか（**特性理論**）に関心が高まることを示唆している。

（2） 合理的なリーダー

一方、図4-2の左上から、安定した環境において、ミクロ（集団）のレベルで求められるリーダーは、「**合理的なリーダー**」であるとされている。変化の少ない安定した環境下では、一般に目的に対していかに合理的な解決や選択がなされるかが重視される。安定した環境下では、企業や組織の目標が比較的長期にわたって設定され、しかもその達成方法（戦略）自体も静的な環境ゆえに著しい変更が求められることはあまりない。この場合、組織を構成する各ユニット（部や課など）においても、達成すべきゴールの中身やそれを測定するパフォーマンス指標自体も大きな変化や修正が起こりにくい。そのため、リーダーがいかにメンバーとの相互作用を通じ集団として合理的に部や課の目標を達成できるかがリーダーシップ上の重要な課題となる。具体的には、リーダーがどのような「行動（behavior）」をとり、フォロワーがどのような態度を形成し、集団としていかに合理的に目標を達成できるかというリーダーシップの「プロセス」に強い関心が注がれるのである。

このリーダーの行動に着目した一連の研究は、欧米の先進諸国が目覚ましい経済発展を遂げた1950～70年代にかけて数多く公表され、「**行動理論**」（たとえば、リーダーシップの「2機能説」、ブレークとムートン（Blake, R. R., & Mouton, J. S., 1964）の「マネジリアル・グリッド」、三隅二不二（1978）の「PM理論」など）や「**コンティンジェンシー理論**」（たとえば、フィードラー（Fiedler, F. E., 1967）の「コンティンジェンシー・モデル」、ハーシーとブランチャード（Hersey, P., & Blanchard, K. H., 1977）の「SL理論（状況リーダーシップ理論、ライフサイクル理論）」）として体系化されたのである。すなわち、集団業績やフォロワーの満足度を高める効果的なリーダーの行動や働きかけはどのようなものか（行動理論）、またそれらの行動はどのような集団状況（タスクの困難度やリーダー

第4章　リーダーシップ——管理者・経営者の役割

とフォロワーの関係の良し悪しなど）において機能するか（コンティンジェンシー理論）が提起され，集団レベルでのリーダーシップを考える基礎となった。

（3）　チーム・ビルダーとしてのリーダー

次に，企業・組織を取り巻く環境がより変化に富む流動的な状況や文脈においてより強く求められるリーダー像についてみてみよう。図4-2の右上から，「**チーム・ビルダーとしてのリーダー**」がこの環境下で求められるミクロのリーダー像として特徴づけられる。チームはたとえば官僚制組織のような伝統的な組織構造下でのフォーマルな職場集団よりも，柔軟でかつ外的な変化への適応力が高いという特徴をもつ。また，組織におけるチームの活用は，意思決定における従業員の参加を促し，トップに集中しがちな組織の権限を委譲させること（＝エンパワメント）にもつながる。

ダフト（Daft, R. L., 1999）によると，チーム・ビルダーとしてのリーダーの特徴は，80年代後半以降，グローバル市場で高い競争優位を発揮した日本の製造業の現場における品質管理の向上や問題解決を目的とした作業チームにみられるとしている。現場の作業チームに自由裁量を与えること，チームレベルでの創造的な問題解決の奨励，従業員の経営参加意識の醸成とそこから生まれる一人ひとりの高いモチベーションを通じた現場での改善・提案活動や品質向上の運動は，組織がボトムから環境変化に適応する組織学習能力の向上に大きく役立っていたのである。90年代以降も，日本のバブル経済の崩壊や世界的な競争環境の激化に伴う著しい経営環境変化の下，企業は従来のピラミッド型組織からより階層を減らした水平的な**フラット型組織**へと，また伝統的かつ固定的なフォーマル・グループを中心とした経営管理からプロジェクト単位での機動的かつ部門横断的な**クロス・ファンクショナル・チーム**を積極活用した経営管理へとシフトする中で，効果的なチーム・リーダーシップを発揮できる人材の重要性が高まっている。

(4) ファシリテーターとしてのリーダー

最後に，ダイナミックな経営環境におけるマクロ（組織・社会）・レベルでの効果的なリーダー像は，「**ファシリテーターとしてのリーダー**」であるとされている。混沌とした外的環境に組織を適応させ続けることが求められるトップの重要な役割の一つに，「**学習する組織**（learning organization）」の構築が挙げられる。すなわち，リーダーが環境に対し持続的に適応・変化する能力をいかに組織内に組み込むことができるかが重要な課題となる。センゲ（Senge, P. M., 1990）によると，学習する組織に共通にみられる組織メンバーの行動・思考的特徴として，以下のような点を挙げている。①すべての人が合意したビジョンを共有する，②必ずしも従来の考え方にとらわれない，③組織がいかに機能しているかについて正確に理解する，④互いにオープンなコミュニケーション（相互学習）を図る，および⑤ビジョンの達成のために相互協力するという5点である。

これらの特徴から，ファシリテーターとしてのリーダーの役割が自ずとみえてくるだろう。すなわち，①組織全体のビジョンに対するメンバー全員の共感とビジョン達成に向けた個々人のポテンシャルを引き出すこと，②メンバーの知的な刺激や相互のコミュニケーションと学習を促すこと，③組織の外的な環境変化に持続的に適応・変化する能力を高めることが強く求められる。この役割を遂行するために，リーダーは地位や権限に基づいた影響力を発揮させる伝統的な組織コントロールに頼るのではなく，むしろ人々との有機的な関係性を通じてメンバーの組織に対するコミットメントを最大限に引き出す働きかけを行っていくことが必要である。

＊

以上のリーダーシップ・モデルは，リーダーシップの対象領域の範囲の程度と外部環境の変化の度合いとの違いから4つに分類されたものであるが，同時にこの4つのモデルは，リーダーシップ研究の歴史的な発展の時間軸ともある程度一致している。すなわち，「偉人のリーダーシップ」→「合理的リーダーシップ」→「チーム・リーダーシップ」→「ファシリテーション・リーダー

シップ」の順に求められるリーダーシップのあり方やリーダー像が変化してきていると言っても過言ではない。次節では，変化の著しい環境下において求められるリーダーシップについてより詳細にみていく。

3 ダイナミックな環境におけるリーダーシップ

(1) シェアド・リーダーシップ

　不確実な環境下において高い効果を発揮するチームレベルでのリーダーシップとして近年注目を集めているのが，「シェアド・リーダーシップ (shared leadership)」という考え方である。シェアド・リーダーシップとは，「チームメンバー間でリーダーシップの影響力が配分されているチーム状態」(Carson et al., 2007, p. 1218) を意味する。すなわち，チームや組織のパフォーマンス向上に向けたメンバー間の相互作用に，メンバー相互の影響力が組み込まれた状態である。伝統的なリーダーシップの考え方は，組織の公式的な階層に基づく一人のリーダーが垂直的な地位や役割に基づく影響力をメンバーに行使する。この場合，影響力の源泉は「単一」のリーダーに集中している。

　一方，シェアド・リーダーシップは，影響力の源泉がチーム内の「複数」のメンバーに分散されているもののチーム全体としては高い影響力を有している状態を意味する。図4-3はカールソンら (Carson, J. B. et al., 2007) の研究で確認されたシェアド・リーダーシップの状態を図示したものである。この研究では，米国の MBA 学生348名からなる59のコンサルティング・チーム（1チーム当たり4～7名のメンバー構成）を対象に調査が行われ，シェアド・リーダーシップの状態とクライエント（顧客）の評価に基づくチーム・パフォーマンスとの関係が検証されている。図4-3は，**ソシオグラム**と呼ばれる集団内の構造分析の手法が用いられ，チーム内で各メンバーがそれぞれ誰をリーダーとしてとらえていたかが得点化され図示されたものである。

　図4-3から，シェアド・リーダーシップの状態としてもっとも低い得点を示していた図中の左側のチームでは，全体的に矢印が少なくしかも一人のメン

リーダーの役割のシェア（共有度）　　リーダーの役割のシェア（共有度）　　リーダーの役割のシェア（共有度）
　　　　が低い状態　　　　　　　　　　　　が中程度な状態　　　　　　　　　　　が高い状態

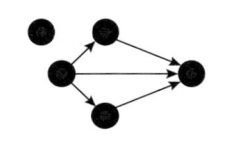

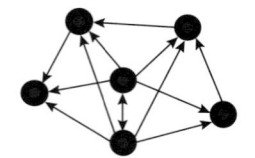

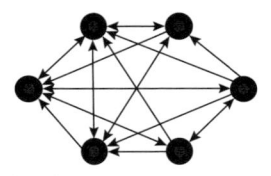

図4-3　シェアド・リーダーシップの構造の違い

（注）　図中の矢印は，たとえばチーム内のAさんがBさんをリーダーの役割を担っていると評価していた場合，Aさん→Bさんのように矢印が引かれていることを意味する。仮にAさんもBさんも互いにお互いをリーダーと目していた場合は，Aさん←→Bさんのように双方向の矢印が描かれる。
（出所）　Carson et al. (2007) p. 1226. をもとに筆者が加筆修正

バーに矢印の先が集中している傾向がみられる。一方で，もっとも高い得点を示していた右側のチームでは，矢印が縦横無尽に張りめぐらされており，メンバー全員が最低でも2人以上のメンバーからリーダーとして目されていた構造となっている。カールソンらの研究では，このシェアド・リーダーシップの状態は，チーム・プロジェクトの成果に対するクライエントからの評価と正の関係にあることを明らかにしており，リーダーシップの影響力が分配されているほど，チーム・パフォーマンスが高まることが報告されている。

また，日本企業の研究開発チームを対象に行った石川（2013）の研究でも，カールソンらの報告と同様，シェアド・リーダーシップとチーム業績との正の関係を確認している。加えて，石川はこの正の関係の強さはチームが取り組んでいる**タスクの不確実性**によって変化することも明らかにしている。具体的には，チームでタスクを成し遂げるための道筋が不確実で，メンバーでの試行錯誤を要する場合，シェアド・リーダーシップはチーム業績を高める上でより高い効果を発揮するとしている。企業間の競争環境が著しく激化する中，より高度でかつ複雑な課題達成や問題解決が求められる組織やチームにおいて，チーム内の個々人が相互に影響力を発揮し合うシェアド・リーダーシップの考え方は今後より一層注目を集めることだろう。

(2) 変革型リーダーシップ

バス (Bass, B. M.) およびアヴォリオ (Avolio, B. J.) が開発した代表的なリーダーシップ・モデルに,「**全方位型リーダーシップ・モデル** (full range of leadership model)」と呼ばれるものがある (たとえば, Bass & Avolio, 1997 ; Bass et al., 2003)。このモデルには, 大きく分けて「**交流型リーダーシップ** (transactional leadership)」と「**変革型リーダーシップ** (transformational leadership)」という2つのリーダーシップの特徴が含まれている。交流型リーダーシップとは, フォロワーが果たすべき役割や実行すべき課題の要件を明確にすることにより, 組織や集団の設定された目標の達成に向け, フォロワーの動機づけを導くリーダーの働きかけを指す。一方, 変革型リーダーシップは, フォロワー自身の自己に向けられた関心を, 集団や組織に対する関心へと転換させ, フォロワーに理想的な影響力を与えるようなリーダーの働きかけを意味する。前者のリーダーシップは, 主として安定した組織や集団の環境下で発揮されるリーダーシップであり, 後者はよりダイナミックな環境変化の下でより効果を発揮するリーダーシップであると考えられている。

図4-4は, リーダーの行動 (受動的—能動的) を横軸に, またリーダーシップの効果 (効果的—非効果的) を縦軸にし, 交流型および変革型リーダーシップの各行動の特徴を整理した全方位型リーダーシップの考え方の概要である。以下, リーダーがとるそれぞれの行動的な特徴を説明する。

(1)変革型リーダーシップ

理想的な影響 (Idealized Influence):フォロワーにビジョンを示し, 達成すべきミッションであるという感覚を持たせる, 彼・彼女らに自尊心 (達成できるという感覚) を注入する, フォロワーから尊敬と信頼を得られる行動をとるなど。

動機づけの鼓舞 (Inspirational Motivation):フォロワーに高い期待を伝達する, 注意喚起のためのシンボル (ジェスチャーやわかりやすい具体例など) を活用する, シンプルな方法で目的の重要性を表現するなど。

知的刺激 (Intellectual Stimulation):フォロワーの視野を拡大させる, 発想

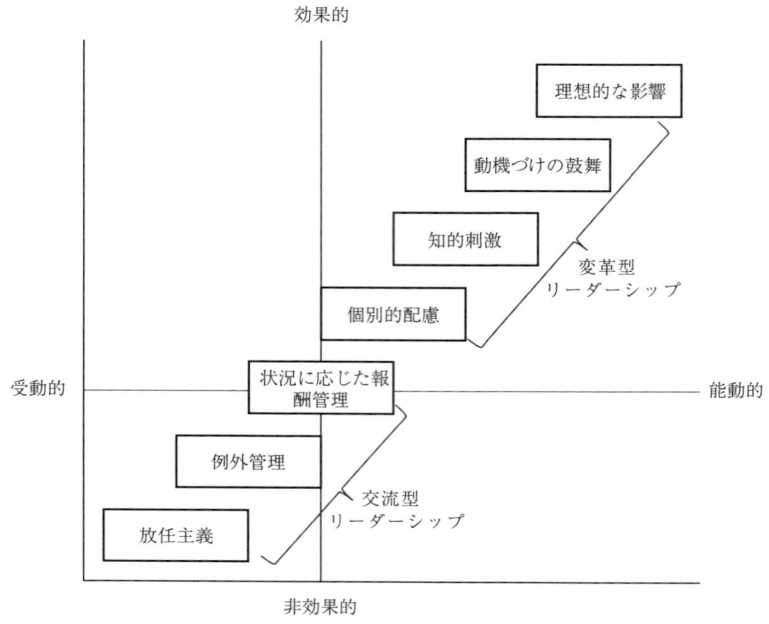

図 4-4　全方位型リーダーシップのモデル
（出所）　Robins & Judge（2010）p. 196. を筆者が邦訳し抜粋

転換を促進する，創造的な問題解決を歓迎するなど。

　個別的配慮（Individualized Consideration）：フォロワーに集団としてではなく個別的に接する。フォロワーにコーチ・助言を行うなど。

(2)交流型リーダーシップ

　状況に応じた報酬管理（Contingent Rewards）：フォロワーの努力や成果に対する（外的／内的）報酬を約束し提供する，フォロワーの達成を褒める，承認するなど。

　例外管理（Management by Exception）：これは能動的なものと受動的なものとがあるとされる。「積極的な例外管理」は，フォロワーがルールや達成基準から逸脱していないかモニタリングし，状況に応じた行動を起こす。「受動的な例外管理」は，フォロワーが基準をクリアできなかったときのみ介入を行う。

放任主義（Laissez-Faire）：責任や意思決定を放棄・回避する。

＊

　ここからも明らかなように，環境変化に強い変革型リーダーは，集団や組織のビジョンを明確化し，集団や組織の課題の重要性を認識させ，フォロワーのより高次な欲求を刺激することで，ビジョン達成に向けた彼・彼女らの能力を最大限に引き出す役割を果たすリーダーであると言える。そして，この変革型リーダーシップの4つの要素は，いずれもアルファベットの"I"で始まることから，**リーダーシップの"4I"** と呼ばれている。

　変革型リーダーシップの効果については，これまで数多くの研究で検証が行われている。ケラー（Keller, R. T., 2006）は，工業製品の研究開発チームにおけるリーダーが変革型リーダー行動により従事していた場合，プロジェクト1年後における当該製品の品質，スケジュールおよびコスト面のパフォーマンスがいずれも高かったことを明らかにした。加えて，開発された製品が5年後にもたらした利益の大きさや製品が市場に投入されるスピードの速さの点でも高い成果を挙げていたことを報告している。別の研究では，変革型リーダーの下で働く従業員は，職場でクリエイティブに問題解決できるという自信感が高く，創造的な職務成果が高い点が報告されている（Gong et al., 2009）。また，117件の研究論文をレビューした最近の研究では，変革型リーダーシップがフォロワー個人の成果，チームの成果，組織の成果をいずれも高める方向に作用している点を確認している（Wang et al., 2011）。

　ただし，変革型リーダーシップが必ずしも万能薬ということではなく，ときには交流型リーダーシップが機能する状況もあるという点は留意すべきである。効果的なリーダーは，この2つのリーダーシップを組み合わせて使用し，職場や組織を機能させているという報告もある。

　最後に，変革型リーダーシップを実践に移すための方略についてみてみよう。ユクル（Yukl, G., 2006）は，変革型リーダーシップの実践的なガイドラインとして，以下の6点を挙げている。

①明確でかつ人の心を動かすようなビジョンを言葉で伝える。

②そのビジョンがどのようにして達成できるかを説明する。
③リーダー自身が信念と確信をもって行動する。
④フォロワーに対する自信や信頼を伝える。
⑤何が重要かを強調する際には，目に見える印象的な（ときに大げさな）アクションを見せる。
⑥日頃から具体例を示してリードする。

*

今日，一つの企業や集団の過去の成功体験や既存のベストプラクティスが，将来の成功を予測するとは限らない時代へと変化している。こうした不確実性が高く予測困難な時代にこそ，明確でぶれないビジョンをもとに組織や集団を牽引し，個々人の動機づけと能力を引き出していく変革型リーダーが重要な役割を果たすと言えるだろう。

〈もっと詳しく知りたい人のための文献紹介〉

Schein, E. H. 2006 *Organizational culture and leadership*, 3rd ed. San Francisco : Jossey-Bass.（梅津裕良・横山哲夫（訳） 2012 組織文化とリーダーシップ 白桃書房）
　⇨本書は，本文でも引用したマサチューセッツ工科大学名誉教授エドガー・シャイン氏の古典的名著（初版は1985年刊行）である。研究書ではあるが，組織におけるリーダーシップを本質的に理解するには必読である。

Pfeffer, J., & Sutton, R. I. 2000 *The knowing-doing gap : How smart companies turn knowledge into action*. Boston : Harvard Business School Press.（長谷川喜一郎（監修） 菅田絢子（訳） 2014 なぜ，わかっていても実行できないのか――知識を行動に変えるマネジメント 日本経済新聞社出版）
　⇨スタンフォード大学で組織行動学の教鞭をとるジェフリー・フェファー教授が筆頭著者の本書は，なぜ組織は変わらないのかについて豊富な事例をもとに解説している。実践に向けた数多くの命題は，経営者のみならず現場のマネージャーにも役立つものが多い。

第4章 リーダーシップ――管理者・経営者の役割

〈文 献〉

Bass, B. M., & Avolio, B. J. 1997 *Full range leadership development manual for the multifactor leadership questionnaire.* Palo Alto, CA : Mindgarden.

Bass, B. M., Avolio, B. J., Jung, D.I., & Berson, Y. 2003 Predicting unit performance by assessing transformational and transactional leadership. *Journal of Applied Psychology,* **88**, 207-218.

Blake, R. R., & Mouton, J. S. 1964 *The managerial grid.* Houston, TX : Gulf Publishing.

Carson, J. B., Tesluk, P. E., & Marrone, J. A. 2007 Shared leadership in teams : An investigation of antecedent conditions and performance. *Academy of Management Journal,* **50**, 1217-1234.

Daft, R. L. 1999 *Leadership : Theory and practice.* Fort Worth, TX : Dryden Press.

Fiedler, F. E. 1967 *A theory of leadership effectiveness.* New York : McGraw-Hill.

Gong, Y., Huang, J. C., & Farh, J. L. 2009 Employee learning orientation, transformational leadership, and employee creativity : The mediating role of employee creative self-efficacy. *Academy of Management Journal,* **52**, 765-778.

Hemphill, J. K., & Coons, A. E. 1957 Development of the leader behavior description questionnaire. In R. M. Stodgill & A. E. Coons (Eds.), *Leader behavior : Its description and measurement.* Columbus : Bureau of Business Research, Ohio State University. pp. 6-38.

Hersey, P., & Blanchard, K. H. 1977 *Management of organizational behavior : Utilizing human resources,* 3rd ed. Englewood Cliffs, NJ : Prentice Hall.

House, R. J., Hanges, R. J., Ruiz-Quintanilla, S. A., Dorfman, P. W., Javidan, M., & Dickson, M. A. 1999 Cultural influences on leadership and organizations : Project GLOBE. In W. H. Mobley, M. J. Gessner & V. Arnold (Eds.), *Advances in global leadership.* Stanford, CT : JAI Press. pp. 171-233.

石川淳 2013 研究開発チームにおけるシェアド・リーダーシップ――チームリーダーのリーダーシップ，シェアド・リーダーシップ，チーム業績の関係 組織科学, **46**(4), 67-82.

Keller, R. T. 2006 Transformational leadership, initiating structure, and substitutes for leadership : A longitudinal study of research and development project team performance. *Journal of Applied Psychology,* **91**, 202-210.

コッター (Kotter), J. P. 2002 マネージャー研修とリーダー教育は異なる ハーバード・ビジネス・レビュー, 2002年12月号, 191-199.

三隅二不二 1978 リーダーシップ行動の科学 有斐閣

Robins, S. P., & Judge, T. A. 2010 *Essentials of organizational behavior*, Global Edition (10th ed.). Upper Saddle River, NJ: Pearson Education.

Schein, E. H. 1992 *Organizational culture and leadership*, 2nd ed. San Francisco: Jossey-Bass.

Senge, P. M. 1990 *The fifth discipline: The art and science of the learning organization.* New York: Doubleday. (守部信之 (訳) 1995 最強組織の法則――新時代のチームワークとは何か 徳間書店)

Smircich, L., & Morgan, G. 1982 Leadership: The management of meaning. *Journal of Applied Behavioral Science*, **18**, 257-273.

Stogdill, R. M. 1974 *Handbook of leadership: A survey of the literature.* New York: Free Press.

Wang, G., Oh, I. S., Courtright, S. H., & Colbert, A. E. 2011 Transformational leadership and performance across criteria and levels: A meta-analytic review of 25 years of research. *Group & Organization Management*, **36**, 223-270.

Yukl, G. 2006 *Leadership in organizations*, 6th ed. Upper Saddle River, NJ: Pearson-Prentice Hall.

第4章　リーダーシップ――管理者・経営者の役割

ケーススタディ　旅館経営者・吉田進の苦悩

　吉田進（35歳・仮名）は，某温泉街で江戸時代から創業する老舗の吉田旅館（仮称）の経営を立て直そうと試行錯誤を続けています。吉田旅館はこの地域では比較的大きい旅館ですが，団体客中心の従来型の旅館であり，経営状態は悪化していました。こうした中，昨年，進が社長に就任してから旅館の再生と変革を行っているのですが，当時50人いた従業員はこの1年でじつに15人も辞めてしまいました。あわてて何人か新規に採用したのですが，3ヶ月もたたずに全員辞めてしまいました。「明日，宿に行って従業員が誰もいなかったらどうしよう……」，そんな悪夢にうなされる日が続いています。

　進は，都内の有名大学を卒業後，大手金融機関に就職し，そこで3年間営業の仕事を担当しました。その後近い将来に家業である旅館の経営に携わることを両親からも期待されていたため，都内にある某大学ビジネススクールのMBA課程に通い，経営戦略，マーケティング，財務・会計，人材・組織マネジメントなど経営に必要な知識について一通り猛勉強しました。MBA修了後は，ホテルマネジメントに携わろうと，外資系の大手一流ホテルチェーンで4年間勤務経験を積んだのち，3年前から専務としてこの旅館の経営に参画していました。父であり先代の社長であった吉田武が昨年この世を去ってから，社長として陣頭指揮する立場となっていました。

　吉田旅館の立地する温泉街は，首都圏にも近く古くから温泉街としてにぎわっていました。しかし，観光目的の個人客よりも法人や団体客に依存していた吉田旅館は，バブル崩壊後の長引く不況で客足がめっきり減ってしまい，収益面で厳しい状況が続いていました。新しく社長となった進は，団体客中心であった旅館の戦略を見直し，カップルや家族連れの利用者を増やす方針へと転換することを試みました。金融機関の営業で培った経験，MBAで学んだ経営の知識，そして外資系の一流ホテルで養った眼力やノウハウをフルにいかして，新しい吉田旅館へと刷新するべく，着々と戦略を立てていきました。

　進は，MBAで学んだ統計やデータ分析の手法をいかし，これまでおざなりにされていた利用者の調査データや個票データを徹底的に分析しました。すると，比較的年配の女性客がリピーターとなっていることが浮き彫りになってきました。しかも，年配の女性客は，夫婦2人で来たり，同年代の女友達と来たり，子ども夫婦と

その孫とともに3世代で来たりと，さまざまな人たちを巻き込んで繰り返し利用していることも明らかとなりました。

　そして進は，年配女性をターゲットにした吉田旅館のサービスを自分で考え出しました。自らの営業やホテルでの勤務経験から，年配の女性ほど細やかなサービスを求める傾向にあることを進は理解していました。「サービスのスタッフには，全員，宿泊客の名前を事前に憶えさせるようにしよう」，「料理人には，素材を生かした軽めの調理法にし，一流旅館にふさわしい繊細な盛り付けにすることを心掛けさせよう」など現場でどのようなサービスを提供すべきかについて進が自ら考案しました。

　さらに，外資系ホテルでの勤務経験から学んだスマートな接客方法をマニュアル化し，それを全従業員に配り自ら教育するプログラムも考えました。また，従業員一人ひとりの評価を行い，細やかなサービスのできる従業員にできるだけ客室に足を運ばせる配置案も作成しました。その他，年配女性向けの新しい宿泊プランや日帰り温泉プラン，新料金体系など，すべて進が綿密な分析を行い設定しました。「これでいける！」進は自身の専門的な知識と経験に裏付けられた新しいサービス・組織体制に自信をもっていました。

　進が社長に就任して3ヶ月たったある日，進は「新生・吉田旅館」の第一歩として，自身が作成した経営計画，組織体制，新サービス，そして現場でのサービス・マニュアルなどを従業員全員に発表しました。しかしながら，進の期待に胸を弾ませた声とは裏腹に，従業員の反応はじつに冷ややかでした。進の悪夢はここから始まったのです……。

第5章
ワーク・モチベーション

林 洋一郎

ストーリー第5話　やる気の出しかた，保ちかた

　都内での営業を終えて地下鉄で帰社する途中，目の前の席が2つ空いたので座ることにした。同行の若松さんは，鞄から取り出した本を読みはじめた。若松さんというのは，第二営業グループの主任で，今の僕の上司だ。入社10年目，33歳とまだ若いほうだが，フットワークの軽い優秀な営業マンで，彼を指名してくる取引先も多い。

　入社して1年目の僕は，彼の顧客先に同行させてもらう修行中の身の上だ。
「若松さん，それ，何の本ですか？」
　若松さんは，書店のカバーを外して表紙をちらっとみせてくれた。
『経営心理学入門』〇〇大学通信教育学部，と書いてあった。
「へぇ。そういう知識も，営業に役に立つんですか？」
　隙間時間を活用して，そういう本で自習しているのだ。
「いや，どうかな。今は直接関係なくても，まだまだ勉強不足だと思うことが多くてね」
「大学の通信教育って，本格的ですね。そこまで要求されるんですか？」
「要求されたわけじゃない。勉強するなら，ちゃんとやっておきたいだけだ。最近になって，大学で勉強しておけばよかったと思うことに気づいたんだよな」
「それって，営業やマーケティングのことですか？」
「それもあるけれど。営業は現場で経験積んだから，少しはわかるようになってきた。問題は，たとえば，部下の査定の仕方とか，部門間交渉の仕方とか。俺の場合，人絡みの仕事が未知でな。これまでどこでも習ってこなかったから」

隣の駅で乗ってきた営業マン風の2人連れが，僕らの前に並んで立った。たまたま僕たちと同じような組み合わせだったが，向こうは微妙な空気が漂っていた。若い男性はうなだれ，明らかに萎縮している。年上の男性のほうは腹を立てている様子だった。
「だからさ，さっきも言ったけれど。そこ，ちゃんとわかっていてくれないと困るんだよっ。向こうさんはさ，こっちが譲歩するのを待っていたわけ。粘れば下げるだろう，と。な？　欲しいことは欲しいけれど，急いではいないんだから，とにかく安く手に入れたいんだからさ。だからさ，そこは向こうのペースにただ乗っかるんじゃなくて，こっちのペースを作るの。今手に入れるメリットのほうを推さなきゃ，駄目じゃないかっ！」
「はぁ……」
　若い人はますますうつむき，年上の男性の声はますます強まっていった。ピリピリとした怒気に圧倒された。居たたまれず，隣の若松さんをちらりと見た。若松さんのほうも，本を読むふりをしながら，軽くうなずいて目配せして寄越した。
「……向こうさんを不快にさせてはいけない。な？　そこ，大事だ。でも，焦って乗って，持ち出しにしちゃいけない……」
　上司の駄目出しは，僕らが降りる駅に着いても続いていた。降り際にちらと振り返れば，車窓越しに，空いた席に彼らが並んで腰を下ろすのがみえた。
　駅の階段を上りながら，若松さんに尋ねてみた。
「若松さんは，電車の中で営業の反省会とか，ああいう駄目出し，しませんね」
　するわけないねぇ，と若松さんが苦笑した。
「俺は，ああいうのはしない。したくない。必要なら，帰社してから，する」
「あの上司の方の言っていることはよくわかりました。ただ，人前でって，けっこうキツイですよね，愛の鞭のつもりかもしれませんけれど。あの近さじゃ，嫌でも聞こえてきちゃうし」
「いや，あれは，指導なんかじゃないね。自分が描いた絵どおりに持っていけなかったことを，たんに詰（なじ）っているだけだろう」
「公衆の面前でああ強く言われて，奮起する人ならいいかもしれませんが」
「ま，十中八九，逆効果だね。あの若い奴のやる気を殺ぐね。ドツボに嵌まるのがオチだ」

第 5 章　ワーク・モチベーション

　もしも僕があの彼の立場だったなら，立ち直るのにしばらくかかりそうだ。
　改札を抜け，地下鉄出口から外へ出ると，日が暮れていた。日がすっかり短くなった。腕にかけていたコートに袖を通していたら，若松さんがふと言った。
「もうすぐ，ボーナスだな」
「え，そうなんですか？」
　僕の声のテンションが跳ね上がったのをきいて，若松さんが笑った。
「やる気，ぐっと上がったろう？」
「そりゃ，そうです，バッチリです」
　リアクションがあからさますぎて恥ずかしかったが，あえて素直に肯定した。初年度のボーナスなんて雀の涙ほどらしいが，それでも0よりは確実に嬉しい。
「わ，めっちゃ嬉しいです。単純すぎますけれど」
「いいんだよ。仕事やる気モードになるスイッチは複数あるほうがいいよ」
　勉強，サッカー。これまで，自分のやる気のなさ，根気のなさには，自分でも呆れてきた。
「僕，この仕事はけっこう行けそうです。普段は飽きっぽいほうですが。やる気，キープし続けています。正直なところ，かなり楽しいです」
　それでも，とふと思う。この仕事に関心を持てなくなることも，いずれはあるのかもしれない。
「若松さんは，どうやって，自分自身のやる気スイッチを入れているんですか？」
「俺か？　家のローンの繰り上げ返済の表を思い浮かべると，頑張れるな」
「ローンですか。皆さん，大変そうですもんね」
「それから，さっきの商談みたいに，先方の腑に落ちた感じの，取り繕いじゃない笑顔を見ると，内心，"よっしゃ！"ってなるな。達成感は最大のご褒美だ」
　その気持ちはよくわかった。学生の頃，接客バイトをしていたときは，お客さんの笑顔とか，感謝や労いの言葉が嬉しかったものだ。とても単純なことだけれど，即時のフィードバックはやはり効いていたのだと，今さらながらに思う。
「けれども，接客とは違って，その場で成果が出ない場合のほうがずっと多いじゃないですか。契約まで手間暇がかかりますし。今回だってもう何回

も……」
　何回も足を運んで，挙げ句に提案が蹴られることもあった。今回は何とか成約まで漕ぎつけそうだが，まだ油断はならない状況だ。
　「あぁ，そこだ。その手強さこそが，営業の醍醐味なんだがな」
　若松さんは苦笑いした。
　「たとえば，うちの製品が性能は抜群だったとする。価格はやや高めだ。ライバル社Ａ社製品の性能は及第点そこそこだが，価格についてはうちより安い。Ｂ社は，性能は並み，価格も安くはない。けれども，うちやＡ社よりも薄型でデザインが優れているとする。取引先は，どれを選ぶと思う？」
　いくつかの取引先の，担当者の顔を思い浮かべた。皆が皆，即座にうちの製品を選んでくれるわけではない。
　「それは，でも，先方の条件次第ですよね。その時々で変わります」
　「そうだよな。どれが選ばれるか，わからないんだ。性能，価格，デザイン性重視なのか。納品可能数や時期なんていう要因も絡んでくるから，複雑だ。一見不利なような交渉でも，相手のニーズを聞き取っていくうちに，真のニーズが出てくることがある。それをとらえて，製品とニーズの橋渡しがうまくできたなら，形勢不利を逆転させることだってできる」
　「さっきは，その勝利パターンっぽかったですよね？」
　「まだわからないが，手応えはあったと思う。うちの性能の安定性を状況別にビジュアルで丁寧に示したのは相当効いたんじゃないかな，と。こういうときに，一人じゃ解けない手強いパズルを解いた達成感みたいなのを感じるね」
　そのデータを技術部から引き出したのは若松さん。それを簡略化したビジュアルイメージに加工したのは，僕だ。はじめてアシストできたという気がした。
　営業の楽しさはたしかにわかってきた。ただ仕事のやる気を保ち続けるのは，それなりに大変そうだ。だから，些細なことでイライラしたり，つい部下にあたってしまったりするのかもしれないな……さっきの上司のように。
　何年も仕事をしていれば，イヤなこともきっと沢山あるだろう。そういうとき，仕事のやる気は，どう保てばいいのだろうか？　少なくとも，お金のために，家族のために，我慢してやりすごしているばかりではなさそうだ。
　皆，やる気のコントロールをどうしているのだろう？

1　ワーク・モチベーションの定義

モチベーションという言葉は，日常的な会話の中で普通に使われるようになってきた。日本語に訳せば，「**動機づけ**」，「**意欲**」，「**やる気**」などが該当するだろう。

このモチベーション（motivation）は，実務家と研究者の双方の関心をひきつけるテーマだと思われる。それは，「人はなぜ働くのだろうか？—お金のため？名誉や名声を得たいから？働くことが楽しいから？……」といった簡単に答えのみつからない，人間の生き方そのものにかかわる根源的な問いを含んでいるからではないだろうか。

では，モチベーションはなぜ重要なのだろう。著名なスポーツ選手，たとえば日米のプロ野球で通算4,000安打を達成したイチロー選手を思い浮かべてほしい。彼は，類まれな才能に加えて，日々のたゆまぬ努力と工夫によって大記録を達成したと考えられる。一方で，能力が高くて器用な選手や人が，必ずしも最高のパフォーマンスを示したり，成功を勝ち得たりするわけではない。これらの事例は，高いパフォーマンスをあげるためには，能力や才能だけでなく，課題や仕事に対するやる気やモチベーションもきわめて重要であることを示唆する。イチロー選手に限らず，日々の仕事や学業においても，成功や高いパフォーマンスを達成するためには，能力だけでなく，本人のやる気—モチベーションが欠かせないということは経験的にも実感できるのではないだろうか。

本章は，モチベーションの中でも就業場面や仕事場面で問題となるワーク・モチベーション（work motivation）に焦点を当てる。ワーク・モチベーションとは，見たり，触ったり，直接的に観察できない仮説的構成体—**心理的構成概念**である。伝統的には心理学者がこのテーマに積極的に取り組んできたが，本書は，ワーク・モチベーションを「個人をある職務行動や仕事に駆り立て，方向づけ，継続させるように仕向ける力」と定義する（Steers et al., 2004）。

これまで多くの理論が提起されてきたが，モチベーションの諸理論は，次の3つの枠組みに従って分類できる。①**欲求と特性**，②**認知的選択**，③**自己制御**という3つの枠組みである（Kanfer, 1990）。本書も，この分類にそって代表的な理論を展望する。

2　欲求と特性の理論──やる気の源泉は個人の欲求

人のやる気やモチベーションの源泉が欲求にあると仮定する理論群である。ワーク・モチベーションを促す欲求をリストアップして，分類するという特徴を持つ。ちなみに欲求の英語は need である。

（1）　欲求階層理論

マズロー（Maslow, A. H.）の**欲求階層理論**は，学問の世界のみならずビジネスの世界でもよく知られている理論である（Maslow, 1954）。マズローは，人間の持つ基本欲求を次の5つに分類した。①**生理欲求**（空腹，渇き，性欲などの身体的な欲求），②**安全欲求**（物理的あるいは情緒的な損耗からの保護と安全を求める欲求。住居の確保，安定した仕事，健康の維持など），③**所属・愛情欲求**（仲間意識，所属感などを求める欲求），④**自尊欲求**（自律性，達成感，地位などを求める欲求），⑤**自己実現欲求**（自己の成長や，潜在能力を生かすことを求める欲求）の5つである（図5-1）。[1]

欲求階層理論の特徴の一つは，階層性の仮定である。欲求は，**低次欲求**（生理と安全）と**高次欲求**（所属・愛情，自尊，自己実現）に区分される。そして人間は，最低次の生理欲求から最高次の自己実現欲求へと逐次的に充足させようと行動する。つまり人間は，最初に生理的欲求を満足・充足させようとする。生理的欲求が充足されると，その欲求重要度は低下するので，一段階上位の欲求である安全欲求を満たそうとする。「欲求の生起」→「欲求を充足させる行動」→「当

---

(1) マズローは，晩年になって，自己実現よりもさらに高次な欲求として自己超越という次元を提起した。

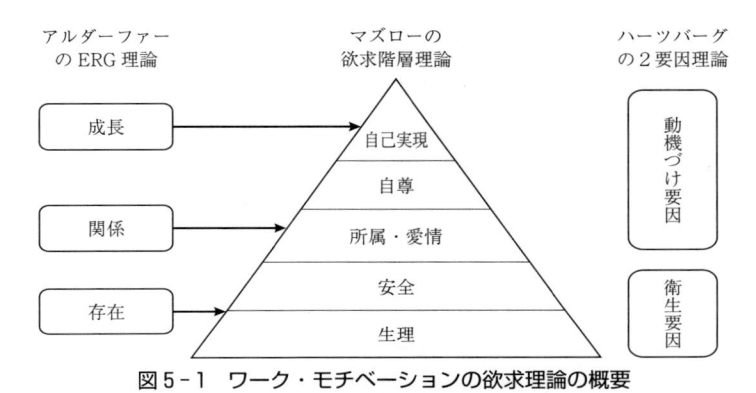

```
アルダーファー        マズローの          ハーツバーグ
のERG理論          欲求階層理論         の2要因理論
```

図5-1　ワーク・モチベーションの欲求理論の概要
（出所）　Levy（2013）

該欲求の重要度が低下」→「高次な欲求の生起」という心理プロセスが仮定されている（高階，2007）。また，階層性の仮定は厳密であり，生理欲求から所属・愛情欲求に飛び越える事態，つまり安全欲求を飛び越えるような状況は想定されていない。さらに欲求の喚起は，低次から高次へという一方向性が仮定されており，所属・愛情欲求が満たされないから安全欲求を満たそうというような事態も想定されていない。不可逆性の原理が強調されている。

　欲求階層理論の特徴の2つ目は，自己実現欲求の特別な位置づけである。自己実現欲求を除く生理から自尊までの各欲求は，いったん充足すると，その重要度は低下し，消滅する。これらの欲求は，欠乏（Deficiency）の頭文字をとって**D欲求**と呼ばれることもある。それに対して，自己実現欲求はたとえ充足されてもその重要性は必ずしも低下するわけでなく，さらなる理想や高みを目指すように個人を動機づける作用があると仮定されている。この欲求は，存在（Being）の頭文字から**B欲求**と呼ばれる。

　欲求階層理論は，直感的に理解しやすく実務家と研究者の双方から評価されているが，その妥当性が科学的に証明された訳ではない。たとえば，マズローは，欲求とは，生理欲求〜自己実現という5次元から構成されると説明するが，因子分析の結果は，5次元性を支持しなかった。また欲求の重要性は低次から高次へという一方向の発展を仮定しているが，複数の欲求が共起する可能性も

否定できない。これらの批判を受けて，**アルダーファー**（Alderfer, C. P.）は欲求階層説理論を発展させ**ERG理論**を提唱した。

（2） ERG 理論

アルダーファーは，欲求階層理論を修正・拡大し，ERG 理論を提起した。ERG 理論の第一の特徴は，マズローの5次元から存在（Existence），関係（Relatedness），成長（Growth）という3次元に縮約・再構成した点である（図5-1）。ERG という呼称は，各欲求の頭文字に由来する。存在欲求とは，マズローの理論でいえば，生理欲求や安全欲求に相当するもので，生活に必要な衣食住の充実や安全を求める欲求である。関係欲求とは，マズローの愛情欲求に対応するものであり，他者との社会的つながりや親愛を求める欲求である。成長欲求とは，マズローの自己実現欲求に対応するものである。さまざまなことを試みる中で学習し，人間として成長して，より高い水準に達しようという欲求である。

欲求階層理論との大きな相違点は，①上位の欲求が充足されないと下位の欲求を再び満足させようとする逆行性のプロセスを認めていること，②複数の欲求が共起することが仮定されているという点があげられる。①は，たとえば，成長欲求が満たされない場合，人間関係欲求を充足させようとするような状況も認めるということである。

（3） 2要因理論（動機づけ―衛生理論）

ハーツバーグ（Herzberg, F.）を中心とする研究グループは，ピッツバーグ周辺のエンジニアと会計士200人以上に対して面接調査を行った。その結果，職務を進める上できわめて満足している事象と不満足に感じている事象について，それまでの常識とは異なる事実を発見した。

彼らは，調査対象者に対し，職務に関してもっとも好ましい事例ともっとも好ましくない事例を思い出すように依頼した。強く印象に残る事例を思い出してもらうこの方法は，**クリティカル・インシデント法**と呼ばれる。調査の結果，

第 5 章　ワーク・モチベーション

```
満足でない ←――――――――――――――――→ とても満足
              ↑
   ┌─────────────────────────────────┐
   │・職務内容：達成，承認，仕事の面白さ，責任 │
   └─────────────────────────────────┘
          ┌──────────┐
          │ 動機づけ要因 │
          └──────────┘

          ┌──────────┐
          │  衛生要因  │
          └──────────┘
   ┌─────────────────────────────────┐
   │・職務環境：会社の施策や経営，監督，給与， │
   │　対人関係                         │
   └─────────────────────────────────┘
              ↓
不満足 ←――――――――――――――――→ 不満足でない
```

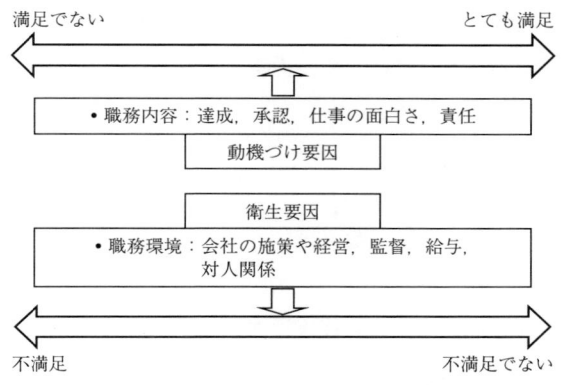

図 5-2　ハーツバーグの 2 要因理論

職務満足と不満足をもたらす要因は異なる（2 要因）。そして，満足と不満足は，1 次元ではなく，独立した 2 次元であると主張された。満足と不満足が 1 次元であるとは，満足と不満足が 1 次元尺度上の両極に位置づけられ，満足の逆は不満足であることを意味する。これに対して，満足と不満足が 2 次元であるとは，図 5-2 のように表される。つまり満足の次元は，「満足でない」〜「とても満足」の間を変動し，不満足の次元は，「不満足である」〜「不満足でない」の間を変動する。なお，満足と不満足が別次元である主張の根拠は，満足に寄与する要因と不満足に寄与する要因が異なるという面接調査の結果に由来する。

　職務満足感を高める要因は，**動機づけ要因**と呼ばれ，達成，承認，仕事そのもの，責任，昇進など職務内容が関与するとされている（図 5-2）。これに対し，職務不満足を高める要因は，**衛生要因**と呼ばれ，会社の施策や経営，給与，監督，対人関係，作業条件など職務環境が関与するとされている。動機づけ要因は仕事内容や結果に関する要因であり，衛生要因は，職場の環境や待遇に関する要因である。

　2 要因理論から導かれた実践的施策として，**職務充実**がよく知られている。[2]
職務充実とは，職務の垂直的拡充である。仕事の幅ではなく，責任や権限の範

---
(2) 厳密に言えば，職務充実は，2 要因理論と職務特性理論から導出された実践的施策である。なお，本書では，職務特性理論については取り上げていない。

囲を拡大して，従業員のモチベーションを高めようとする施策である。与えられた仕事を単調に行うだけではなく，従業員自らが目標の計画，実行，評価を行うことを奨励する。

（4） 内発的モチベーション

内発的モチベーションという概念は，ロチェスター大学のデシ（Deci, E. L.）とライアン（Ryan, R.）が提起した自己決定理論[3]の中核概念として発展したものである。現在は，教育，養育，健康管理，メンタルヘルス，ビジネスなどさまざまな領域に応用されている。

内発的モチベーションとは，人が取り組んでいる課題やその達成に向けた活動自体に興味を抱き，その活動に従事すると自然と楽しみや満足を感じるような状況を指す。たとえば，知的好奇心に駆られて勉強したり，仕事そのものが楽しくて時間を忘れて没頭するような状況が考えられる。対概念とされる**外発的モチベーション**とは，報酬を求める，あるいは罰を回避する目的から活動に従事するような状態を示す。経済学でいえばインセンティブに駆られて活動をしている状態を指す。たとえば，高い給与を得るために一生懸命に働いている状況や試験でよい得点を得るために勉強をしている状況を示す。

また，内発的モチベーションは，報酬が与えられることにより低下したり，高揚したりする。前者のように内発的モチベーションが外的報酬の導入によって低下する現象は，**アンダーマイニング効果**と呼ばれ，次のような実験によって説明される。絵を描くことが好きな（内発的モチベーションの高い）幼稚園児は，報酬や罰が無くても保育の自由時間に自発的に絵を描く。そうした幼稚園児であっても，よい絵が描けたらご褒美をあげるよ，というようにいったん報酬が与えられると，それ以降は自発的に絵を描く時間が短くなった。元来はご褒美が無くても自発的に取り組んでいた活動であったにもかかわらず，課題

---

(3) 自己決定理論は，認知的評価理論，有機的統合理論，因果志向性理論，基本的欲求理論，目標内容理論という5つのミニ理論から構成される。内発的モチベーションと外発的モチベーションは，認知的評価理論の中で詳述されている。

遂行に対して報酬が与えられてしまうと，報酬なしには活動をしなくなる（Ryan & Deci, 2000）。

一方で，褒め言葉などの言語的報酬が与えられた場合は，アンダーマイニング効果とは逆に，内発的モチベーションが高まることが見出されている。この現象は，**エンハンシング効果**と呼ばれる（Ryan & Deci, 2000）。

アンダーマイニング効果とエンハンシング効果は，内発的モチベーションと有能さおよび自律性（あるいは自己決定性）という2種類の欲求との相互作用を分析することによって理解できる(4)。人がある活動に対して内発的に動機づけられる理由は2つあり，一つは所与の活動において自分自身がより自律的に自己決定したと知覚した場合であり，もう一つは自身がより有能であると知覚した場合である（山下, 2001）。アンダーマイニング効果は，自律性の欲求と関連がある。ある行動に対して報酬が与えられた場合，その行動の原因（なぜそのような行動を起こしたかの理由）は報酬に帰属されるはずである。人は，自分の行動が報酬という外的要素によって引き起こされたと認識し，自律的に自己決定したとは判断しなくなる。このような自律性や自己決定感の低さは，内発的モチベーションをアンダーマインする（損なう）。一方で，ある行動に対する褒め言葉といったポジティブなフィードバックは，個人の有能感を強め，有能感の充足は内発的モチベーションをエンハンスする（高揚する）。

内発的モチベーションは，外発的モチベーションと対比的に論じられ，前者が後者よりも好ましいという単純な二項対立の図式で理解される傾向があった。しかし，「報酬を与えるとかえってモチベーションが低下する!?」という直感とは反する現象を明らかにするために，100を超える実験研究の成果の上に成り立っている体系的な理論なのである。

---

(4) アンダーマイニング効果とエンハンシング効果は，上述の5つのミニ理論の中でも認知的評価理論にかかわる現象である。

3 認知的選択理論──やる気が強まるプロセスに注目する

　認知的選択理論は，判断や意思決定の認知プロセスに焦点を当てた理論カテゴリーである。認知的選択理論において，個人は内的な欲求や環境からの要請に従属した存在ではなく，主体的な意思決定者として合理的に思考する存在として位置づけられる。代表的な理論は，**期待理論**と**衡平理論**である。

（1）　期待理論

　期待理論は，古典的な理論の一つであり，ブルーム（Vroom, V. H., 1964）によって最初に定式化が試みられた。人間は自己の利益や効用を最大化させるような選択や意思決定を選好するという合理的選択モデルに基づいている。期待理論は複数の定式があるが，「**努力**」，「**業績**」，「**アウトカム**」という 3 種類の構成要素と「**期待**」，「**道具性**」，「**誘意性**」という 3 種類の信念を用いてモチベーションを理解するという点は，ほぼ共通である（図 5-3）。

　期待とは，自分の努力が業績に結びつくかどうかの主観的な期待あるいは確率を意味する。教育の文脈で考えると，徹夜で勉強すれば（努力），テストでよい点をとれる（業績）見込みが期待に相当する。ビジネスの文脈で考えると，これから 3 ヶ月間，週10時間の残業を頑張れば（努力），よい仕事（業績）をあげることができる見込みや可能性が期待に当てはまる。

　道具性とは，業績の達成が別のアウトカムを得るために役に立つ可能性・公算を表す。たとえば，試験でよい成績（業績）を取ることが履修科目の最終的な単位取得（アウトカム）に役立つ可能性や，会社で高い業績を上げることが昇給や昇進（アウトカム）に役立つ可能性が道具性である。ただし，アウトカムは明示的で公式な報酬だけでなく，非公式の社会的報酬も想定される。たとえば，試験でAを取るという業績が，異性から好意を得るというアウトカムにつながると考えるならば，好意というアウトカムは社会的報酬である。

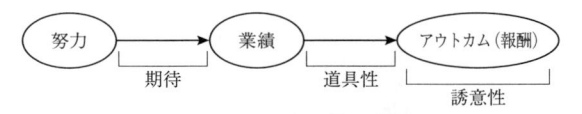

```
努力 ──期待── 業績 ──道具性── アウトカム(報酬)
                              誘意性
```

図5-3 期待理論の概要
(出所) Colquitt et al.（2013）を基に作成した

　誘意性とは，個人がアウトカムに置いている価値を示す。つまりあるアウトカムを得た場合に，当人がどのくらいの満足感を得るかという問題である。先の例でいえば，ある科目の最終的な単位取得は，本人にとってどのくらいの価値があるのか，あるいは昇格や昇進が本人の満足にどれくらいつながるかという判断が有意性に該当する。

　要約すると，期待理論は，「期待」×「道具性」×「誘意性」という3つの信念の積によってモチベーションは決定されると説明する。積で表されるということは，3つの信念のどれか一つが欠けてもモチベーションは強まらないと考える。

（2） **衡平理論**

　高額な給与を得ている執行役員，著名なスポーツ選手，セレブな人たちであっても自分の給与や所得に不満を持つだろうか。また，セレブたちが自分の所得や境遇に不満を抱くとしたら，彼や彼女らは強欲と言えるだろうか。社会心理学の知見によれば，彼や彼女たちは，必ずしも強欲とは言えない。なぜなら人は，自分の給与や報酬（あるいは所得）の好ましさをその絶対的な水準だけでなく，他者と比べた相対的水準—衡平さによって判断するからである。

　アダムス（Adams, J. S., 1965）によれば，**衡平**とは，自己の得た報酬と貢献の比が比較可能な他者の貢献—報酬の比と釣り合っている状態である（図5-4）。逆に**不衡平**とは，両者の比が釣り合っていない状態である。不衡平な状況は，①自分の貢献—報酬の比が他者のそれより低い「**過少支払い**」および②自分の貢献—報酬の比が他者のそれより高い「**過剰支払い**」という2種類

```
       処遇の公正さ           感情の状態      行動変化
           衡平

    自分の    他者の
    報酬     報酬
    ─────  =  ─────    ⇒  安定  ⇒  行動変化なし
    自分の    他者の
    貢献     貢献

       過少支払いの不衡平

    自分の    他者の
    報酬     報酬
    ─────  <  ─────    ⇒  怒り  ⇒  貢献の低下
    自分の    他者の
    貢献     貢献

       過剰支払いの不衡平

    自分の    他者の
    報酬     報酬
    ─────  >  ─────    ⇒  罪悪感 ⇒  貢献の増加
    自分の    他者の
    貢献     貢献
```

図5-4　衡平理論の概要

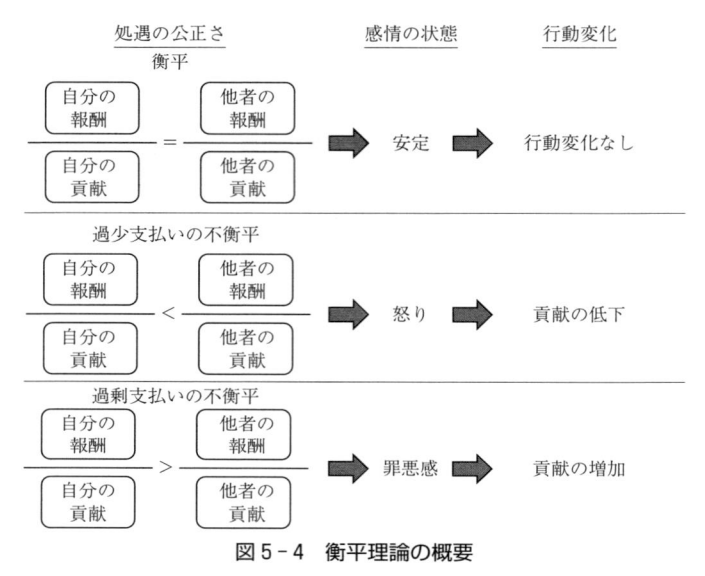

に分けられる。人は不衡平状態に置かれると心理的緊張や不快感をいだく。そこで，衡平を回復して心理的緊張や不快を和らげようという気持ちから，組織や集団への貢献を低減させたり，増加させたりする（図5-4）。

　過少支払いを受けた個人は，その配分に対して**怒り**を感じ，自分の貢献を低減する（結果的に衡平が回復される）。一方で，過剰支払いを受けた個人は，その配分に対して**罪悪感**を感じ，自分の貢献を増大させる（結果的に衡平が回復される）。この衡平回復過程が，モチベーションの増減にかかわると説明する。この理論の特徴は，人が，過少支払いだけでなく過剰支払いの状況に対しても不衡平感や不快感を抱くと主張する点である。つまり人間は，たんに自己利益の最大化を目指す存在ではなく，公正さを重視する存在であることをうかがわせる。このように人間が必ずしも自己利益最大化を追求する存在ではないと示したことが，衡平理論の大きな貢献である。

　衡平理論が一つの契機となり，組織における公正さの研究は大きく発展した（Greenberg, 2011）。そして従業員は，衡平理論のように配分された報酬や給与という**結果の公正（分配的公正）**だけでなく，結果に至る過程や手続きに関

する公正さにも注目することが明らかにされた。これまでの研究は、**手続き的公正**もワーク・モチベーションの重要な要因であることを明らかにしてきた。

4 自己調整に関わる理論――自らを司る心理プロセス

自己調整とは、個人が目標を設定し、それらの進捗状況を目標と比較して判断することである。さらに両者に不一致や懸隔があると、それを解消しようとする動機から自分の行動や認知を修正する一連の心理プロセスも包含するものである（Karoly, 1993）。本節は、その中で**目標設定理論**と**制御焦点理論**について解説する。

(1) 目標設定理論

「ベストを尽くして、頑張りなさい」と言われた経験はないだろうか。この言葉は、励ましや激励としては効果的かもしれない。しかし、ある競技スポーツのトレーニングの指示としてはどうだろうか。「ベストを尽くす」という目標はあいまいすぎないだろうか。目標が達成されたかどうかの判断は、どういった基準に基づいて下されるのだろうか。教育場面においても、人間のモチベーションについて一生懸命に勉強しなさいという指示よりも、来週のゼミまでに、日本人を対象とした欲求と特性の理論に基づくワーク・モチベーション研究を整理しなさいという指示の方がやる気が高まるのではないだろうか。このように、目標の明確さ、困難度、達成度のフィードバックが個人のモチベーションを強める効果を論じたものが目標設定理論である。

目標設定理論は、1960年代の後半に**ロック**（Locke, E.）が提起した理論であり、目標を達成しようという意図がワーク・モチベーションの源泉となることを強調した。ロックらは、目標設定とモチベーションの関係について40年以上にわたって実証的研究を継続している（Locke & Latham, 2002）。その中でさまざまな知見が得られているが、ここでは主要な知見を3点に絞って紹介したい。

第一に、容易であいまいな目標よりも、困難で明確な目標を与えられた場合

に，個人はより高いモチベーションやパフォーマンスを示すと考えられている。しかし目標は困難で明確であればつねに個人のパフォーマンスやモチベーションが高まる訳ではない。第二に，目標の困難さと明確さが個人のパフォーマンスを押し上げる効果（目標設定効果）は，個人が目標を受け入れ，その目標に強く関与する場合により顕著に生じると考えられている。たとえ困難で明確な目標を部下に与えたとしても，本人がその目標を受け入れてどうにかして頑張ろうという気持ちを持たなければ，モチベーションやパフォーマンスの低下につながる。第三に，目標に関する進捗度についてのフィードバックが目標設定効果を強める。現在の遂行結果が目標とする水準を上回っているのか下回っているのかについてフィードバックを得ることができれば，目標達成に向けてより効果的な戦略を練り直したり，自分の努力量を調整したりすることができる。

　目標設定理論に関する3つの知見を要約すると，モチベーションが高まるのは以下の3条件がそろった場合である。すなわち①明確で困難な目標を設定し，②個人がその目標を受容して達成に向けた努力をし，③進捗に関するフィードバックを与えられる，という3条件である。

（2）　制御焦点理論

　人は快に接近し，不快を回避するが，これは**快楽原則**と呼ばれ，さまざまな領域における基本原理とされてきた。**ヒギンズ**（Higgins, E. T., 1998）は制御焦点理論を提唱し，「快―不快」というたんなる2分法ではなく，それぞれの質的内容も区別すべきであると主張した（尾崎, 2011）。接近の対象である快の状態は，利得の存在（gain）と損失の不在（non-loss）という2種類に分けられる。同様に，回避の対象となる不快の状態は，利得の不在（non-gain）と損失の存在（loss）という2種類に分けられる。そしてこれらの質的に異なる快・不快の状態に対する接近と回避は，それぞれが**促進焦点**と**予防焦点**と呼ばれる独立した自己制御システムによって司られているという（尾崎・唐沢, 2011）。促進焦点は利得に焦点化した自己制御傾向を示し，利得の存在に接近し，利得の不在を回避するように行動をコントロールする。つまり「利得―

利得の不在」という遷移に焦点化した自己制御を示す。対人関係における自己制御を例にとると、他者と親しくなることを求め、親しくなれないことを避けようとする（尾崎, 2011）。一方, 予防焦点は損失に焦点化した自己制御傾向を示し, 損失の不在に接近し, 損失の存在を回避するように行動をコントロールする。すなわち「損失の不在―損失」という遷移に焦点化した自己制御を示す。たとえば, 他者に嫌われないことを求め, 嫌われてしまうことを避けようとする（尾崎, 2011）。促進焦点は快への接近システムが優勢な状態であり, この焦点下では積極的な行動傾向が好まれる。成功時に喜び, 失敗時に落胆を体験しやすい。それに対して, 予防焦点は不快の回避システムが優勢な状態であり, 警戒的な行動傾向が好まれる。成功時に安心, 失敗時に動揺を体験しやすい。

さらに, それぞれの制御焦点に一致した目標達成戦略が採られた場合――これを制御適合と呼ぶが, 個人は適切な気持ち (it-just-feels-right) を抱き, 目標達成に対するモチベーションが向上する。促進焦点の強い人は, 目標に向けた前進や利得を強調したメッセージ, ダイエットという目標を例にとれば,「～すれば痩せられるよ」が与えられると, 利得を得ようという気持ちからダイエットに向けた取り組みが向上する。一方で, 予防焦点の強い人は,「～したら太るよ」というように損失を強調したメッセージが与えられると, 損失を避けたいという気持ちからダイエットに向けた取組みが強まる。

5　まとめとワーク・モチベーション研究の今後

ワーク・モチベーションの基本的な理論を概観したが, 損得勘定や実利を得ようという気持ちだけがモチベーションの本質ではないことがわかっていただけたと思う。それどころか, 衡平理論や組織における公正研究は, 自分の利益よりも公正という道徳・倫理を優先しようとするモチベーションから課題や仕事への取組みが増減することを示した。こうした「人間らしい」モチベーションの諸側面が, 人をモチベーション研究に駆り立てる（動機づける）要因なの

かもしれない。

　最後に，ワーク・モチベーション研究の限界や問題について簡単に述べたい。一つは，測定の問題である。本章でも紹介したワーク・モチベーションのさまざまな理論から，「やる気」の心理プロセスが複合的であることが明らかにされたが，ワーク・モチベーションをどのように捕捉するか，測定するかについて明快な回答を示していない。今後，信頼性と妥当性の確保された測定方法の確立が求められる。また，本章で紹介された理論の多くは，意識的で，統制された，論理的な心理過程を扱っている。カーネマン（Kahneman, D., 2011）は，こうした思考・心理過程を「**システム 2**」と呼んだ。一方で，人の心理は，無意識の，自動的で，直感的な過程にも司られている。彼は，これを「**システム 1**」と呼んだ。たとえば，われわれは，怒った表情をした女性の写真をみたとき，写真の人物の感情に関する予見がまったくない状況であっても，彼女が腹を立てているに違いないと瞬時にそして自動的に判断できるはずだ。ワーク・モチベーション研究においても，自動的で直感的な心理機能が果たす役割についてさらなる解明が期待される。

〈もっと詳しく知りたい人のための文献紹介〉

鹿毛雅治（編）　2012　モティベーションをまなぶ 12 の理論　金剛出版
　⇨本書は，12人の著者たちがモチベーションに関する12の学術理論をわかりやすく，丁寧にレビューしている。フローや学習性無気力など，本書で取り上げなかった理論も含まれており，モチベーションについて専門的に学びたい方には最適な一冊である。

レイサム，G.　金井壽宏（監訳）　依田卓巳（訳）　2009　ワーク・モティベーション　NTT 出版
　⇨本書は，目標管理理論の提唱者の一人であるレイサム（Latham, G.）によるワーク・モチベーションの体系的な学術書である。腰を据えて熟読することが望ましいが，ワーク・モチベーションのハンドブックとして，必要なときに関連する箇所を適宜参照するという使い方もあるだろう。

〈文　献〉

Adams, J. S. 1965 Inequity in social exchange.　In L. Berkwitz (Ed.), *Advances in experimental social psychology*, Vol. 2.　New York: Academic Press. pp. 267-299.

Colquitt, J., Lepine, J. A., & Wesson, M. J. 2013 *Organizational behavior: Improving performance and commitment in the workplace*, 3rd Edition.　New York: McGraw Hill.

Greenberg, J. 2011 Organizational justice: The dynamics of fairness in the workplace.　In S. Zedeck (Ed.), *Handbook of industrial and organizational psychology*.　Washington DC: American Psychological Association. pp. 271-327.

Higgins, E. T. 1998 Promotion and prevention: Regulatory focus as a motivational principle.　In M. P. Zanna (Ed.), *Advances in experimental social psychology*, Vol. 30.　New York: Academic Press. pp. 1-46.

Kahneman, D. 2011 *Thinking, fast and slow*.　Macmillan.（村井章子（訳）　2012　ファスト&スロー（上・下）――あなたの意思はどのように決まるか？　早川書房）

Kanfer, R. 1990 Motivation theory and industrial/organizational psychology.　In M. D. Dunnette & L. M. Hough (Eds.), *Handbook of industrial and organizational psychology*. (2nd ed., Vol. 1.) Palo Alto, CA: Consulting Psychologists Press. pp. 75-170.

Karoly, P. 1993 Mechanisms of self-regulation: A systems view.　*Annual Review of Psychology*, **44**, 23-52.

Levy, P. E. 2013 *Industrial organizational psychology*.　New York: Worth Publishers.

Locke, E. A., & Latham, G. P. 2002 Building a practically useful theory of goal setting and task motivation: A 35-year odyssey.　*American Psychologist*, **57**, 705-717.

Maslow, A. H. 1954 *Motivation and personality*.　N. Y.: Harper & Brothers.（小口忠彦（監訳）　1971　人間性の心理学　産業能率短期大学出版部）

尾崎由佳　2011　制御焦点と感情制御焦点と感情――促進焦点と予防焦点にかかわる感情の適応的機能　感情心理学研究，**18**, 125-134.

尾崎由佳・唐沢かおり　2011　自己に対する評価と接近回避志向の関係性――制御焦点理論に基づく検討　心理学研究，**82**, 450-458.

Ryan, R. M., & Deci, E. L. 2000 Self-determination theory and the facilitation of intrinsic motivation, social development, and well-being. *American Psychologist*, **55**, 68-78.

Steers, R. M., Mowday, R. T., & Shapiro, D. L. 2004 The future of work motivation theory. *Academy of Management Review*, **29**, 379-387.

高階利徳　2007　モチベーション入門　開本浩矢（編著）　入門組織行動論　中央経済社　pp. 15-30.

Vroom, V. H. 1964 *Work and motivation*.　New York: Wiley.

山下京　2001　産業場面における認知的評価理論の有効性の検討　対人社会心理学研究, **1**, 37-44.

第5章 ワーク・モチベーション

ケーススタディ　アルバイトのモチベーション向上策

　あなたの友人である笠井徹平君は，首都圏郊外のファミリー・レストランの店長として勤務しています。ステーキやハンバーグと食べ放題のサラダ・バーのついたメニューが人気となっているお店です。店舗の前年度比の売り上げは向上していますが，近くのエリアに，類似のサービスを提供するファミリー・レストランが出店しており，今後の見通しはけっして楽観できません。

　さて，笠井君のお店は，多くのアルバイトを雇っています。アルバイト店員たちは，お店の信用を傷つけるような大きなトラブルを引き起こしたことはまだありません。しかしながら，仕事に対するやる気があまり感じられません。他店舗と比べてもお客さんからのクレームがやや多いようですし，遅刻や突然の欠勤もしばしば見受けられます。

　こうした現状を改善するため，笠井君もいろいろな工夫を試みてきたのですが，先月，会社本部からコンサルタントが派遣されてきました。本部は，アルバイト店員の悪ふざけが社会問題となっていることに危機を感じて，一部の店舗にコンサルタントの派遣を決めたのです。コンサルタントは，ひと月ほど笠井君の店舗を調査しました。その結果をもとに，コンサルタントは，アルバイト店員のモチベーションを高めるために以下のような改善策を提案してきました。

- 一部のアルバイト店員にとっては，レストランの業務が複雑すぎるように思います。担当すべき業務を明確にして，一人の担当する業務をシンプルにした方がよいと思いますよ。
- 自分のサービスがうまくいってお客さんが喜ぶ状況をイメージしながら仕事をすることがとても大事だと思います。これを心がけるように，アルバイト店員全員に指示してください。成功するイメージを思い浮かべていた方が，アルバイト店員の方たちも楽しく，前向きに仕事ができるはずです。
- 一部のアルバイト店員は，お客さんに喜んでもらえるような工夫を自主的に行っているようですね。子どもが泣き出して困っている親子連れがいたら，折り紙で作った動物をさりげなく渡している店員もいました。そうした新しいサービスを提案する店員には，ちょっとしたボーナスを支給すべきです。他の店員も刺激を受けて，新たな提案が増えるはずです。結果として，職場にも活気が出ると期待されます。

さて，このようなコンサルタントの提案についてセカンド・オピニオンを求められたとします。あなたなら何と答えますか。本章で学習した理論を使って考察をしてみてください。

第6章
コミュニケーション
——人と人との橋渡し——

伊波和恵

ストーリー第6話　職場のコミュニケーション

　立て続けに，しくじった。
　朝，外へ出かける準備をしていたら，若松さんが厳しい声で僕を自席に呼んだ。自分のPCの画面を開いて僕に見せた。
「ITR社の関根さんから，俺宛にメールが入っている。これ，どういうことだ？」
　それは，秋の新製品についての相談の連絡だった。Ccは空欄だ。
「あれ？　それ，僕のところには来ていないと思います，けれど……」
「1ヶ月前，ITR社のこのラインについては，君に引き継ぐと。関根さんにも挨拶に出向いたよな？　その後，どうした？」
　僕は記憶を必死で辿りながら，しどろもどろで答えた。
「はい，挨拶メールを速攻で入れて，……Ccで若松さんにも送っていますよね。で，関根さんからも，その折り返しをいただきました」
「で，具体的な段取りのほうは？」
　そうだった，任せられていた仕事の一つだ。
「先月末に，秋の新製品についてのご相談をそろそろはじめたいのですが，適切な時期になったらお知らせくださいとメールをさしあげました」
「メールをさしあげて，それから？」
「お返事がなかったので，返信待ちっていうか。それからは，まだ，です」
「その結果が，これだ。俺宛てに連絡が来ている」
　何がまずかったか，悟った。僕は深々頭を下げて，自席に戻ろうとした。
「すみませんでした，すぐに自分からメールしますっ！」

「この場合、メールがベストなのか？」
　若松さんの声が鋭くカットインしてきた。一瞬、頭が真っ白になった。
「あ、メール……より、電話、ですかね？」
　でも、関根さんがいなかったら、気まずいし。伝言なら、メールのほうがいいような気もするが。若松さんがよくやっているやりかたを、僕は思い出した。
　そうか。電話なら、関根さんがいてくれれば、一番早い。いなくても、メールしますので、と伝言を頼めばいいのか。
「私から電話して、アポ取ります」
「それがいいと思う。関根さん、話は早い人だから、お詫びをきちんと済ませたら、あとはどんどん提案していくといいよ」
「はいっ」
　そうだった、連絡の手段は臨機応変に使い分けろと言われていたのだった。

　２つ目の失敗は、午後に発覚した。営業事務の鈴木さんが言った。
「出張の精算伝票ですが、証憑が抜けています。お持ちですか？」
「え、ショウヒョウ、ですか？」
　聞き返したら、隣にいた浅野さんが、笑い混じりに「領収書のことだ」と教えてくれた。出張中、先方に提出する書類を整えるクリアファイルとダブルクリップが足りないことに気づいて、コンビニで急ぎ購入したのだ。そのときに自分で買った飲み物との会計はきちんと分けたのは確かだった。だが、その後、レシートをどうしたかについては、まるで覚えがない。財布やそのとき持っていた書類ケース、スーツのポケットと探し回るが、やはりどこにもなかった。
　イヤな汗をかきながら事情を話すと、「領収書がないことには、出金できないことになっていて」と言下に断られてしまった。伝票は一度戻しますから、見つかったら、再提出してください。月内でしたら、承ります、とのこと。
「それも必要経費のうちだよ」と、浅野さんが気の毒そうに言った。
　あのときは必要だったのだから、仕方がない。何部かだけ、むき出しでバラバラでは格好がつかないと思ったのだから。僕は割り切ることにした。

　３つ目の失敗は……気が利かない奴、の一言に尽きた。
　昨日、宿泊出張に行っていた僕は、職場に土産を買ってきた。とても評判が

よいらしいので，空港でパウンドケーキを購入したのだ。
　朝，箱ごと差し入れたら，営業事務の鈴木さんがとても喜んで受け取ってくれて，午後には部内に行き渡るよう配られたのだった。僕は，皆の分がちゃんとある分量でよかった，とほっとしていた。ケーキはたしかに旨く，コーヒーとリキュールの大人びた風味がした。
　「水を差すようで悪いけれどさ」，と，浅野さんが横の席で切り出した。
　「これ，すごく旨いんだけれど。それにしても，個包装の包みは，なかったの？」
　「あぁ，そういうのもありましたね。でも，ちょっと割高でした」
　「そうか。俺なら，そっちを買うな」
　「……手が汚れないからとか？」
　お前はコドモか，と浅野さんは苦笑いした。
　「こういう代物を買ってきたときには，休み時間に，自分で切って，配って回ってさ，使った皿とか包丁とかも自分で洗ってもいいよなってことだ」
　うわぁっ，と腰が浮いた。僕が呑気に食べている間にも，鈴木さんがにこやかに歩いて配ってくれているのが見えた。鈴木さんと目が合った。すみません，と手を合わせると，鈴木さんが"ご馳走さま"と手を振って返してくれた。
　そういうことは，やってもらって当たり前と，甘えていた自分に気づいた。社会人らしく気を利かせたつもりが，かえって余計な手間をかけてしまっていたのだ。本当にお子さまだなと，自分にがっかりしてしまった。

　とどめは夕方のミーティングのときだった。僕と高知さん，2年目の2人が出席していたのだが，試しに議事録をとってみろ，と声をかけられた。2人とも，はい，という返事は揃った。ノートを取り出すのも同時だった，と思う。けれども，高知さんはさらりと続けた。
　「まとめた議事録は，いつまでに，どなたに送ればよろしいですか？」
　「明日の午後までで。それぞれ，まず主任に送って。主任はチェックして皆宛てに，今週中によろしく」
　見れば，高知さんは，メモの最初に会議名や日付，時間，場所，参加者全員の名前を書き出していた。簡単な座席表まで書き留めていた。
　なるほど，これは見習わなくては。

商談メモ以外でははじめてのことだ。15人程度が参加する1時間程度の部内意見交換会だが，パワーポイントの資料はおろか，アジェンダや筋書きの用意もない。ざっくばらんなやりとりも多く，正直，言葉や前提条件がわからない話も多かった。話のどこをメモしていいのかさえわからないことが何度もあった。
　焦った。議事録さえままならないなんて，社会人失格なのかもしれない。
　過去にCcで送られてきた議事録を見本にしながら，苦労してまとめた議事録案のようなものを，そのまま若松さんに送りつける勇気はなかった。情報と知識の穴を埋めるべく，参加していたメンバー，つまりは先輩たちに訊いて回った。辻褄は合うと思ったところで，念のため，浅野さんに見てもらった。
「ふぅん。で，結局，決定事項はどれとどれだったんだ？」
「これと，これ，ですね」
「じゃ，それ，別項立てて，箇条書きにしてさ，もっとわかりやすくしておけば？」
　なるほど，と思った。若松さんに議事録案をメールで送ったときには，3時間近くが経っていた。
　若松さんからはすぐに返事が来た。わからないことを人に訊いて確認してきたのはよいとコメントをもらった。2，3の細かい修正だけで済んだ。
　高知さんはもっと早い時間に主任宛にメールを出していたそうだ。彼女はそつなくまとめており，わからないところは赤い下線で示し，"ご確認お願いします"とメッセージが付されていたという。
「仕事のスタイルはいろいろだし，これが絶対正解ということはない。ただ，わからない点は訊いて確認する，君のやりかたのほうが今はベターだと思うよ，俺は」
　若松さんはそう言って慰めてくれた。どう見ても，できばえは高知さんのほうに軍配が上がるだろう。けれども，僕のやりかたも一定の評価をしてもらえたのはとても嬉しかった。
　こうして僕の長い一日が終わった。まだまだ，いろいろな場面で，いろいろなレベルで，人付き合いが難しいと感じることが多いのは仕方がないのだろう。職場でもっとうまく人と付き合っていくには，一体，どうしたらよいのだろうか？

第6章 コミュニケーション——人と人との橋渡し

1 職場の人間関係とコミュニケーション

(1) 職場における人間関係の重要性

　一般的に，職場はさまざまな属性を持つ複数の人々から構成された**集団**である。集団とは，①共通の目標や経験，**価値規範**などがある，②メンバー間に何らかの**相互作用**関係がある，③地位や役割などの集団構造がある，④メンバー自身がその集団への**帰属意識**を持っている，などの特徴がある（森，2011）という点で，たんにその時その場に居合わせただけの人々の集合や群衆とは明らかに性質が異なる。

　集団と言っても，たとえば，趣味のサークル活動のようなグループや気心知れた仲良しグループとは基本的に性質が異なることがほとんどである(1)。組織にとっては，**組織図**で表現される**構造性**と同様に，人間関係に代表される**機能性**もまた重要である。背景も経験も価値観も能力も多様なメンバー同士がチームとなり，仕事を効率よく円滑に進めるには，職場の人間関係が鍵となる可能性が高い。

　組織内の人間関係は，組織活動に強い影響を与えうる。たとえば，『労働者健康状況調査』の結果をまとめた図6-1，6-2（厚生労働省，2003，2008）に示すように，職業生活でストレス等を感じる労働者の割合は半数以上を占める。同時に，職場ストレスの原因として「職場の人間関係」が，世代別，性別，就業形態別のいずれにおいても挙げられている。

　ここでは，職場における人間関係と対人コミュニケーションのありかたについて考えてみよう。

(2) コミュニケーションとは何か？

　仕事において，いや，社会の中で生きていくためには，私たちは自分の考え

---

(1) 趣味などのサークル活動や気の合うメンバーの集まりが母体となって成立した会社もある。

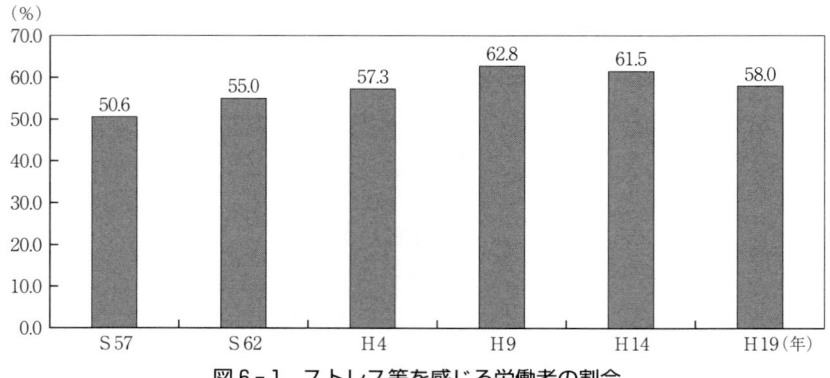

図6-1　ストレス等を感じる労働者の割合
（出所）　厚生労働省（2003）

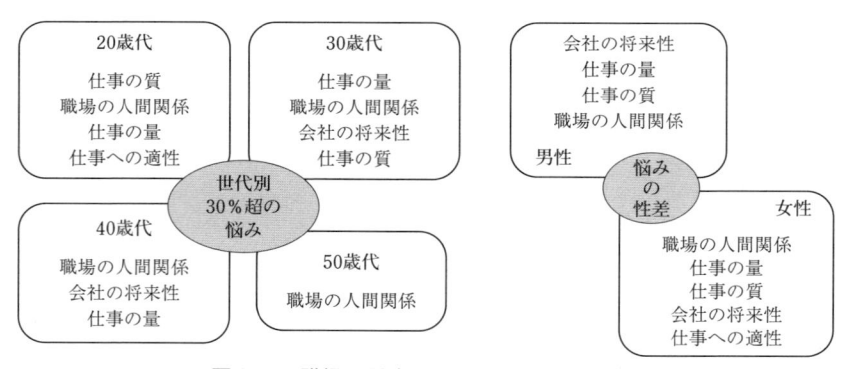

図6-2　職場に関連するストレス原因の内訳
（出所）　厚生労働省（2008）をもとに作図

や気持ちを周囲の人々にうまく伝えるとともに，周囲の人々の考えや気持ちを的確に理解する必要がある。**深田博己**（2010）は，お互いがさまざまな意味を伝達しあい，相互理解を深め，対人関係を形成していく手段がコミュニケーションであると説明したうえで，「あるシステムから別のシステムへと，記号によって情報が移動する過程」と定義している。

(1)システム

システムというのは情報の主体であり，「送り手」「受け手」と言い換えることもできる。また，この主体は個人でも集団でもあり，人間だけでなく，機械

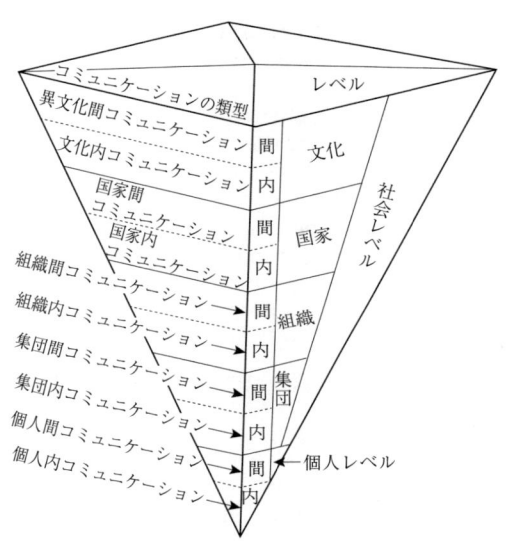

第6章　コミュニケーション——人と人との橋渡し

図6-3　システム・レベルに基づくコミュニケーションのタイプ
（出所）　深田（2010）

や動物であることもある。このシステムの関係性と水準（レベル）を整理したものが図6-3である。

　個人レベルのシステム内コミュニケーションは，自分自身の中での独り言や自問自答である。システム間コミュニケーションは，相互のプライベートな興味関心に基づく私語である。課長と課員が最近観た映画について話していたら，これは個人的なやりとりである。

　集団レベルのシステム内コミュニケーションは，同一組織内でのやりとりを指す。同じ部署の部長と課長が，それぞれの立場で，その組織の中での役割を負って予算について話しあうのがこれにあたる。システム間コミュニケーションは，公的立場から公的コミュニケーションにあたる場合を指す。たとえばA会社の営業部課長とB会社の技術開発部課長が，新製品について話しあう場合である。

　親しい個人同士ならば許容される表現が，社会的な場面であることを弁えていないと顰蹙（ひんしゅく）を買ってしまうこともある。このように，職場における社会的な

表6-1 おもな非言語行動

おもな非言語行動	例
時間的行動	沈黙の長さ・話量・時間を守る
空間的行動	座る位置・物を置く位置・距離
身体的行動（全身）	姿勢・身振り・ジェスチャー・接触
身体的行動（顔）	視線・アイコンタクト・表情
外観（全身）	体型・服装（ファッション）・香り
外観（部分）	髪型・化粧・靴・持ち物
音声（準言語）	語調・音調・言葉遣い・速さ・大きさ・質
ビジュアルコンテンツ	イラスト・絵文字・図表・イメージ図・色

コミュニケーションにおいては，置かれている状況や立場，相手をその都度，意識した言動が求められている。

(2) 記号

コミュニケーションにおける情報は，**言語**または**非言語**の記号でやりとりされる。言語は内容を伝える機能を持ち，文字としての視覚的情報または音声としての聴覚的情報で伝達される。

一方，非言語のほうは視聴覚を中心に五感に訴える情報を含み，**感情**や微細な意味合いを伝える機能を持つ。表6-1に示すように，非言語行動の要素は多岐にわたり，ある人の全体的な**印象形成**の根拠となることがある。たとえば，約束の時間を守るという時間的行動は，正確な，きちんとしている，信頼できるという性格の推測と関連しやすい。就職活動の際，一般的に，応募者はリクルートスーツを着用し，**身**だしなみを整える慣例がある。これも，多くの企業が社会人らしいふるまいを前提基準にしていることが理由であると言える。

さらにコミュニケーションの過程を分析してみよう。言語的・非言語的情報のやりとりには，「送り手」が何をどのように送るかという側面（**記号化**）と，「受け手」がそのメッセージをどのように受け取るかという側面（**記号解読**）がある。このやりとりには，当然，送り手―受け手双方の知識量や理解力といった前提条件の問題もある。

（3） 個人間の効果的なコミュニケーション

　コミュニケーションがうまくとれないとき，送り手は「受け手が理解力に乏しい」と考える一方で，受け手は「送り手がわかりやすく言うべきだ」と考え，お互いに相手の責任とみなしがちである。

　しかし，コミュニケーションは両者の間に成立するものなので，じつは双方の責任である。必要なコミュニケーションを避ける**ディスコミュニケーション**は，言うまでもなく，非効率な状況を招く。コミュニケーションが効果的であるためには，送り手と受け手の間で，情報の取捨選択→記号化→解読という一連のプロセスを経て，受け手側に意味の再構成と了解がもたらされ，両者間で内容と意味の共有がなされたかという点が重要となる。もしもコミュニケーションが阻害されているのならば，メッセージの内容自体を吟味・整理したり，伝える方法を見直したりすることで改善できるかもしれない。

　たとえば，「やるべきことを伝えたのに，実行されていない」というとき，一度に伝える情報量が多すぎるということがある。10の事柄すべてを口頭で伝えて10すべてを了解できる人ばかりではない。送り手側は一度に伝える量を分割して提示したり，**視覚的情報**としてメールやメモも併せて伝えたりするなど，実行可能性を高める方法はある。対する受け手側も，メモを取ったり質問して確認したりするなど，情報伝達の精度を上げる手立てはある。

　また，置かれている状況と言動の一致・不一致という問題がある。

　たとえば謝罪の場面においては，「ごめんなさい」「すみません」「申し訳ありませんでした」「心からお詫び申し上げます」等の中から，場面に相応しい語彙を選択しなくてはならない。同じ「すみませんでした」という言葉であっても，どのような語調で，表情で，態度で言うかによっては，ときとして相手をさらに感情的に不快にさせることもあろう。「それが謝っている態度か！」と受け手が詰る場合には，送り手は，おそらくふてくされたような，本心から謝罪しているようにはみえないふるまいをとっているであろうし，「ふざけているのか！」と言われる場合には，笑いながら浅く何度も頭を下げるなど，ごまかそうとするような言動であると推測できる。

送り手が，口では「これ，おいしいね」と言いながら，顔をしかめる（"不味い"という意味の**非言語的記号**の表示をする）と，受け手は戸惑う。送り手の言動が不一致であることで，どちらが本音であるのかという認知的な混乱を招くからである。

このように，他者とのコミュニケーションの際には，誤解や軋轢を生まないような言動の調整も不可欠である。

2　仕事をしやすくするコミュニケーションの方法とは？

（1）　管理職にこそ求められるコミュニケーション・スキル

図6-2からも推測できるように，職場の人間関係の悩みが深まるのが，いわゆる管理職年代であるので，ここでは，**管理職（管理監督者）**の立場にある人，上司の場合を中心に，コミュニケーションの改善について考えてみよう。

管理職者であるリーダーの役割には，職場における**メンタルヘルス**の維持も含まれている。職場の中で，管理職者が労働環境を把握し，その改善に努めることを，"**ラインケア**"と呼ぶ。具体的には，部下の相談に応じたりすることを指す。

個人の要因としての**発症脆弱性**（病気へのなりやすさ）や**ストレス耐性**あるいは，**メンタルタフネス**（学習や経験で獲得される性格要因・価値観・認知様式など）だけでは説明できないのがメンタルヘルスの問題であり，**環境要因**も重要な役割を果たす。つまり，素質があれば軽度のストレスでもなることがある一方，素質がごく少なくても強いストレス下では誰でもなりうる。だからこそ，組織においては，チームを組む部下たちとのチームワークを意識したリーダーシップが，管理者である上司には期待されているのである。

仕事がうまく進められない部下をみていて，まったく気にならない上司はいないだろう。たとえば，部下たちの作業の進め方の稚拙さに気を揉んだり，会社の電話応対の不作法など，基本的なコミュニケーションのスキル不足を嘆いたり，報告の曖昧さに苛立ったり，交渉の不備による業績不振に焦りを感じた

りすることだろう。

　このようなときに，その問題を，部下の意欲の欠如や性格や能力の問題としてのみとらえると，部下たちの成長のチャンスを見過ごしてしまうかもしれない。むしろ，**可塑性**（変わる可能性）のあるものと仮定すると，行動レベルでのかかわりを調整することで変化をもたらしうる。目標と仮説をもってかかわることで相手の行動が変わるというのが教育であり，指導でもある。適切なかかわりは，部下のメンタルヘルスを維持・改善するだけではなく，メンタルタフネスの向上にも貢献する。

（２）　基本は傾聴・観察・質問（確認）

　チームワークを円滑にするためには，まず相手を知ることである。コミュニケーションの機会を増やし，相手の話を聴くのである。

　心理学では，**傾聴**という。傾聴とは，耳を傾けて熱心に相手の話を聴くことである。

　一般的に，熱心なリーダーは，自分が相手に"伝えること"に時間を割き，つい力を入れてしまいがちである。リーダー自身の考えや知識，個人的な経験を伝達する場面も必要だが，自分が伝えることに注力しすぎて，部下の話を聴く機会が充分に取れていないということはないだろうか，ときに自問することも大切である。

　傾聴の理解のために，"きく"というアクションには次の３つのモードがあることを想定するとよい。①音声として耳で認識する"聞く"，②音声の意味を読み取り，考えながら"聴く"，③言語的なやりとりの中で，なお不足している情報や理解を補うためにする問いかけとしての"訊く"。

　傾聴は，このうち②と同義であるが，それを態度として表現するものである。たとえば，作業の手を止め，話し手のほうに身体の前を向け，相手の話に併せて頷きや表情の変化などの反応を示すとか，重要な事柄のメモを取るなどである。このとき，相手の様子を観察することで，感情状態の変化を把握することもできる。傾聴のうえで，事実関係が曖昧な点で必要な事柄であれば，折々，

質問によって確認していく。これが③の"訊く"ことである。

つまりは，部下の声に口を挟むことなく，相槌を打ちつつ耳を傾け，それらの問題点を整理し，上司がどのように了解したかを示すことを先に行うのである。そのうえで，今後の方向づけをするような助言をしたり，褒めたり，励ましたり，ときに叱責したりする。この部分はできるだけ最小限にとどめ，"伝えたい"メッセージを吟味して，相手に"誤解なく伝わるように"する。

とくに，叱責は重要な場面である。気になる部下の至らなさが目につくあまり，他のメンバーがいる前で語気粗く詰（なじ）り，長時間にわたって**人格攻撃**をしてしまったりすれば，管理職者のほうがさらに不適切なふるまいをしたとみなされてしまうかもしれない。人格攻撃とは，その人の持つ，変えづらいあるいは変えられない個性を根拠にして社会的信用や尊厳を損なうような非難をすることである。

叱責場面では，具体的に特定できる行動や誤謬などの事実に話題を限定し，かつ，冷静であるように努め，口調，語彙，態度など，自らの言語的・非言語的行動のしかたを選択する配慮が必要である。

相手の意図を踏み込んで推測し，先走って感情的になり，一方的に非難するのは得策ではない。むしろ，質問等の対話を通じて事実関係を一つずつ積み上げるように確認するのが望ましい。対話を通じて，矛盾点や不備な点がお互いに明らかとなり，相互に了解できるようにしていくほうが，長期的な関係性が損なわれないからである。コミュニケーション技術としては，コーチングが有効である。

（3）アサーション

自分も相手も大切にする人間関係が**アサーション**である（菅沼憲治，2009；平木典子，2009）。言いたいことがあっても，すべてを言うわけにはいかないという場面は，日常的によくあることである。しかし，言いづらいことを呑み込んだままその場をやり過ごしてしまうと，後でよけいにややこしい問題になることも少なくない。

アサーションは，自分の考えや気持ちを包み隠さずに，当たり障りなく適切に相手に伝える，トレーニング可能なコミュニケーション様式でもある。同時に，相手には相手の言い分があることをも前提にするので，相手の話も聴く。やりとりを共有しつつ，最善解を探るというやりかたである。これを**アサーティブ行動**という。

これに対して，アサーティブでない行動は2パターンある。第一に，自分自身の欲求・感情・基本的人権を後回しにして，相手のみを優先させる行動パターンの**受身的行動**である。断れない，我慢する，自信が持てないなどの特徴がある。第二に，**攻撃的行動**は，自分の欲求・感情・基本的人権のみを優先させ，相手を後回しにしたり，相手にもアサーティブにふるまう権利があることを認めなかったりする行動パターンである。相手を支配しようとしたり，話を遮ったり，無視したり，馬鹿にしたりする特徴がある。

受身でもなく攻撃的でもない，アサーティブなふるまいを両者ができているとき，お互いにお互いの意見の相違点を共有したうえで最善の方法をとりうるので，コミュニケーションや交渉が円滑にいきやすくなる。労働者にとっては，課題を明確化し，関係者の間で共有することで，無駄な対立や物言わぬがゆえのわだかまりを避け，問題が解決しやすくなるという利点がある。その点において，アサーションは職場ストレスの軽減にも役立つと言える（第11章参照）。

（4）コーチング

コーチングは，1974年，ギャロウェイ（Gallwey, W. T.）によるテニスの指導方法の工夫から始まった教育的コミュニケーション技法であり（菅原裕子，2003），前述の傾聴と組み合わせて，ビジネス向けに改良されていった。元来，社員一人ひとりの**自発性**を高め，モチベーションを上げることができれば，企業の生産性の向上につながるという考え方はマネジメントの基本である。それをティーチではなくコーチすることによって実現可能とするのがビジネスコーチという考え方である。

日常の業務に関するやりとりも，コーチング的なアプローチに置き換えるこ

とができる。部下をできない人ととらえ，上司を**問題解決**の主役と考えているとき，上司は自分で考え，指示を伝達する役割を負う。これは"自分で考えろ"と思いながらも，じつは，上司のほうこそが部下から考える機会と自主性を奪っている状況である。コーチング的なやりとりでは，部下をできる人と考え，上司はその状況整理のサポートに回る。問題を解決し，判断するのは部下の役割であるとし，上司はそのために必要な質問を対話の中で行うのである。

このように，"聴く耳をもたない上司"というレッテルを貼られる前に，"話しかけたくなる上司""話せる上司"とみなされるほうが，さまざまな情報も入りやすくなる。そればかりでなく，コーチとして部下の話に耳を傾けていると，対話の最中に，部下の中で洞察が進んだり，何かが産まれたりするのを感じ取れることがある。話し手の思考の産みの苦しみに付き合い，誕生に立ち会う助産師のような役目を果たす。これは，部下の自発性の発達の過程を見守ることでもある。人は，自分の話を聴いてくれる相手がいれば，そのことに勇気づけられる存在である。話す機会作りを心がけ，相手にできるだけ話してもらえるよう，話すことを励ますような気持ちで傾聴して共通理解をもち，さらに行動レベルの問題解決を図ることが，職場の安定的なコミュニケーションのありようとして重要である。

〈もっと詳しく知りたい人のための文献紹介〉

アルベルティ，R.E.・エモンズ，M.L.　菅沼憲治・ジャレット純子（訳）　2009　自己主張トレーニング［改訂新版］　東京図書
　　⇨アサーションの理念が，多数の具体例とともに詳細に解説されている。
原口佳典　2010　100のキーワードで学ぶコーチング講座　創元社
　　⇨コーチングの事例がキーワードとともに多数掲載されており，実用的な参考書である。

〈文　献〉

深田博己　2010　コミュニケーションの心理学　海保博之（編）　わかりやすさとコミュニケーションの心理学　朝倉書店　pp. 22-40.

平木典子　2009　アサーショントレーニング──さわやかな「自己表現」のために［改訂版］　金子書房
厚生労働省　2003　平成14年労働者健康状況調査
厚生労働省　2008　平成19年労働者健康状況調査
森久美子　2011　職場の人間関係と意志決定　田中堅一郎（編）　産業・組織心理学エッセンシャルズ［改訂三版］　ナカニシヤ出版　pp. 99-126.
菅原裕子　2003　コーチングの技術──上司と部下の人間学　講談社現代新書
菅沼憲治　2009　セルフ・アサーション・トレーニング［改訂新版］　東京図書

☕ ケーススタディ　新リーダーは理解がない上司なのか

　社会人歴6年目のユリさんは，企業向けの教育研修講師派遣部門で現在は営業事務をしています。講師マネジメント全般と担当エリアの顧客管理が主な業務です。以前は彼女自身も研修講師でしたが，妊娠中の体調不良を機に異動。現部署では，産休と約1年間の育休を入れての2年目です。通勤に1時間かかるため，保育園の降園時間にあわせ，17時までという雇用条件に切り替えました。講師職を離れた当初は落胆したものでしたが，今ではよかったと思っています。「遠くに派遣されたら保育園のお迎えに間に合わない」等々，核家族で子育て中の先輩女性講師たちがそれぞれに大変そうだからです。

　さて最近，ユリさんは，新任の男性リーダーとは仕事のやりかたが合わないと感じています。たとえば，リーダー着任早々のことです。

　その日，担当の研修終了時間が18時でした。退社後のことなので，彼女は担当講師からの業務終了報告の受電をリーダーに頼みました。

　「子どものお迎え時間があるので，私，時短ですし，佐藤講師からの終了報告を受けていただきたいのですが。今日は彼女，直帰で。大宮でして，自宅のほうが近い人なんですね。多分，電話連絡です」

　リーダーは壁掛け時計を一瞥し，「あなた，17時までだよね？」と確認しました。16時50分，ユリさんの終業時刻が迫っていました。「そうです，それで急いでいまして」。前の女性リーダーなら即座に快諾してくれたはずでした。結局引き受けてもらえましたが，"何故ピンとこないの？　男性だから？"ユリさんはもどかしく思いました。

　翌日，ユリさんはリーダーにその件で改善点を指摘されました。

　「まず，申し送りは余裕をもって済ませてください。終業10分前では，誰だって断わりにくいですよね」

　「次に，要件からお願いします。話の要点を明確にさせましょう」

　「最後に，申し送りや決定事項はメールでもください。今回のように事前の確定予定なら，朝には伝えるように。誤解や行き違いがあるといけないから，お互い確認できるよう，文字で残しましょう」

　それから約1ヶ月間，チームの共有スケジュールへの最新情報の更新を怠り，"情報共有の意識が甘い"と厳しく指摘されたりもしました。部署の同僚たちは今

第6章　コミュニケーション――人と人との橋渡し

のリーダーのやりかたにもう慣れてきたようですが，ユリさんは取り残されたような気分でモヤモヤします。出勤してすぐ，沢山のメールに目を通すのも億劫です。
　子どもを寝かしつけた後，ユリさんは夫に経緯を話しました。
「前リーダーなら，代わりにやってくれたのに。気配りできてさ」
　口やかましい，鈍感な男，とぼやくユリさんを，他社営業職の夫は「あぁ，それは，同情するな」と遮りました。「そうよねぇ！」と，ユリさん。「いや，同情って，リーダーのほうになんだけれど」と夫。
「何でそんな意地悪を言うの。私，すごく頑張っているのにっ！」
「うん，ユリは仕事も育児も頑張っているよ，わかっている。でも，リーダーやチームの人たちと，もっとうまく付き合えばいいのにな」
「これ以上，私にどうしろって言うの？　時短は仕方ないじゃない！」
「時短のことじゃない。申し送りの仕方とか，当然のことを言われているだけ。チームで働くとき，誰でもユリの仕事をわかるようにしておくのも大事だ。いざというとき誰かが代わってあげられるだろ」
　その晩，ユリさんは夫と熱心に話しあいました。耳が痛いことは確かでしたが，どこがどう拙いのか，夫の意見もききました。
「研修講師の頃は，ちゃんと仕事できていたのよ。何で今さら……」
「自分の担当分だけを精一杯やるのと，他の人とチームでやるのとでは，仕事の仕方が違うもの。ま，いい上司に出会えてよかったね」
　ユリさんは彼女の仕事の不足をフォローしてくれる前リーダーこそがよい上司だと思っていました。しかし夫の話で，現リーダーのやり方の意図を理解しはじめました。正直，上司のことはまだ苦手です。でも，明日からは気持ちを切り替えてみようと思いました。

第7章
キャリア発達

鄭　有希

ストーリー第7話　5年後の僕たちは……

　博樹たち院進学組の何人かが就活を終えたというので，久しぶりに大学時代のサークル仲間で集まる機会を企画した。卒業式以来，大学に顔を出すこともなくなっていたので，あえて大学周辺の店を会場に選んでみた。同期を中心に，12人が集まることになった。元コンパ幹事としては嬉しいかぎりだ。

　博樹のいる研究室で待ち合わせた後，2人で早めに会場に入ったら，もうこころちゃんが待っていた。何か手伝うつもりで早く来ていてくれたらしい。

　「理くん，幹事，ありがとう。お店のこと，意外と覚えてくれていたんだねぇ」

　案内されたテーブルで簡単なくじを3人で作りながら，こころちゃんが言った。僕も，まぁね，と素直に答えた。

　大学3年生の頃だったか，駅前の居酒屋ビル内にあるいつもの居酒屋でコンパをするとき，エレベータを待ちながら，こころちゃんが言ったことがあったのだ。"いつか就職したら，OBOG会のときには，もっと上の階のお店でコンパできるようになるのかなぁ。"

　いつもの店があるのが3階，彼女が何となく指さしたお店は8階。経営母体は一緒なのだが，その居酒屋はもう少し上位にブランディングされているようだ。写真による店内の様子がスタイリッシュで，年齢層がもう少し高めに設定されている店なのは間違いなかった。

　"飲み放題対象のドリンクのラインナップも豊富だし，ほら，デザートのグレードが，全然違うんだよね"と，こころちゃんは心もち真剣にメニューを眺めていた。正直なところ，ビールはビールであって，どこで飲んでも味は一緒だろう，という言葉は飲み込んだ。

卒業してから1年半が経っていた。仲間内には"アルバイトをしていたときのほうが，収入がずっとよかった"，と豪語する強者もいた。が，僕を含め多くの同期は，定収入を得ている今のほうが，経済的に安定しているのを実感していた。何より，毎月一定のまとまった額を貯金できているのが驚きだ。だからこそ，たまにOBOG会をするときくらい，少し大人っぽい店でもいいかな，と自然に思えたのだった。
「こころちゃんは元気そうだね。いろいろと順調？」
　博樹が振ると，彼女は少しだけ真顔になり，軽く首を傾げた。
「大体はね。理くんはどう？　営業で，アポ間違えずにちゃんと訪問できているの？」
「大体はね。で，何か，うまくいっていないの？」
「ちょっと気懸かりなことがね。……うちの女性の先輩を見ているとね，先々心配になるんだ。うちの会社，産休はとれても，育休がけっこう難しいみたいで」
　こころちゃんの話では，2人いる女性の先輩が育休に入ったところ，一人はご主人の転勤について行くかたちでそのまま自己都合退職となり，もう一人は子どもの保育園が決まらず育休延長が5ヶ月続いているのだという。部署の問題もあり，その先輩の分は年度契約の社員で人員補充することとなり，彼女は別の部署へと仮配属されたのだそうだ。
「その契約社員さんも，30代半ばの女性なんだけれど，一度辞めた先輩なんですって。お子さんが大きくなったから，働けるようになったってことで，復帰されたらしくて。成り行き次第で正社員への返り咲きを目指すかもしれないって」
「スキルとやる気があれば，戻れる職場ってことか」
　博樹が感心したように言うと，こころちゃんは，微妙，と軽くうなった。
「でも，その人も，一時は正社員を続けられなかったわけでしょ，辞めるって選択をしたのよ。今回，あっさりと異動させられた先輩の気持ちもわかるし。数年後に私自身が直面するかもしれない現実を考えると，焦るわぁ。いろいろなキャリアプランが選択できていい，なんて楽観もできないよね」
「へぇ。結婚とか，出産とか。ご主人の転勤とかも。女の人は大変だね」
　僕がしみじみと労ったら，「えっ！」「違うだろ」と，こころちゃんと博樹，

両方から非難の声が上がった。
「だって，大変そうじゃん？　僕なんか，全然ピンとこなかったけれど，ただ仕事し続けるもんだって思い込んでいたけれど，女の人には，いろいろと悩みどころがあるんだなって」
「理くん，そこ，なんで他人事？！　彼女ができたり，結婚したりしたら，"2人の"問題になるんだよ？」
博樹もこころちゃんを援護した。
「少なくとも，"僕にはよくわからないけれど，頑張ってね，応援しているよ"なんて，逃げ腰なことを奥さんに言おうものなら，揉めるのは必至だね」
うちの姉貴んちがそうなんだ，と博樹が苦笑いしつつ付け加えた。
「そうよ，私なら，夫に，あなたはどうするつもり？って，覚悟のほどを問い質すわね」
「どうするって，たとえば，どういうこと？」
「たとえば，家庭と仕事のバランスはどうするのか。仕事をどうするつもりなのか」
あぁ，と，とっさに生返事しかできなかった。
そこまで悩んだり，諍いになったりするくらいなら，きっと奥さんに"それなら，仕事辞めていいんだよ"って言うだろうな，僕なら。
そう思いはしたが，冷静に考えてみると，自分の今の給料でやりくりしてほしいと奥さんに頼むのは，かなり冒険な気がする。今はさっぱりわからないけれど，結婚したなら，いずれは家を買いたくなるかもしれないし，やがては子どもを育てたりもするのだろう。そのためには，先立つものが必要だ。幸い，僕は家事も嫌いではないから，奥さんになる人には，やっぱりできるだけ働いてほしい，という流れになりそうだ。
そういえば，上司の若松さんも，木元課長も共働きだと聞いたことがある。
「なるほどなぁ。女の人だけの問題ではないのかな」
お前は相変わらずだなぁ，と博樹が僕の肩を軽く押した。
「転職するとかしないとか。結婚はどうするとか。何歳頃に課長かな，とか。5年後，ああいう仕事しているのかなとか。社内の上の人たちを見ていて，理は想像したりしないのか？」
慣れるのに精一杯で，目先のことに手一杯で，そういう見方をしたことがな

かった。
　「会社に入ったら，あとは定年まで職業人生まっとうするだけだっていうイメージしかない，な。今のところ」
　「定年まで，40年もあるんだよ。漫然と過ごしてしまったら，もったいないんじゃないか」
　40年，か。
　そこへ，メンバーがまとまってやってきた。場は一気に賑やかになった。
　「じゃ，来た人から，ここで会費4,000円を払って，くじを引いていってくださ～い！」
　こころちゃんが元気な声で呼びかけはじめた。懐かしい面々と挨拶を交わしているうちに，自分の未来を案じるしょっぱいような，焦るような気持ちはどこかに紛れてしまった。
　キャリアプラン，家庭と仕事のバランス。結婚，育休。まだずっと遠い未来に感じていたことが，こころちゃんの声できくと，ぐっと身近に感じた。
　ああいうことが気になるということは，こころちゃん，何か自分のことで悩んでいるんだろうか？　僕のせいで本筋の話が宙に浮いてしまって，彼女に申し訳ないことをした。後で，声をかけてみよう。
　5年後，僕は，僕たちは一体どんなふうに働いているのだろうか？

1　キャリアとは

（1）　キャリアの概念

　キャリア（career）は，ラテン語（carrus）の「車輪の付いた乗り物」とフランス語（carriera）の「競技場のレースコース」を語源とし，現代に近い意味で使用されるようになったのは19世紀に入ってからである。しかし，キャリアという一つの単語の中には，さまざまな意味が含まれている。そのため，キャリアには定まった定義はなく，研究者は口をそろえてその多義性を認めている。たとえば金井（2001）は，キャリアの同義語を「動き」と「動きの方向性」，「仕事」，「目標に突き進む」，「達成した状態」の5つのカテゴリに分類し

ている。また，**ホール**（Hall, D. T., 2002）は行動科学分野で主に使用されているキャリアの意味を「昇進・昇給」と「専門職」，「生涯にわたる仕事の連鎖」，「役割経験の生涯にわたる連鎖」に分類している。

　上述したように，多義性をもつキャリアは，研究者の立場や主張によってそのとらえ方もさまざまである。しかし，どのとらえ方にも「時間」と「空間」という2つの概念が共通している（Greenhaus & Callanan, 2006）。以下では，キャリアをより明確に理解するために，「時間」と「空間」の概念からその意味を検討する。

（2）　キャリアの構成要素——「時間」と「空間」

　本来は，「物や人が時間と（社会的）空間を通して移動する」という意味であるキャリアが，「複雑な人間の職業行動」を総合する現在の意味で用いられるようになっても，「**時間**」と「**空間**」はキャリアの概念に不可欠の要素と位置づけられている（Greenhaus & Callanan, 2006）。

　就職，転職活動が始まると必ず必要になる履歴書（とくに，職業経歴欄）からも明らかなように，キャリアは「時間的流れ」，「時の経過」を表している。たとえば，表7-1の履歴書の職歴には，役割（営業部販売一課の主任）や経験の積み重ね（営業マンとしての経験）が時系列に記述されている。すなわち，「時間を通して移動する」というキャリアの意味は，個人のいまの仕事に関係する活動や役割を過去と未来の時間軸の中で理解することである。

　キャリアにおける「空間」とは，一般的には，職業や組織など具体的な空間（会社の営業本部，工場内の現場）を意味している（Greenhaus & Callanan, 2006）。一方で，**スーパー**（Super, D. E., 1980）は個人の人生役割が仕事に関するものだけでなく，少なくとも4つの空間を舞台として繰り広げられると指摘した。具体的には，彼は個人が家庭，地域社会，学校，そして職場という4つの空間を舞台としてさまざまな役割（子ども・学生・余暇人・市民・労働者・伴侶・家庭人・親・年金生活者の9つの人生役割）を演じていると考えた。このように，キャリアは個人のかかわる多様な役割と，それらが空間的に広げられる

表7-1 履歴書（職歴）の例

		職　歴
平成○年	4	株式会社○○　入社 （食料品の輸入商社　従業員500名） 研修後，横浜支店に配属，主に営業を担当
平成○年	10	営業部販売一課　主任に昇格
平成○年	3	一身上の都合により退職
平成○年	10	○○株式会社　入社 （ネットワークコンサルティング業　従業員300名） 新人教育後，東京本店に配属，主に営業を担当 ネットワークにおけるセールスエンジニアとしてネットワーク提案営業に従事
平成○年	10	現在に至る
		以上

こととして理解できる。

2　キャリア発達理論

キャリア発達に関しては一定の研究蓄積があり，複数の研究アプローチが存在する。渡辺（2007）はこれまでのキャリア発達に関する研究アプローチを，個人特性と仕事特性の適合に焦点を当てる「特性アプローチ」と，欲求や動因に着目する「精神力動アプローチ」，生涯のキャリア発達の解明に焦点を当てる「発達論アプローチ」，学習経験の影響を重視する「学習論アプローチ」に分類している。本節では「発達論アプローチ」に基づき，キャリアを時間と空間を通して発達し変化し続けるダイナミックなプロセスとしてとらえる。以下では「発達論アプローチ」における2つの代表的なキャリア発達理論を紹介する。

（1）　スーパーのキャリア発達理論

スーパーはキャリアを生涯にわたるプロセスであると考え，一生涯を通じて行われる職業の選択や変化を予測可能なものとしてキャリアを説明することを試みた。具体的には，彼は個人のライフ・ステージとキャリア発達を関連づけ，成長段階・探索段階・確立段階・維持段階・衰退段階という5つの段階で構成

される理論モデルを提唱した。**キャリア発達の5つの段階**は次のように要約される。

- 成長段階（4〜13歳）：家族または学校における重要人物との同一視を通して自己概念が発達する時期である。成長段階は，①欲求中心の空想期（4〜10歳），②好き嫌いが行動の基準となる興味期（11〜12歳），③能力に重点をおく力量期（13〜14歳）の3段階で区分される。
- 探索段階（14〜24歳）：学校，余暇活動，アルバイトなどを通して自己概念が発達し，職務探索が行われる。探索段階は，①仕事の潜在的選択が行われる暫定期（14〜17歳），②労働市場に入る移行期（18〜21歳），③生涯の職業として試みられる試行期（22〜24歳）の段階で構成されている。
- 確立段階（25〜44歳）：適切な職業を見つけ，その分野で地歩を築くための努力がなされる。確立段階は，①分野の変更がまれに行われる試行期（25〜30歳），②職業生活における安定と安全のための努力がなされる向上期（31〜44歳）に区分される。
- 維持段階（45〜64歳）：職業の世界ですでにある程度地歩を築いているため，それを維持することに努め，新しい地盤が開拓されることはほとんどない。
- 衰退段階（65歳以上）：身体的・精神的な力量が下降するにつれて，業務活動が停止され，新しい役割が求められる時期である。衰退段階は，①職場では公式的に定年した後に非常勤の仕事を見つける減衰期（65〜70歳），②仕事の完全な停止と，人によってはボランティア・余暇活動へシフトする引退期（71歳〜）に区分される。

スーパーのキャリア発達モデルには，上記の5つの段階が生涯にわたって展開される大循環（maxicycle）の中に，ある段階から次の段階へ移行する過程である小循環（minicycle）と新たな成長，再探索，再確立といった再循環（recycle）が含まれている。たとえば，ある40代の会社員が転職を考えている際，探索と確立の段階をあらためて通ることになる。つまり，生涯にわたって展開されるキャリア発達は，成長→探索→確立→維持→衰退という直線的な変化だけではなく，小循環や再循環をらせん状に繰り返すことによって発達すること

を意味している。

（2） シャインのキャリア発達理論

シャイン（Schein, E. H., 1971, 1978）も，スーパーのように，キャリアを生涯を通してダイナミックに変化し発達するものとしてとらえている。しかし，シャインは，個人のキャリアが特定の空間である組織を通して発達し続け，同時に組織も個人との相互作用を通して成長する存在であると考えた。具体的には，シャインは組織内において人のキャリアがどのように発達するのかを説明するために，**組織の3次元モデル**（図7-1）を提唱した。このモデルでは，組織内の3つの次元（職階次元，職能次元，部内者化次元）に沿って移動する3つの方向性（垂直方向，円周方向，半径方向）から組織における個人のキャリア発達が説明されている。

- 職階次元では，職位や職階上の移動（垂直方向）を通してキャリアが発達する。たとえば，一般社員から係長，係長から課長，課長から部長へと職階が移動する昇進・昇格などがこのキャリア発達にあたる。
- 職能次元では，組織の職能（専門領域）間の移動（円周方向）による水平的キャリア発達がみられる。たとえば，営業部門から人事や総務部門へ移動する部門間の異動やジョブ・ローテーションに基づく同一部門内での定期的な職務の異動などがこれにあたる。
- 部内者化次元では，組織の中心部へ向かう移動（半径方向）を通してキャリアが発達される。たとえば，同じ職階内であっても，組織にとって重要な仕事を担当しているかどうかということである。

以上のように，組織の3次元モデルから，企業内で自分がどのようなキャリアを発展させているのかを考えることができる。

図7-1 組織の3次元モデル
(出所) Schein (1971)

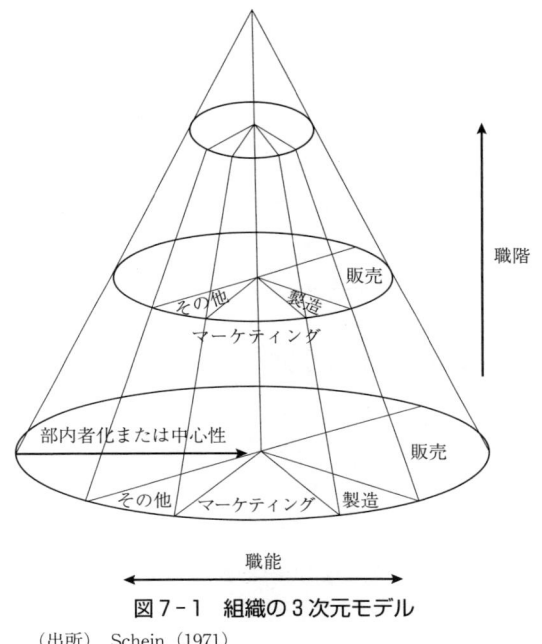

3 新しいキャリアパラダイム

(1) 新しいキャリアパラダイムとその背景

　近年，激しい経営環境に適応するために多くの企業では，組織の制度や施策の変革が行われてきた。このような企業の変革は，従業員のキャリアに影響を及ぼす人的資源管理諸施策の変化を伴う。とくに，これまで新卒一括採用，年功賃金に基づく長期雇用，徹底した社員教育などが特徴であった日本企業においても，採用時期の柔軟化（中途採用，第二新卒採用，夏・秋採用など），雇用形態の多様化（契約社員，嘱託社員，派遣社員，請負社員など），雇用期間の短期化などの変化がみられる。

　このような組織の変化とともに，個人のキャリアに対する意識の変化も議論

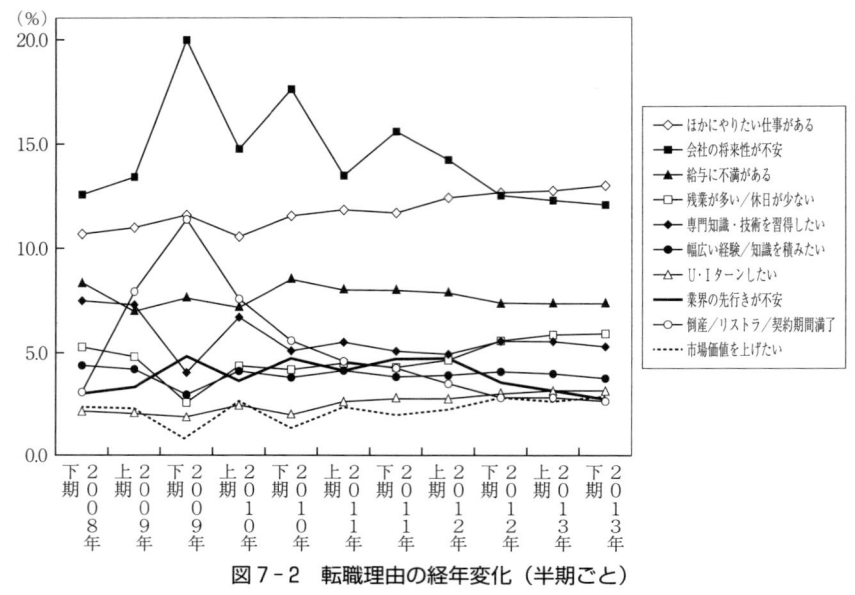

図7-2 転職理由の経年変化（半期ごと）

凡例：
- ◇ ほかにやりたい仕事がある
- ■ 会社の将来性が不安
- ▲ 給与に不満がある
- □ 残業が多い／休日が少ない
- ◆ 専門知識・技術を習得したい
- ● 幅広い経験／知識を積みたい
- △ U・Iターンしたい
- ━ 業界の先行きが不安
- ○ 倒産／リストラ／契約期間満了
- ┈ 市場価値を上げたい

横軸：2008年下期、2009年上期、2009年下期、2010年上期、2010年下期、2011年上期、2011年下期、2012年上期、2012年下期、2013年上期、2013年下期

(注) 2008年3月〜2013年3月に転職サービスDODAに登録した転職希望者を対象に，転職理由について行った調査結果。
(出所) DODA (2013)

されている（たとえばArthur et al., 2005; Briscoe & Hall, 2006）。よく耳にしてきたトヨタマンやソニーマンなどいわゆる組織人として，一社内での昇進や昇給によって，キャリア成長を追求する組織内での**縦断的キャリア志向**から，より会社と独立した関係をもつ職業人として，多様な職務経験やスキルの向上などを追求する組織間での**横断的キャリア志向**へとキャリアに対する個々人の意識が変化していると言われている。たとえば，転職希望者3万人を対象に転職理由を調査した結果，1位となった「ほかにやりたい仕事がある」という仕事に関する理由は2008年以降右肩上がりに増加しているのに対して，「会社の将来性が不安」という組織に関する理由は右肩下がりに減少していることが確認された（図7-2）。また，「専門知識・技術を習得したい」，「幅広い経験／知識を積みたい」というキャリア開発に関連する理由も2008年から10位以内に入っている（図7-2）。この調査結果が示しているのは，今まで組織に基づく

キャリア開発を重視してきた個々人のキャリアに対する意識が，組織の境界を越えて自分の能力や可能性を広げることを重視するものへと変化しているという点である。アーサーら（Arthur, M. B. et al., 1995）は，このようなキャリアに対する個々人の意識および価値観の変化を「**新しいキャリアパラダイム**（new career paradigm）」と名付けた。以下では，新しいキャリアパラダイムの代表的な考え方であるキャリアリズム，プロティアン・キャリア，およびバウンダリーレス・キャリアを中心に検討する。

（2） キャリアリズム

新しいキャリアパラダイムを代表する概念として，**キャリアリズム**（careerism）（Rousseau, 1990）を紹介する。ルソー（Rousseau, D. M., 1989）は，外部環境の変化に対する組織内部の変化によって，個人と組織との関係が変化したと主張した。彼女はこの個人と組織との関係の変化が，個人のキャリアに対する意識の変化をもたらしたと指摘し，従来の組織内キャリア志向に代わる新しいキャリア志向としてキャリアリズムを提唱した（Rousseau, 1990）。キャリアリズムとは，個人と組織との雇用関係に対する個人側の信念（心理的契約）[1]を決定する重要な要因として定義される（Rousseau, 1990）。具体的には，キャリアリズムの高いキャリアリスト（careerist）は，「現在の組織とは異なるキャリア目標および戦略を設定し，組織内ではなく組織間の移動を通したキャリア発展を図り，現在の組織をさらなるキャリア・アップのための足掛かりとしてみなす」ことが指摘されている（Robinson & Rousseau, 1994, p. 249）。たとえば，キャリアリストは，現在の会社から提供される各種のスキル・アップ教育および技術訓練などの機会を積極的に生かし，それを次の会社へ移る手段として利用することが考えられる。以上のように，キャリアリズムはキャリア成長の機

---

(1) 心理的契約は，「（心理的な）互恵交換条項や条件における交換当事者間の合意に関する個人の信念」（Rousseau, 1989, p. 123）と定義され，従業員への組織義務（誘引）と組織への個人義務（貢献）に対する個人の主観的知覚に焦点が当てられている。

会を組織内に限定せず，組織間の移動を通して追求することから，従来の組織内キャリアとは区別される。一方で，昇進や昇給といったキャリアの客観的側面が重視されている点から，従来の組織内キャリアと共通しているとも考えられる。

(3) プロティアン・キャリア

ホール (Hall, 1996) も個人と組織間の心理的関係の変化に着目し，新しい心理的契約として，**プロティアン・キャリア** (protean career) を提唱した。本来，プロティアンは，ギリシャ神話で姿を変幻自在に変える海神であるプロテウス (図7-3) の名前から名付けられたものである。すなわち，プロティアン・キャリアとは，「変幻自在のキャリア」として，個人が環境に適応しながら変化を遂げていくことが重視される (Hall, 2002)。したがって，プロティアン・キャリアとは，組織によってではなく個人によって形成されるものであり，キャリアを管理するその人の価値観に見合うようにそのつど方向転換されるものである。プロティアン・キャリアは，キャリアの客観的側面が強調されているキャリアリズムとは異なり，仕事に対する心理的満足感や専門的コミットメントなど主観的側面がより重視されている。

(4) バウンダリーレス・キャリア

新しいキャリアの概念の中でも，もっとも注目を集めてきたのが，**バウンダリーレス・キャリア** (boundaryless career) (Arthur & Rousseau, 1996) である。これは，キャリアを一つの安定した企業内で設けられているキャリア・パス (昇進・昇給の道筋) に沿って展開されるものと考えるのではなく，組織の境界を越えて展開されるものであるとする考え方である。アーサーとルソー (Arthur & Rousseau, 1996) は，バウンダリーレス・キャリアが持つ6つの異なる意味を説明している。

①シリコンバレーのように，会社間を移動すること
②研究者や大工のように，社外からバリデーション (たとえば，研究成果や作

品などが社外で認証されること）と市場価値を認められていること

③不動産業者のように，外部のネットワークや情報に支えられていること

④組織階層と組織内キャリアに関する伝統的な組織仮定を破棄すること

⑤個人的理由または家族の事情によりキャリアの機会（昇進や昇給）を拒むこと

⑥組織内の階層による構造的制約にもかかわらず，組織間の境界のない未来を知覚している個人の解釈に基づくもの

以上のように，バウンダリーレス・キャリアは，たんにいくつもの企業を渡り歩くような物理的移動だけではなく，心理的側面まで含む包括的な概念である。また，バウンダリーレス・キャリアの概念には，組織構造や制度のような，外部から観察でき誰の目からみてもわかるような「客観的側面」と，個人がキャリアをどのように知覚し，一生涯においてそれをどのように意味づけているのかという「主観的側面」が同時に含まれる。つまり，バウンダリーレス・キャリアとは，昇進や昇給のような客観的キャリア成功の追求を一つの企業内に限定せず，企業間の移動を通してキャリア成長の機会や可能性を広げることである。同時に，仕事と家庭の両立を考えるワーク・ライフ・バランスや家庭事情など，主観的側面が客観的キャリア成功の追求より優先される場合もバウンダリーレス・キャリアとして分類されている（Sullivan & Arthur, 2006）。これまで検討した新しいキャリアの特徴をより明確に理解するために，従来の組織内キャリアとの対比を表7-2で紹介する。

図7-3 ギリシャ神話での海神プロテウス

（出所）Proteus-woodcut by Jörg Breu／displayed in the *Book of Emblems* by Andrea Alciato (1531) as Emblema CLXXXIII (emblem#183)．／Source, texts and description: http://www.mun.ca/alciato/e183.html Livre d'emblèmes（http://en.wikipedia.org/wiki/Proteus）

表7-2 従来の組織内キャリアと新しいキャリア

	組織内キャリア	キャリアリズム	プロティアン・キャリア	バウンダリーレス・キャリア
キャリアの主体	組織	個人と組織	個人	個人
キャリアの動機	昇進, 権力（客観的側面）	昇進, 権力（客観的側面）	自由, 個人の価値観（主観的側面）	客観的・主観的側面
組織間移動の程度	低い	高い	高い	高い
キャリア成功	地位, 給料（客観的キャリア成功）	地位, 給料（客観的キャリア成功）	心理的満足感（主観的キャリア成功）	客観的・主観的キャリア成功

〈もっと詳しく知りたい人のための文献紹介〉

シャイン, E. H. 二村敏子・三善勝代（訳） 1991 キャリア・ダイナミクス——キャリアとは, 生涯を通しての人間の生き方・表現である。 白桃書房
⇨本章の2節に紹介されているシャインの代表的な著書である。この本では, シャインの発達的かつ臨床的視点に基づいた「キャリア」に対する解釈・分析が展開されており, キャリア発達理論をよりよく理解するために役立つ。

金井壽宏 2002 働くひとのためのキャリア・デザイン PHP研究所
⇨この本は, タイトルからも明らかなように, 働く人向けの本である。しかし, この本は就職活動を目前に控えている学部の学生に対して, これからのキャリアについて現実的な視点から考える機会を与える貴重なガイド・ブックとしても役立つ。

〈文 献〉

Arthur, M. B., Claman, P. H., & DeFillippi, R. J. 1995 Intelligent enterprise, intelligent careers. *The Academy of Management Executive*, **9**, 7-22.

Arthur, M. B., Khapova, S. N., & Wilderom, P. M. 2005 Career success in a boundaryless career world. *Journal of Organizational Behavior*, **26**, 177-202.

Arthur, M. B., & Rousseau, D. M. (Eds.) 1996 *The boundaryless career: A new employment principle for a new organizational era.* Oxford University Press.

Briscoe, J. P., & Hall, D. T. 2006 The interplay of boundaryless and protean careers: Combinations and implications. *Journal of Vocational Behavior*, **69**, 4-18.

DODA 2013 転職理由調査（http://www.inte.co.jp/library/survey/20131022.html）

Greenhaus, J. H., & Callanan, G. A. 2006 *Encyclopedia of career development.* Sage Publications.

Hall, D. T. 1996 *The Career is Dead—Long Live the Career: A relational approach to career.* Jossey Bass Publishers.

Hall, D. T. 2002 *Careers in and out of organizations.* Sage Publications.

金井壽宏　2001　キャリア支援の課題――学校から社会への節目に何ができるか　第1回 GCDF Japan キャリアディベロプメントカンファランス報告書

Robinson, S. L., & Rousseau, D. M. 1994 Violating the psychological contract: Not the exception but the norm. *Journal of Organizational Behavior,* **15**, 245-259.

Rousseau, D. M. 1989 Psychological and implied contracts in organizations. *Employee Responsibilities and Rights Journal,* **2**, 121-139.

Rousseau, D. M. 1990 New hire perceptions of their own and their employer's obligations: A study of psychological contracts. *Journal of Organizational Behavior,* **11**, 389-400.

Schein, E. H. 1971 The individual, the organization, and the career: A conceptual scheme. *Journal of Applied Behavioral Science,* **7**, 401-426.

Schein, E. H. 1978 *Career dynamics: Matching individual and organizational needs.* Addison-Wesley.（二村敏子・三善勝代（訳）　1991　キャリア・ダイナミクス――キャリアとは，生涯を通しての人間の生き方・表現である。　白桃書房）

Sullivan, S. E., & Arthur, M. B. 2006 The evolution of the boundaryless career concept: Examining physical and psychological mobility. *Journal of Vocational Behavior,* **69**, 19-29.

Super, D. E. 1980 A life-span, life-space approach to career development. *Journal of Vocational Behavior,* **16**, 282-298.

渡辺三枝子（編）　2007　新版　キャリアの心理学――キャリア支援への発達的アプローチ　ナカニシヤ出版

ケーススタディ　転　職

　末武さんは29歳の貿易事務のスペシャリスト。私立大学経営学部を卒業後，従業員約1,200人の大手メーカーに入社。サービス部門で貿易取引に関するさまざまな事務処理を行っています。新入社員研修後，輸出入取引に必要な専門知識を学びながら「貿易実務検定試験C級」の資格試験にも合格し，着実に実務経験を積んできました。とくに，末武さんの得意の英語力（TOEICでは860点，英検では1級）が生かされる仕事であったので，やりがいも感じていました。

　だが心境が変わってきました。プライベートに変化があり，自分の人生と仕事を見つめ直す機会がありました。もう少しで節目の30歳という年齢の影響もあったのかもしれません。転職を迫られるような切迫した状況ではありませんでしたが，このままでいいかというと，そうとも思えませんでした。

　いくつか理由がありました。まず年収。もう少し上げたい。そして就職活動の際，第一希望であった外資系コンサルティングファームで仕事をしてみたいという夢を今でも持っていました。さらに，就職活動を目の前にしていた大学3年の春に受けた「職業適性検査」から，つねに前向きで明るい性格である末武さんは，直接顧客と接する営業のような職が適しているという結果を思いだしました。クライアントと深いかかわりを持ちながら，クライアント企業の課題に対して，コンサルティングファームのプロジェクトチームのメンバーと協力して課題の解決に取り組むコンサルタントの仕事こそ自分に適した仕事であると思えました。

　しかし，外資系コンサルティングファームへの転職は簡単ではありません。末武さんの場合，中途採用なので，コンサルタントとしての経験，スキル，そして知識が必ず求められます。それに転職は未経験なので，転職に関して何をすればいいか，何が起こるかも明確なイメージがわいていませんでした。そこで，末武さんは，外資系コンサルティングファームへの転職前にワンクッションをおくことにしました。それは，まず，国内のコンサルティング会社で契約社員として仕事の経験を積みながら，社会人向けの夜間MBAプログラムで必要な知識を習得することでした。

　末武さんは早速，転職活動を開始しました。転職サイトに登録をすると，誰もが知る国内のコンサルティング研究所から，末武さんを契約社員としてスカウトする内容のメールが届きました。その会社の仕事の内容は，大企業向けに戦略面での経営課題の発掘と解決策の提案を行うことであり，まさに末武さんの次のキャリア

（外資系コンサルティングファーム）への足掛かりとして最適な仕事でした。その会社での面接はとんとん拍子で進み，早速新しい職場でのコンサルタントとしての仕事が始まりました。

　現在，コンサルタントとしてまったく経験のない末武さんに任せられている仕事とは，ひたすら会議の議事録をとったり，まとめ資料を作ったりという地味な作業ばかりです。しかし，末武さんは自分の夢に少しずつ近づいているようで毎日楽しく仕事をしています。来年4月からは，MBAを取得するために社会人大学院にも通うことになっています。

第8章
人事マネジメント・教育研修

山本　寛

ストーリー第8話　大人の勉強──管理職への挑戦

　11月が終わる頃，木元課長に誘われ，仕事帰りに4人で飲みに出かけた。そのメンバーに，今日は若松さんがいなかった。珍しいこともあるものだ。
「今日，若松さんは来ないんですか？」
「誘ってないよ。あいつ，今ちょっと忙しいからね」
　課長が心もち声を潜めて言った。
「ここだけの話さ，社内試験を控えているんだよ」
「へぇ，何の試験があるんですか。全然気づかなかったです」
「ま，あまり大っぴらにはしない話だからな」
　いい機会だ，と，課長がその試験の仕組みについて簡単に解説してくれた。
　今回，若松さんが受けるのは，いわゆる管理職への昇格試験にあたる。うちの場合，新卒採用者なら，入社してから10年目あたりから受けはじめる人がいる。ちなみに，誰でも受けられるわけではない。部長の推薦が受験資格になっている，いわば幹部候補の登竜門だという。また，推薦されるのは通常3回まで。受からなかったら，その時点で，一生主任で終わる覚悟をしなくてはならなくなるらしい。
「それに受かるとさ，管理職リストに名前が載るんだ。次の人事異動で課長や課長補佐に昇進・昇格する権利が得られるわけだ」
「若松さん，すごいですね！　おおごとじゃないですか」
　そう言われてみれば，近頃，若松さんが昼休みも一人で済ませていることが多かったのを思い出した。昼食に誘っても，"悪い，今日は弁当があるから"と断られた。食事はさっさと済ませて，残り時間を読書や何かにあてていたのだ。

「試験前でも，けっこう普通に仕事はしているものなんですね。昨夜も残業だったし。いつ勉強しているんですかね？」
　浅野先輩が答えた。
「まぁ，家じゃ，無理だろうな。若松さんて，お子さん，まだ2歳でしょう？　奥さんも共働きだから，大事な試験があるからって家事免除にはならないだろうし。木元さんのところも，そうですよね」
「いや，たしかにきつかったよ！　推薦の内示から試験までが大体2週間だったか。家族に協力してもらってさ，休みの日は図書館と喫茶店で過ごして。フルに活用しても，4日だからね」
　木元課長が少し遠い目をして，しみじみと言った。
「試験は，そもそもどんな内容なんですか？」
「差し支えない範囲で言うと，職務関連の論文，部長級の面接，過酷な筆記試験があった」
「過酷って，それ，どんなですか？」
「インバスケットっていう方法。若松も，多分，その対策で手間取っているはず」
「はじめて聞きました」「俺も」
　木元課長によれば，インバスケットというのは未処理箱のことで，架空の問題解決場面での処理方法を評価するテスト方式だという。90分程度の時間制限内に，架空の環境・条件下での課長（管理職）として，20〜25件のさまざまな案件を，緊急度・重要度などの軸で優先順位を決め，それぞれへの対応について解答していくのだそうだ。ちなみに唯一解はない。
「何だか，きつそうですね」
「あぁ。まず，設定書や各案件に目を通すだけで時間がかかるだろう。案件同士で関連しあっているものもあるから，裏設定を見抜かないとならない。組織図と人間関係性を念頭に置きながら，5W1Hを意識しつつ，答案を手書きするのに，また骨が折れる」
「制限時間内に次々に難題か。ジャック・バウアーの気分で解く感じですかね？」
「命までは狙われないが，協力者のクロエはいない。90分の孤独な闘いだ」
「営業なら，営業のことだけですか？」

「いや，インバスケットでは，管理職全般に共通の判断を問われる」
「試験対策しておけば何とかなりますか？」
浅野先輩が不安げに尋ねると，木元課長は首を横に振った。
「人によると思うな。たとえば，課内の女子社員がつわりを理由に業務軽減を求めてきたが，どうするか？ なんていう要旨のメールが，部下にあたる主任からきていたとしてさ。浅野，お前ならどう答える？」
「えぇっ，つわりですか？ まいったなぁ。……まぁ，大事なときだから，一度仕事を辞めて，家庭に専念したらどうですか，なんて。軽く勧めてみますかね」
木元課長は渋い顔をして，理由は，と尋ねた。
「だって，赤ん坊の命のほうが大事ですよ。その人もそんな状態じゃ毎日辛いだろうし。つわりって，何ヶ月位続くのか知りませんけれど，その人の穴埋めで，ほかの課員まで大変なことになりそうです。大体，俺がその人の夫なら，養ってやるからって言って，無理させずに辞めさせますよ」
「浅野。これは，課長としての判断はどうか，っていう主旨の適性検査だからさ，基準として念頭に置くのは，会社のコンプライアンスだな。ホームページでよく確認しておけよ」
知識より，判断を問われるという意味が垣間見えた。想像以上に難しそうだ。
「まぁ，課長以上になると，インバスケット状況が日常茶飯事だからな。後になってみれば，試験であれくらいの紙上シミュレーションやっておくのは当然なんだと納得もいくよ」
「それじゃ，斎藤部長も，かつて，関門をちゃんと通り抜けてきたんですね」
ああ見えて，という言葉は飲み込む。意を汲んだのか，木元課長も苦笑した。
「うちは，創業30年目前だろ。ほら，バブル景気に乗っかって，急成長した初期の頃なんてさ，仕事はあるのに慢性的な人材不足で。エンジニアが自分で設計した製品の営業を兼ねることなど，当たり前だったらしい。当の斎藤さんあたりがよく話しているけれどさ，お前，明日からそっちの課長もやれ，っていう感じで，何とか仕事をまわしていた時代もあったわけだ」
大人たちは，バブル期のことを時代の区分代わりによく話題にするものだ。それは，ビジネスの世界に共通するわかりやすい目盛りのようなものらしい。知ったかぶりして，適当に相槌を打っているが，僕にはよくわかっていない。

何しろ，僕が生まれる前のことなのだから，教科書で習った以上のことは知らない。
「うちの場合，昇格のときに必ず試験をしたり，研修制度を整えたりするようになってきたのは，ここ10年くらいのことらしい。人事部門が総務から独立した後からだから。まだまだ過渡期だ。この先，選抜や研修のやり方も，もっと変わっていくんじゃないかと思う」
「いやぁ，どんどん締め付けられていく感じで，キツイですよ」
僕より少し年上の浅野さんが大げさに嘆いた。
「キツイけれど，これが世間の現実だ。いいモノを作れば，よく売れるっていう時代は去ったからさ。四半世紀経ってようやく，世間もバブル再来っていう幻想から目を醒ましてきた。そういう中，会社がまっとうに生き残っていくにはさ，ぶれない基準をもって即断できる管理職が必要なんだ。管理職が会社の要だとすると，若松にも，本当に頑張って，早くここまで来てほしいんだよな」
大人になっても勉強は続く。それは，これまでのように，何かの資格に挑戦するとか，単位を取るための試験勉強とは大分違うものらしい。会社の利益は何かとか，自分一人を超えるもっと大きな益を意識しての学びなのだろう。
ふと，僕の中で，勉強の概念が大きく組み変わっていたことに気づいた。僕は，ずっと大きな勘違いをしていたのではないか。大学までの勉強というのは，じつは社会で本当になすべき勉強のための準備期間であったかのように思えたのだ。つまり，筋トレやランニングなど，決められたメニューのとおりに黙々と基礎トレーニングを繰り返したのが，小・中・高校時代。最後に，大学では，基礎力がどれだけついたか，ビジネスの大海を前に，浅瀬のプールで応用トレーニングを積んだような，そんな感じだ。
人生の勉強期が終わったというのは，じつは勘違いだった。これからが学びの本番であり，実践の現場なのだと思うと，それはそれで面白そうだなと思った。

自己実現という言葉が一般化しているように，多くの人々は働くことによって成長したい，キャリアを発達させたいと思うだろう。組織の時代と言われ，多くの人々が組織で働いている現代，組織で働くことを通して成長することが求められる。つまり，優れた業績を上げること，そして組織の中で高く評価されることが，組織の中での成長に結びつくことになる。そして，組織で働く人としてすぐれているとはどういうことか，組織はそこで働く人をどのように評価するか，組織は働く人の能力や業績を向上させるためにどのような手助けをしてくれるのか，またしてくれないのか等の問題に突き当たるだろう。これらはすべて，組織の人事マネジメントの問題でもある。本章では，働く人の成長やキャリア発達に大きな影響を与える人事マネジメント全体およびその中でもとくに，業績評価と教育研修の問題を考えていきたい。

1　人事マネジメント――その特徴と領域

（1）組織の人事マネジメントとは何か

　民間企業，官公庁やNPOを含む広い意味での組織における人事マネジメントとは，どのようなものだろうか。これについては，主に経営学の中で組織がもつ資源の管理の問題を取り扱う**経営管理論**という分野で研究されてきた。経営管理論は，資源の種類によって分類されている。組織がもっている代表的な資源には，ヒト，モノ，カネ，情報等があり，人事マネジメントはそのうちのヒトの管理を扱う。ヒトに関する管理は，これまで労務管理，人事管理，人事・労務管理とも呼ばれてきたが，最近は**人的資源管理**と呼ばれることが多い。

　人的資源管理にはさまざまな定義があるが，従業員，組織，社会等のステークホルダー（組織の利害関係者）の諸目標の達成のため，従業員を効果的に管理することを示すという点で共通している。加えて人的資源管理と呼ばれる場合は，労務管理等より，個人目標の達成やモチベーション等，従業員の人間的側面を重視するという特徴がある。

　それでは，わが国組織の人事マネジメントはどのような特徴があるだろうか。

（2） わが国組織の人事マネジメントの特徴

　第二次世界大戦後のわが国の高い経済成長を支えた要因の一つに，わが国独特の経営のやり方である日本的経営が挙げられることが多い。そして，日本的経営の三種の神器として，終身雇用，年功処遇，企業内労働組合の3つが挙げられる。これらはすべて人事マネジメントの領域に属している。すなわち組織の人事マネジメントは，わが国の高い経済成長を支えてきた重要な要因なのである。**終身雇用**とは，雇用管理における慣行である。組織は原則として，新規に学校を卒業した従業員を採用し，彼らは入社後，組織内で手厚い教育研修を受け，職場でふさわしい能力を身につけていく。そして，仕事内容は変わっても，同じ組織に定年まで勤務することを原則とする。**年功処遇**は従業員の報酬管理における慣行であり，従業員の昇進や昇給等の評価を基本的に学歴と勤続年数によって行う。すなわち，勤続年数が長期化すれば給与も高くなり，組織内での地位も上昇する。**企業内労働組合**とは，労使関係管理における慣行である。労働組合（一般的に，組合と略されることも多い）が企業単位で組織されていることであり，仕事内容が異なっていても同一企業の従業員は同一の労働組合に加入する。これらの慣行によって，従業員と組織との密接で長期的な関係ができ，組織業績の向上に寄与してきたと言える。

　しかしバブル経済崩壊後，成果主義的人事マネジメントの浸透等により，日本的経営の崩壊，すなわち，終身雇用や年功処遇慣行が崩壊してきた。具体的には，終身雇用を必ずしも重視せず**雇用調整**が広く行われた。これは，企業をとりまく環境条件の変化（不況の到来，産業構造の変化，高齢化の進展，イノベーション（技術革新）等）にともない，企業が雇用量を調整すること，すなわち従業員を削減することを示す。こうした会社都合の非自発的退職に加え自発的退職も増加し，一つの組織で職業生涯を終える人が減少するという**雇用の流動化**が進展した。さらに，正規従業員の他に，パートタイム労働者，派遣労働者，契約社員等，非正規従業員と呼ばれる就業形態の人々が増加する**雇用の多様化**が進行した。この2つが現代の人事マネジメントに大きな影響を与えている。

（3） 人事マネジメントの領域

それでは人事マネジメントには，どのような領域があるだろうか。たとえば，雇用管理（採用・配置・昇進・退職等），報酬管理，業績評価，能力開発，労働時間管理，福利厚生，職務設計，キャリア開発等に分類されている。本章では紙幅の関係から，業績評価と能力開発を中心に述べていきたい。

2　業績評価——組織の中で，個人はどのように評価されるのか？

（1）　業績評価とは何か

人々は組織に入った途端，評価の対象となる。そしてその評価が人々に大きな影響を与える。組織がそこで働く人々をどのように評価するかという問題は，人事マネジメントにおける業績評価の領域に含まれる。業績評価とは，企業の存続と発展に対する各従業員の貢献度を明らかにすることである。そして，評価結果は従業員の処遇に反映される。そうではなく，頑張って業績を上げた人もそうでない人も同じ処遇では，頑張った人のモチベーションは上がらないだろう。ここにおける業績とは，従業員一人ひとりの職務業績を意味し，組織の構成要素である職務（仕事）と，その担い手である人間との相互作用の結果である。すなわち，いくら従業員が優秀でも，扱う商品がライバル社の商品に比べ機能が劣っている場合，また不況期等の場合，高い職務業績は期待できない。

また組織において，業績評価と結果の活用は，たんに従業員を統制する手段ではない。つまり，組織の全体方針や施策の正当性・妥当性にかかわる。たとえば，成果主義的な人事マネジメントを行っている組織では，従業員の客観的な数値に基づく業績を（重視して）評価する必要がある。

業績は多様な指標によって評価されている。具体的には，①製品の産出量や販売量，売上高等の**生産（販売）実績記録**，②遅刻，早退，欠勤等の**人事記録**，③上司等による**人事考課**がある。これらにはそれぞれ特徴がある。たとえば①には，適用可能な職務に制約がある，従業員自身と無関係な要因（景気動向等）で左右される等の欠点がある。②には，間接的に生産性を阻害していると

いう推論の論拠に妥当性が欠ける，活用範囲が限定される等の欠点がある。それに対し③人事考課は，もっとも活用範囲が広く，わが国の組織で広く活用されている。そのため，ここからは人事考課を中心に述べていきたい。

（2） 人事考課の特性

人事考課は，従業員の職務活動を具体的に把握分析して，組織目的達成に関する能力の保有度・遂行度，態度・行動・努力とその成果・業績を評価する。このように人事考課で評価する対象は非常に広いことがわかる。

直属上司等による人事考課の結果は，①給与・昇給・賞与の査定，②昇進・昇格・異動の決定，③能力開発・教育訓練の必要点把握等，幅広い活用範囲をもっている。そのため，人事考課の結果は，直接従業員の組織内での処遇に結びつき，キャリアや個人生活にまで大きな影響を与えるのである。

（3） 人事考課の方法

人事考課の方法には，大きく分けて絶対評価と相対評価の2つがある。

(1)絶対評価

これは，事前に設定され，それほど頻繁に変更されない基準に被考課者がどの程度合致しているかを判断する。一般的には，相対評価より望ましいが，基準値の設定が困難である。代表的な方法には以下のものがある。

①評定尺度法

被考課者が，責任感，リーダーシップ，業務知識等考課すべき職務上の特性（考課要素）にどの程度該当するかを評価する。尺度は，数値（5～1）や標語（優秀～平均～劣っている）等の段階に分割され，重視する要素を重みづけする場合もある。

②チェック・リスト法

考課すべき職務上の行動についての小文（項目）に，被考課者が該当するか否かを評価する。各項目には事前に一定の評点が付与され，被考課者の評価はチェックされた項目評点の合計で表示される。

(2)**相対評価**

これは，ある基準をもとに被考課者群を比較し順序づけるもので，企業の人件費の配分に終わってしまう場合がある。代表的な方法には以下のものがある。

①人物順位法

被考課者を全体または個々の考課要素ごとに，成績や優秀さについて順位をつける。比較する集団がそれほど多くない場合に使われる（たとえば50人以下）。

②一対比較法

被考課者を2名ずつ組にし，どちらが優れているか個々に判断する。考課者は考課要素ごとに相当多数の比較判断（例：被考課者10名の場合 $10(10-1)\div 2=45$ 回）が求められる。そのため，比較対象が多い場合，評価が膨大な数にのぼる。

（4） 業績評価の課題と新しい傾向

(1)業績評価の課題

業績評価でもっとも留意すべきは公平性・公正性である。つまり，被考課者が自分に対する評価に納得するかが問題である。往々にして，考課者の一方的な評価が被考課者の感じる公平感・公正感を低下させることが多い。この理論的背景が**公正理論**である。これは，仕事に対する努力・技能・労働時間・学歴・訓練・経験・年齢等のインプットとその結果もたらされる賃金・昇進・賞賛・満足感等のアウトカムとの公正性の認知がモチベーションを高めるというものである。

さらに，全従業員が満足するアウトカムの分配についての公正感（**分配的公正感**）を達成することは困難であり，報酬決定までの手続きを公正に行う**手続き的公正感**が重視されるようになってきた。人事マネジメントとしては，決定過程の透明化や決定に対する申し立て・不服受付等の制度を整備する必要がある。組織への帰属意識の高さには分配的公正感より手続き的公正感の方が強く影響する等，その重要性が先行研究で示されている（McFarlin & Sweeney, 1992）。

(2) 目標管理制度

　現在**目標管理制度**が多くの企業で採用されている。これは，ドラッカー（Drucker, P. F.）(1956) によって提唱された概念であり，業績評価制度としての側面が注目されてきた。具体的には，組織従業員が，各自が担当する業務について具体的な達成目標を設定し，その実現に努力し，成果を自己評価することを通して組織全体の目標達成に役立てるとともに，人々を動機づける制度である。従業員自らが上司との面談等を通して目標を設定するという点で目標設定への参加という側面が強調される。①個別に目標を設定するため，仕事に具体的イメージをもって臨むことができる，②組織の理念や戦略，自分に与えられた役割と関連づけて仕事を行うことができる，③目標設定のための上司等との面談，目標期間終了後の評価面接を通して上司等と十分なコミュニケーションをとることが可能，等の長所が考えられる。また成果を挙げていくためのポイントとしては，①目標がすべて数値で表される等，明確かつ具体的であること，②目標の水準が適正であること（低すぎないこと），③スケジュール等，時間軸を明確にすること，④目標達成のための方法を明記すること，⑤組織全体や部署の目標との関連を意識すること等がある。

　目標管理制度は，年俸制等と併せ，成果主義的人事マネジメントを支える重要な制度である。そのため，成果主義的人事マネジメントの広がりの中で個人の組織における評価を考えていく場合，避けて通れない制度である。

3　教育研修——組織と個人，両方にとって望ましい能力開発とは

　教育研修は，組織が一方的に個人に対して行うものだろうか。現代の能力開発や人的資源開発の考え方においては，従業員も能動的に自身の能力開発にかかわることが求められている。そこで，組織と個人両方にとって望ましい能力開発について考えていきたい。

第8章　人事マネジメント・教育研修

(1) 教育研修の意義

　戦後のわが国企業の高い成長に寄与した要因として，従業員の優れた資質が挙げられる。言いかえると，日本型の人事マネジメントシステムのサブ・システムとしての教育研修システムの役割は大きなものがあった。しかし，低成長経済が定着し，それとともに日本的経営が崩壊したと言われる現代，わが国組織の教育研修システムは今後どのようにあるべきか，またこれからの組織従業員には自らの能力開発に何が求められているだろうか。

(1)教育研修の必要性増大

　山本（2000）によると，現代の組織では，課題解決能力だけでなく課題提示能力や企業戦略構築能力をもった経営者・管理者がこれまで以上に求められており，その育成が課題となっている。また，雇用の多様化にともない非正規従業員の業務遂行における位置づけが増大しており，いわゆる基幹化が進行している非正規従業員への教育研修も同様である。さらに，仕事におけるやりがいや自己実現を強く求め，同時に短期間で身につき，他社でも使えるような市場価値の高い技能を求めている若年労働者の高い自己開発意欲への対応にも迫られている。このように，現代の組織では従業員に対する教育研修の必要性が増大している。

(2)教育研修機能の縮小

　他方，教育研修機能縮小という傾向も指摘されている。たとえば，業績が悪化した企業を中心に，時間とコストをかけた教育研修を切りつめ，中途採用者拡大により「社内での育成」から「即戦力の中途採用」へ比重を移行させる例がみられる。また，企業のもつ資源を競争優位な部門に移行し集中させる本業回帰や選択と集中等の経営戦略を採用する企業が増加し，業務の外部移転すなわちアウトソーシングが広く行われている。これらの多くは終身雇用の崩壊，労働市場の流動化にともなう企業側の採算面の事情に関係しているようである。

(3)教育研修の個別化・個性化

　従業員の価値観の多様化や雇用の流動化にともない，教育研修の個別化・個性化または企業主導から個人主導への移行という傾向がみられる。企業内で配

属された部署・職務ごとに業績を上げるため企業が実施する教育研修が企業主導とすれば，長期的な本人の興味とニーズに基づき，個人を単位として個別に行われる教育研修が個人主導だろう。もちろん，教育研修がすべて個人主導となるわけではなく，企業の役割も重要である。ただし，徐々に従業員個人が自主的に行う教育研修を援助するという方向に変化する可能性がある。これらのマクロ的な状況変化に基づき，組織の教育研修システムを検討していこう。

(2) 教育研修の実際

組織における教育研修の実際を，OJT (On the Job Training)，Off JT (Off the Job Training)，自己啓発支援の3つに分けてみていこう。

(1) **OJT**（職場内訓練）

OJTでは，職場内で職務をこなしながら上司や先輩が直接部下に対して知識や技能を教える。わが国の企業，とくに大企業ホワイトカラーの能力開発では従業員を社内で育成するというのが基本方針となってきた。わが国はOJTの先進国であり，従来組織の教育研修においてはOJTがその中心になってきた（小池，1977）。なぜなら，職務上修得の必要がある技能には完全にマニュアル化できない暗黙の部分があり，それを伝えるには上司や先輩による直接の教示と模倣が必要だからである。また，OJT重視の背景には多くの企業において現場主義，現場重視という経営理念があることも指摘できる。これまで多くの企業は採用活動で，学校卒業者に対し「白紙」の状態を想定し，短期間で一人前にすることを強調する例が多くみられたこともOJTに対する自信の表れである。

しかし，OJTの限界がいくつか指摘されるようになってきた。

第一は，仕事内容の変化の激しさである。OJTはある意味で上司が仕事に関するすべてを教えられることを前提としてきた。しかし，近年のイノベーションの進展やそれにともなう仕事内容の変化により，上司の教えることが'Best Way'ではなくなり，コンピュータ操作等のように若年の部下の方が優れている技能が企業で重視されるようになってきた。

第8章　人事マネジメント・教育研修

　第二は，OJT に対する企業側の方針が明確でない点である。OJT の重要性をいう企業でも，その具体的なやり方を管理職にすべて任せ，管理職に対する人事考課では部下の育成を考課要素として必ずしも重視していない例がみられる。

　OJT は教育研修の一手法ではあるが万能ではなく，他の手法と補完しあう必要性が高まっている。まとめると，OJT の長所として以下のことが挙げられる。
- 実際の職務遂行に役立つ知識や技能の向上が期待できる。
- 働きながら実施されるため，比較的コストが安価である。

　逆に，OJT の短所としては以下のことが指摘されている。
- 体系的な知識や技能の確立に結びつかない。

(2) Off JT （職場外訓練）

　職場を離れて行われる教育研修である。集団で一ヶ所にまとまって行われることが多い。一定期間集中して行われるため，日常の職務遂行に邪魔されることなく，体系的な知識が身につきやすい。最近のイノベーションの進展により，従業員の職務内容の変化は著しい。たとえば職場の IT 化の進展によって，PC の操作技術は職務遂行上なくてはならないものになっている。また工場製造工程の自動化によって，CC（コンピュータ数値制御コントロール）旋盤等の操作にはプログラミング技能修得の必要がある。これらから，ある一定期間職場を離れて集中的に行われる Off JT はその重要性を増大させている。しかし Off JT の課題として挙げられるのは，第一に，学習効果の移転およびその測定の困難さである。たとえば，管理職研修でリーダーシップ技法を修得しても，職場に帰って実際それをそのまま活かすことは困難な場合が多いだろう。第二に，教育訓練費の経済効果の測定の困難さである。Off JT の結果，能力が向上し業績がアップするとしても，人によってそれまでの期間は異なるだろう。長期間を要する点，他の要因の統制困難さ等から，得られた成果の価値を客観的に測定することは，きわめて難しい。

　さて，以上のような特徴をもつ Off JT は以下のように分類されている。

①階層別研修

　従業員を組織階層での位置づけ等により分類し，それぞれの職位に必要な能力を身につけてもらう教育研修である。以下のようなものがある。

　　a　新入社員研修　新入社員を対象に行われ，わが国企業ではもっとも実施率が高い。従業員としての心構えや勤勉さ等の態度向上を含んでいる点が特徴である。研修効果測定等の目的で**フォローアップ研修**を実施する企業の比率も高い。

　　b　中堅社員研修　入社数年後にそれまでの業務経験をもとに専門性を高めるために行われる場合が多い。

　　c　監督職・管理職研修　監督職・管理職への昇進前後に行われ，リーダーシップ能力の向上，課題解決能力，課題発見能力の向上等を目的とすることが多い。

　　d　経営者研修　経営者層を対象とする研修である。取締役の法的責任が厳しく問われるようになってきたため，注目されるようになってきた。高水準の経営戦略策定能力の増強を目的とすることが多く，大企業ほど実施されることが多い。しかしその他にも，比較的小規模な企業で経営トップの座を子弟等に譲り渡すために行われる後継者教育もこの範疇に含まれるだろう。

②**専門別研修**

　担当職務の専門別に専門的能力の向上を目的に，①の階層を横断して実施される研修である。従業員は職務ごとに企業が必要とする専門性を身につけてイノベーションの進展による職務内容の変化に不断に対応してゆくことが求められている。そこで，営業職研修，研究開発者研修等多様な専門別研修が実施されるようになった。またグローバル化の進展により，海外赴任者を対象とする海外赴任者研修や当面その予定がない者も含むグローバル人材研修等も多く実施されている。その他，階層や専門に関係なく全従業員が職務遂行上必要となるような技能に関する研修として，IT化の進展によるコンピュータ教育や，対人接触場面の多い職場で採用される接遇研修等もこれに含まれる場合がある。

Off JT の長所としては，体系的知識や技能の確立に結びつくことが挙げられ，短所としては，実際の職務遂行に必ずしも役立たない場合があることが挙げられよう。Off JT と OJT の長所と短所は逆で，両者は補完関係にあると言える。

(3) 自己啓発支援

自己啓発とは，従業員一人ひとりが自己のニーズと興味に応じてその能力を向上させるために行う活動を言う。そこで，多くの組織はそれを側面から援助するという意味で**自己啓発支援**制度を設けている。自己啓発支援は組織からみると間接的な教育研修手法であるが，本人の動機づけが高く，業務との関係性が高い場合には効果が高いと言える。具体的には，受講料等の金銭的援助，教育訓練機関・通信教育等の情報提供，社内での自主的勉強会等への援助等である。組織が自己啓発支援を積極的に行うことは，教育研修の個別化・個性化という傾向に対応することになる。

現状で自己啓発における問題点として，どのような点があるだろうか。厚生労働省の能力開発基本調査等の公的調査によると，仕事が忙しくて余裕がない，費用がかかりすぎる，どのようなコースが自分の目指すキャリアに適切なのかわからない等，時間，金銭的コスト，情報という3つの問題が挙げられている。ただし圧倒的に高い比率を占めるのが時間の問題である。金銭的コストや情報の問題は現在の支援制度である程度対処できる。しかし，時間の問題はそれだけでは不十分であり，資格取得に必要な試験のため快く早退を認める等，直属上司によるきめ細かな配慮が必要となるだろう。また，自己啓発を行った従業員のうち実際会社から費用の補助を受けた人の比率は必ずしも高くない。もちろん，自己啓発していることを組織に知られたくないという人もいるだろうが，制度への応募のしやすさの改善，制度の幅の拡大等，今後の改善の余地は大きいだろう。

(3) **教育研修の新しい傾向**

近年の，とくに個別化・個性化の傾向に対応した新しい教育研修として，カ

フェテリア型研修が挙げられる。これは，従業員が組織の用意した多くの研修プログラムから，個々の目標達成に必要なプログラムを自発的に選択することを可能にした研修制度を言う。とくにポイント制で管理している組織では，能力開発のコスト管理は個人が行うことになり，個人のプログラム選択の裁量性が拡大する。

〈もっと詳しく知りたい人のための文献紹介〉

センゲ，P. M. 枝廣淳子・小田理一郎・中小路佳代子（訳） 2011 学習する組織――システム思考で未来を創造する 英治出版
⇨ビジネス環境が日々複雑化し，働く人の仕事がつねに学習を求めるようになった現代，重要なのは，組織としての「学習能力」である。本書は自律的かつ柔軟に進化し続ける「学習する組織」の概念と構築法を豊富な事例を踏まえて説いている。

キャペリ，P. 若山由美（訳） 2001 雇用の未来 日本経済新聞社
⇨人材への投資を放棄し，リストラを行うことでひたすら組織のスリム化に邁進してきた企業が陥るジレンマについて，さらに経営慣行の変化とその行方を豊富な企業事例や調査データをもとに説いている。現代の組織の人事マネジメントに警鐘を鳴らしている。

〈文 献〉

ドラッカー，P. F. 現代経営研究会（訳） 1956 現代の経営 上・下 自由国民社
小池和男 1977 職場の労働組合と参加 東洋経済新報社
厚生労働省 能力開発基本調査
McFarlin, D. B., & Sweeney, P. D. 1992 Distributive and procedural justice as predictors of satisfaction and with personal and organizational outcomes. *Academy of Management Journal*, **35**, 626-637.
森五郎 1989 労務管理序論 森五郎（編） 労務管理論［新版］ 有斐閣 pp. 1-15.
山本寛 2000 人材開発 服部治・谷内篤博（編） 人的資源管理要論 晃洋書房 pp. 99-114.

第 8 章　人事マネジメント・教育研修

☕ ケーススタディ　教育研修のケース

　木村肇さんは東京都内の大学を卒業後，メガバンクといわれる銀行に入行し，北関東の支店で勤務しはじめてから3年が過ぎました。入行当初は，営業課に配属され，支店窓口での預金や外国為替等の事務に従事しました。そして3年目から渉外課に異動し，外回りで預金や融資案件を獲得する仕事を担当しています。1年目は事務処理の手順をなかなか覚えられず，先輩の行員や上司から注意を受ける日々が続きました。しかし半年を過ぎた頃から，ミスが減り注意されることも減ってきました。さらに1年近くが過ぎると，端末操作にも習熟し，訂正処理等のやや複雑な事務処理もミスなくこなすようになってきました。そのきっかけになったのが，入行以来久しぶりに新入行員全員が顔を合わせた新入行員フォローアップ研修でした。ちょうど入行後7ヶ月が過ぎ，事務処理を覚えきれていない頃でしたが，同期との会話の中で，皆いろいろな部署（ほとんどが支店）で苦労していることがわかりました。木村さんは同じ悩める仲間とのふれあいの中で，入行当初のような仕事に挑戦する新鮮な気持ちを取り戻しました。

　1年が過ぎる頃，木村さんはローカウンターで顧客から預金等金融商品についての相談を受ける業務を担当するようになりました。ここで，木村さんは現在の銀行が預金だけでなく，保険や投資信託等多様な商品についての知識が必要なことを痛い程思い知らされました。顧客がどのような商品を求めているかを的確に把握するためにも，またそれが自分が直接扱っていない商品の場合でも，どの担当者にどのようにつないでいくかを判断するためにも，金融商品についての幅広い知識が必要となるのです。ここで木村さんは，新入行員研修の際受けた金融商品の基礎知識に関する講義およびその資料を何度となくふりかえって勉強する必要に迫られました。

　渉外課での仕事は，最初は先輩と一緒に大口顧客を訪問する日々が続きました。木村さんは顧客からの経済情勢の見通し，金利の動向や他行の金融商品についての質問にもよどみなく答えている先輩の様子を見て，ただただ圧倒されるばかりでした。次は担当が交替するから一人で来なければならないと聞かされ，不安感が高まりました。入行前そして入行後，主に通信教育や e-learning により，税務，不動産，相続等については勉強したつもりですが，まったく不十分であることがわかってきました。具体的な目標を決めないと動けない性格の木村さんは，以前から興味があり，人事の人にも受験を勧められていた不動産鑑定士試験にチャレンジしようと思っています。

第9章
起　業

　　　　　　　　　　　　　　　　　　　　　　　　　　　髙 石 光 一

ストーリー第9話　起業するということ
　3月の終わりのことだ。外回りの電車内で，隣でメールをチェックしていた浅野先輩が，小さく「マジか？」と呟いた。僕は通信教育のテキストから目を離さず，おつきあいで，どうかしたんですか，と軽く返した。
　「同期の一人が，会社辞めるってさ。挨拶メールが来た」
　「転職ですか？」
　「いや，起業するんだって」
　「起業？　社長になるんですか？　なんだか，アメリカの若者みたいですね」
　若干，他人事である。
　日本では開業しても廃業の可能性が高いのだそうだ。
　大学時代，開業率と廃業率の統計を元にしたテーマ・ディスカッションをしたことがある。そのときにみたデータが印象に残っていた。大学近くの飲食街で，数々の飲食店が開店してはたちまち閉店していく諸行無常を，日々目の当たりにしてきたことも影響しているのかもしれない。飲食店の場合，開店後，店を半年以内に軌道に乗せるのが，まず一つの関門らしいと気づいた。日本で起業して成功するのはなかなか至難の業らしいということは，世間知らずの僕でも薄々感づいていた。
　「山崎って，優秀なエンジニアなんだけれどさ，そういえば，前から会社の方針には不満だったみたいなんだよね。『マイクロセルテック』では，特許出願をあまり奨励していないんだ。技術的なことは基本的に門外不出にしている。でも，そいつは，特許の出願をどんどんすればいいと考えているわけだ」
　「特許って，特許庁に出願して，申請が認められると，その技術がどこかで使われるたびに使用料が入るって制度ですよね？　何故，あえて避けるんです

か？」
　「社長は，職人気質っていうのか，技術の中身を晒すのがイヤなんだそうだ。特許使用料が入るなんていうのも，所詮は時限付きのこと。だから，出願するかどうかは，全部社長自らがチェックしているらしい。盗まれてもいい技術なら手の内を明かすけれど，重要と判断したなら，あえて出願しないってことだ」
　「山崎さんは，その方針がイヤだ，と」
　「イヤだった，と。多分，それも動機の一つなんじゃないかな。だから，自分のアイデアをカタチにしたら，きちんと特許出願して，技術を開示する。で，あわよくば，外部から使用料もいただきたい，と。特許で成功しているベンチャーも，世の中，あるからな」
　「すごいですねぇ。浅野さんと同期なら，まだ20代ですか？」
　「いや，修士だから，2つ上。30歳」
　「若いですよね。会社の作り方とか，僕，見当もつきません。浅野さん，知っていますか？」
　「いやいやいや……，ないな。サラリーマン根性っていうのか，俺も，考えたことすらないや」
　山崎もけっこうチャレンジャーだよな，と浅野さんは呟きつつ，返事を打った。

　帰社すると，若松さんたちもちょうど起業の話をしていた。若松さんは，秋の昇格試験に合格して，今年から同じ課内の課長代理を務めていた。プレイングマネージャーという位置づけだ。書類仕事が増えて，ますます忙しそうだが，いっそう楽しそうに仕事をしていた。そんな若松さんの元へも，学生時代の友人たちから，新年度から会社を興すという連絡と，弁理士として独立するという挨拶が，それぞれに入ったということだった。
　「起業の奴のほうは，ケータイのデジタル・コンテンツの制作と販売の会社だって。取引先の人に一緒に会社を作ろうって誘われたんだそうだ。弁理士のほうは，同じ業界の元エンジニア。社内の法務部の同僚と組んで，独立するんだ。春から事務所を構えるのでよろしくとのことだ」
　「さっきも，浅野さんの同期の人が起業するって話を聞いたばかりなんです。士業の弁理士のほうはともかく，そんなに簡単に会社って作れるんですか？」

「簡単じゃないが，ちょっと調べてみたら，意外と，ハードルは低いんだよ。立ち上げるのは楽勝，継続は茨の道って感じだな」

「いいアイデアがあったとしますよね。でも，社内のプレゼンで通らなくて，うまくプロジェクトにつながらない。せっかくのアイデアがお蔵入りになってしまうくらいなら，自分で会社を興して作ってやろう，とか。やっぱり強い意気込みが肝心なんですかね」

若松さんは腕組みをした。

「意気込みは大事だけど，そもそも，社内プレゼンに通らないようでは厳しそうだ。製品そのもののアイデア直球勝負で通用するのは，レアケースだろう。むしろ，ビジネスを軌道に乗せるのに必要なのは，事業計画なんじゃないかな」

「事業計画って，何をどうする，いくらのコストがかかるとか，そういう具体案ですよね？」

「そう，そういうのも含まれるね。そもそも，その製品にニーズがあるのか，誰が求めているのか，そのためにどれくらいのコストをかけるつもりなのか……っていう，ほかの人と共有できるような，説得力のある事業全体のデザインが必要で。事業計画書なしには，銀行からの融資も見込めない」

「ということは，見切り発車は無謀なんですね。ただ，起業するとか，今の自分の身の丈以上のことにチャレンジするのなら，きちんと説明して，誰かの力を借りればいいのか」

「そういうこと。説明したイメージが共有できるのは大事なことだ。夢の実現に手を貸してくれる人を得られるということだから」

「そもそも，『マイクロセルテック』だって，30年前は一介のベンチャーだったんですよね。社長の描いた，夢のような小型アンテナをカタチにする会社で」

「今でも，社是の『日々創出，日々前進！』を地で行く方だからな。俺たちも，その社長の夢に乗っかっているとも言えるわけだ」

うちの社長，松本幸大。根っからのエンジニアで，着古した作業着姿のイメージが強い。

彼はかつて青年の頃に，少し先の未来の技術を予見し，それを実現した人なのだ。興した会社を30年間維持するのに，日々，想像を超える重責に耐えつつ，

> 努力を重ねてきたのだろう。会社を作るのはすごいことだ。それを続けるのは，もっとすごいことなんだ。
> 　そこで，ふと考えが止まってしまった。
> 　起業すると言うけれど，個人事業主と会社経営者というのは，同じなのか，違うのか？　フリーランスの弁理士をするというのと，弁理士事務所を構えるというのとでは，何がどう違うのか？　それとも，言い方の問題で，じつは一緒なのだろうか？
> 　そもそも，会社というのは，一体，何なのだろうか？

　近年，学生や主婦を対象とした起業セミナーや，ビジネスマン向けの起業研修会などが頻繁に開催され，また，書店では起業マニュアル，ベンチャービジネス成功のノウハウなどといったハウツー本や雑誌が店頭に並んでいる。なぜ起業が注目され，どのような人が起業し，また成功するのであろうか。本章では，わが国の起業の現状と特徴を認識したうえで，心理学的な視点から起業家の行動と姿勢を学び，起業を成功に導くためのポイントを探る。

1　なぜ，だれが起業するのか

（1）　起業の実態

　起業とは新しく事業を始めることであり，起業する者は**起業家**（entrepreneur）と呼ばれ，それは一般的には会社を興すことを意味する。会社，すなわち企業は，経済の発展の基礎となるものであるが，近年，わが国では企業の開業率よりも廃業率が高くなっていることが深刻な経済問題として認識されている。1980年代末から，多くの業種で開業率が廃業率を下回る状況が続き現在に至っている（図9-1）。

　開業率とは，一定の期間に新規に開設された企業のその期間の期首に存在していた企業に対する割合であり，**廃業率**はその期間に廃業した企業の割合である。企業の開業率が低下し廃業率が高まることは，経済の新陳代謝機能が弱く

第9章 起　業

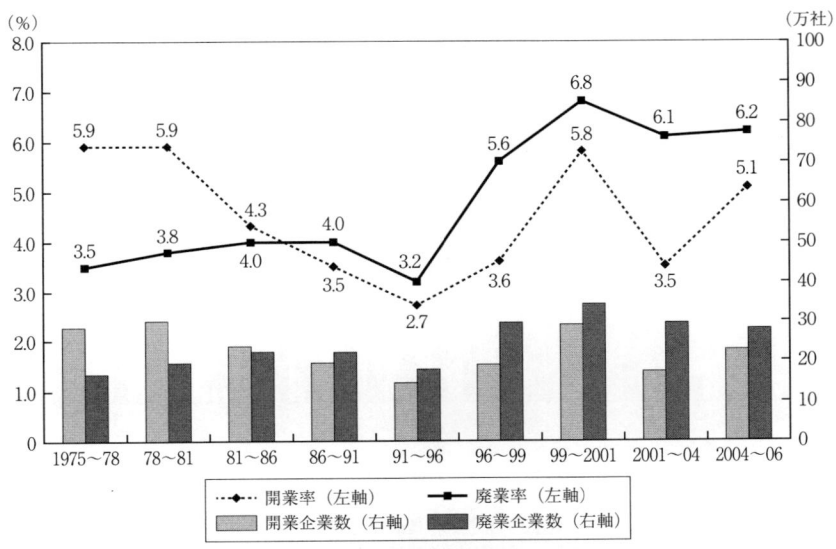

図9-1　開廃業率の推移（企業単位）

（出所）　中小企業庁（2011）

なり，衰弱を意味する。

　わが国では，経営資源の有効活用を図り，雇用を創出するためにも，政府主導で起業を促し新しい産業を創造することを推進している。

（2）　起業への態度

　しかし，英国や米国の開業率が10％水準であるのに対して，日本の開業率は5％前後であり，今後起業しようとする者の割合も世界的に見て低い傾向にある。図9-2は，各国における今後3年以内に起業する意向を聞いた結果である。今後の起業への意向を持つ者の割合は，ロシアに次いで低い割合を示している。

　図9-3からも，日本では，英国や米国に比べて起業のチャンスが見出しにくく，起業家や起業そのものに対する評価が低く，また，個々人が起業に必要な能力や経験を有していないと感じるなど，起業に対する態度や意識が全般的に否定的であることが理解できる。

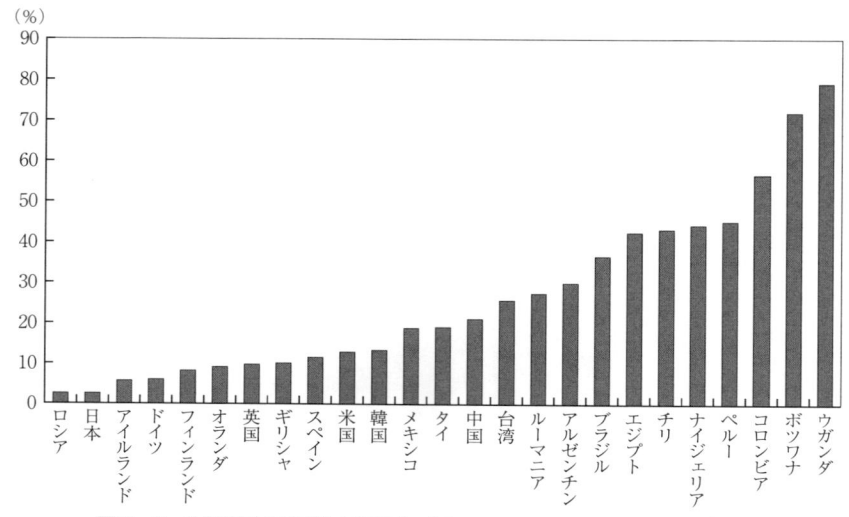

図9-2 3年以内に起業する意向（Entrepreneurial Intension）を持つ者の割合（国際比較）

（注）対象世界64ヶ国における20～64歳までの国民200人への電話インタビューで聞いた結果。
（出所）GEM（Global Entrepreneurship Monitor）（2013）より作成

　しかし，日本にも，もちろん，起業家および起業を希望する者は存在する。近年減少傾向にあるものの，全国に起業家は20～30万人，起業希望者は100万人存在する（中小企業庁，2011）。そのうち，男女別では女性起業家が全体の約3割を占めている。また，近年，実際に起業した者に占める60歳以上の割合が増加していることは，日本の起業の特徴である。

（3）　**起業の目的**

　それでは，起業の目的はどのようなものであろうか。図9-4に見られるように，一般に，日本の起業では，所得や地位を得るためというよりも，自己実現や裁量労働，社会貢献，専門技術やアイデアの事業化などを目的としたものが多い。また，男女別に見ると，女性起業家は，男性起業家と比較して，「社会に貢献したい」および「年齢に関係なく働きたい」という目的で起業する割合が高い。

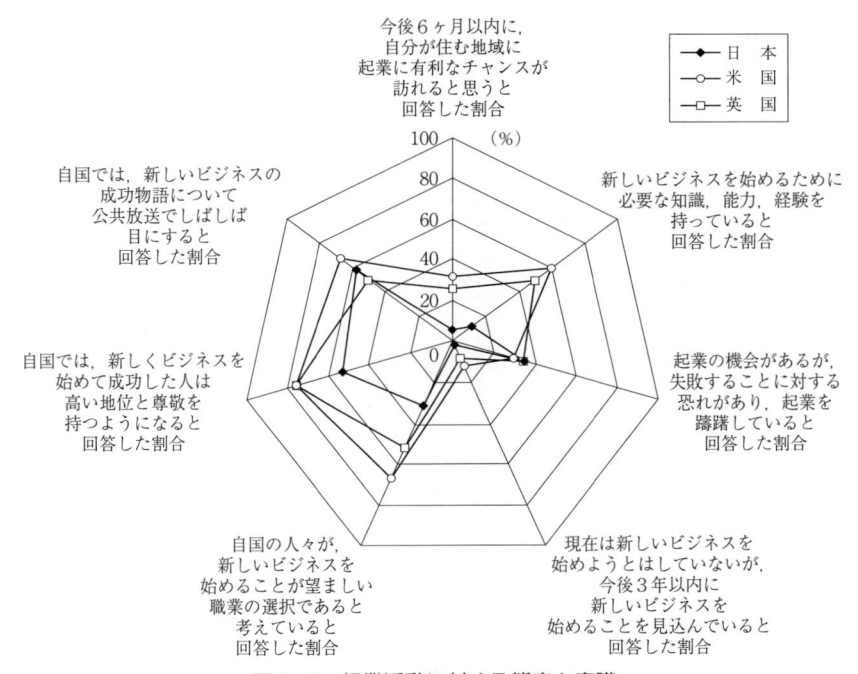

図 9-3　起業活動に対する態度と意識

(出所)　GEM (2011)

2　起業の心理学——起業家のパーソナリティ，認知構造，類型学

(1)　起業家をとらえる2つの視点

起業や起業家となる過程を心理学的な観点から理解するために，次の2つの視点がある。

(1) 誰が，なぜ起業家になるのか。

(2) 誰が，なぜ起業家として成功するのか。

これら2つに対する解答は，必ずしも一致しない。なぜならば，起業家になることを決定する過程と起業家として成功する過程は，異なるからである。概して，起業家のパーソナリティは，起業家としての道を選択することに影響す

図 9-4　起業の目的

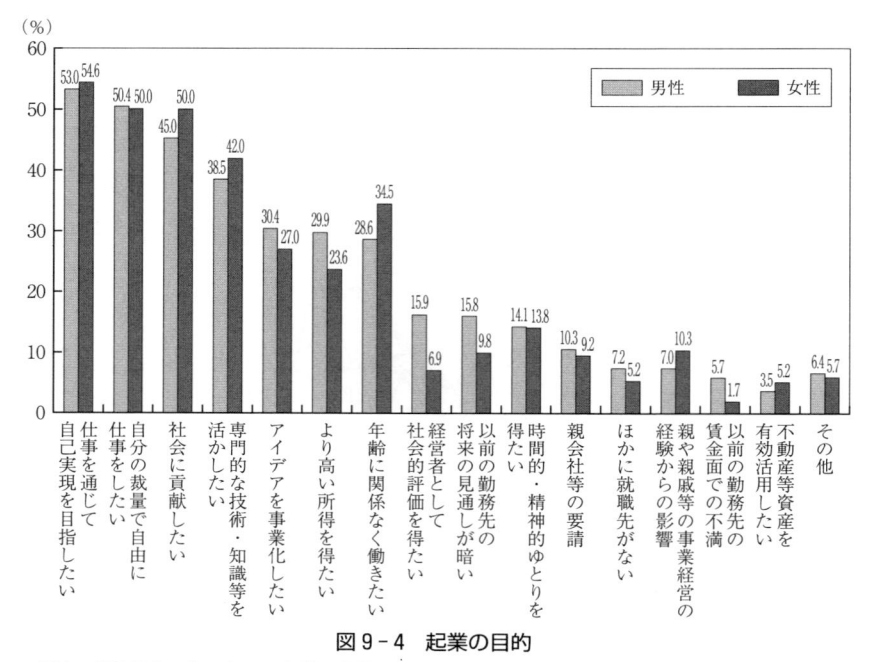

(注)　複数回答であるため，合計は必ずしも 100 にならない。
(出所)　中小企業庁委託「起業に関する実態調査」(2010年12月，㈱帝国データバンク)(中小企業庁 (2011) より)

る要素であるが，これに比べて起業が成功するかどうかは，起業家のパーソナリティとの直接的な関係性は薄いことを後述する。

(2)　起業家のパーソナリティ

なぜ，ある者はリスクの高い起業家を目指し，他の者は会社勤めや公務員を目指すのか。この問いについて，パーソナリティ研究の視点からは，**達成欲求**（need for achievement），**統制の所在**（locus of control），**リスクテイキング**（risk taking）などと起業家との関係性が研究されている。

マクレランド（McClelland, D. C., 1961）は，何かを達成し成功したいという達成欲求の存在を提唱したが，この欲求の高い者は一般にやや困難なタスクへのチャレンジを好み，それゆえに起業の道を選択する傾向がある。起業家は，

企業に勤める管理者等に比べて高い達成欲求を持つことを示す研究がある。

次に，統制の所在とは，ロッター（Rotter, J. B., 1966）が提唱した概念であり，自分の行動を統制（コントロール）する所在が自分の内にあると認知するか，または他者や運などの外にあると認知するかという様式である。起業家の内的統制の所在は，管理者等に比べて高い傾向が見られることを示す研究がある。たとえば，自社の経営状況の悪化を経済環境や取引先のせいにせず，経営者としての自己の責任と考えるのである。

そして，リスクテイキングとは，会社を起業し運営することにかかわる危険を冒すことを指し，起業する者はリスクテイキングが高いと思われる。ただし，心理学的な観点からの実証結果は得られていない。

他に，**革新性**（innovativeness），**競争的積極性**（competitive aggressiveness），**自律性**（autonomy）などのパーソナリティ関連の要素は，起業家に高いことが認められているが，いまだ研究途上の段階にある。

加えて，企業が多様であるように起業家も多様であり，パーソナリティも一様ではないことに留意が必要である。また，前述のように起業家を目指した者が起業で成功をおさめられるとは限らない。

（3） ビジネスチャンスと起業家の認知構造

起業家は，起業家ではない多くの人が気づかない世界や事象に反応し，そこにビジネスチャンスを見出す。ビジネスチャンスの発見には次の3要素が重要である（Baron, 2006）。

①アクティブサーチ（active search）：ビジネスチャンスへの積極的な探索であり，一般にある新聞，雑誌などではなく，個人的接触や専門的な出版物などの情報である場合が多い。

②ビジネスチャンスへの注意力（alertness）：ビジネスチャンス出現を見逃さない能力であり，変化する状況や見過ごされている可能性に俊敏に気づくことができる能力。

③事前の知識（prior knowledge）：多様な経験を通して得られる当該分野に

おけるマーケット，業界，顧客などについての情報は，新たなビジネスチャンス創出に有益である。

さらに，ビジネスチャンスを認知する上で，重要なのがパターン認識であり，複雑で一見無関係な事象や変化に関係性を見出すことである。いわゆる「点と点を結ぶ（connect the dots）」ことにより，ビジネスチャンスが見出されるのである。起業家のビジネスチャンスの発見は，このパターン認識によるところが大きい。

（4） 起業家の類型学

起業家という集団にも，さまざまな特性や属性を有する者がいる。これらをタイプ分けやサブグループ化することにより起業家への理解を深めるアプローチが**類型学**（typology）である。以下に，主な類型を示す。

(1)**マイナー**（Miner, J. B., 1996）の類型

①パーソナル・アチーバー（Personal achievers）：強力な達成欲求，計画策定・目標設定志向を持ち，内的統制，イニシアチブ（率先してとりくむこと）が高いタイプ

②スーパーセールス・パーソン（Supersales persons）：他者を理解し救済したいと考えるとともに，営業力が会社の要との信念を持つタイプ。

③リアル・マネージャー（Real managers）：権威への肯定的態度と他者との競争欲求が強く，管理監督能力と自己実現欲求が高いタイプ。

④エキスパート・アイデア・ジェネレーター（Expert idea generators）：高い知性と新製品開発への情熱を持ち，自己革新志向が高いとともにリスク回避欲求が高いタイプ。

マイナーズによれば，パーソナル・アチーバーの会社が，成長率が高い。

(2)**スミス**（Smith, N. R., 1967）の分類

①職人起業家（Craftsman entrepreneurs）：管理者としての経験は無く，また受けた教育や研修上の幅も狭い。一般に，社会との交流を苦手と感じつつ短期志向で起業する。

②オポチュニスティック起業家（Opportunistic entrepreneurs）：管理者経験を有し，戦略的発想がある。受けた教育や研修上の幅が広く，社会環境や交流への自信をもとに長期志向で起業する。

　③発明家型起業家（Inventor entrepreneurs）：製品開発や特許取得への志向が強く，自社を成長させることよりも，製品や工程の開発自体に関心が強い起業家。

(3) **ストレンジャーとバラック**（Strenger, C., & Burak, J., 2005）の分類

　ストレンジャーとバラックは，多くの起業家が子ども時代，父親が不在であったり，または弱々しかったことに注目し，将来，自分自身が強い親権を追い求めるよう起業家を目指すのではないかという仮説のもとに次の類型を提唱した。

　①自分が父親になるよう起業するタイプ（entrepreneurs who become their own fathers）：自分の父親が失格であったことへの感情に起因し心理的なダメージを修復すべく起業家精神を発揮する。このタイプは起業家として成功する。

　②自己破滅者（self-destroyers）：怒りと罪の意識が心の奥底に潜み，表面的には生意気で反抗的な態度が特徴である。しかし，自分自身は本当に成功するに値しないと感じ，自分の成果を破壊する。よって，このタイプは成功しない。

　③誇大妄想家（grandiose dreamers）：父親の愛情を渇望するがゆえに空虚さを感じ，成功へのファンタジーを夢見る。賞賛され認められ，偉大な業績を上げることに励む。しかし，自分の現実の能力と理想のギャップを認識できず，滅亡への兆候をも無視してしまう。よって，このタイプも成功しない。

　以上のような起業家の類型論は，起業家や起業家の行動の理解に寄与するが，実際の起業家は多様であり，これら単純化された類型を越えて起業の過程を探ることが重要である。

3　起業成功のメカニズム

(1)　起業成功への過程

　起業家の成功は一般的に企業の成長・発展としてとらえることが多い。ここでは，企業の成長・発展に影響する過程を起業家のパーソナリティ，能力および動機の観点から見る。

　図9-5は，パーソナリティと起業家の成功との関係性を示したものである（Rauch & Frese, 2000）。

　この図では，**起業家のパーソナリティ**は，企業の目標設定や戦略策定，従業員などの人的資産（human capital）に直接影響するとともに，人的資産の活用による目標や戦略の推進にも影響する一方で，起業家のパーソナリティが直接的に起業の成功に影響するものではないことが示されている。起業の成功は，起業家の策定した目標達成のための戦略が適切に人的資産により推進され，経営環境に適切に機能することにより企業体としての成功が得られるのである。

(2)　起業家の能力と動機が企業の成長・発展に影響する過程

　一方，個人の行動の成果（Performance）は，その個人の能力（Ability）と

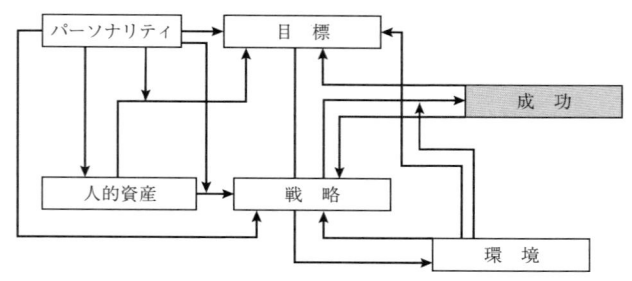

図9-5　ギッセン-アムステルダム・モデル
　　　　（The Giessen-Amsterdam model）に
　　　　よるパーソナリティと起業家の成功の関係

（出所）　Rauch & Frese（2000）p. 104.

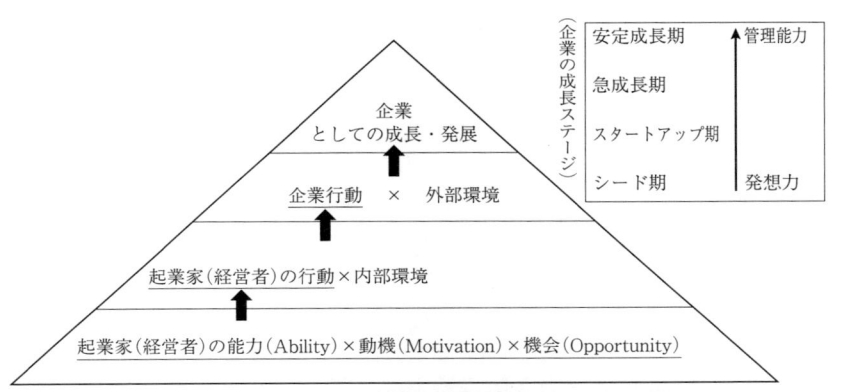

図9-6 起業家の能力と動機が企業の成長と発展に至る過程

ピラミッド図（下から上へ）:
- 起業家（経営者）の能力（Ability）×動機（Motivation）×機会（Opportunity）
- 起業家（経営者）の行動×内部環境
- 企業行動 × 外部環境
- 企業としての成長・発展

（企業の成長ステージ）
- 安定成長期 ↑管理能力
- 急成長期
- スタートアップ期
- シード期　発想力

動機（Motivation）の高さ，さらに仕事にチャレンジする機会（Opportunity）の有無により決定すると言われる。すなわち，

$P\ (Performance) = A\ (Ability) \times M\ (Motivation) \times O\ (Opportunity)$

である。図9-6における起業にかかわる行動（起業行動）をパフォーマンスとしてとらえ，このメカニズムを起業家に適応すると，その起業家の持つ能力，動機と見出された機会により起業家の行動の成果は影響される。しかし，起業家自身の行動が，直接，企業としての行動と一致するかどうかは，企業の内部環境により左右される。

　ここで言う内部環境とは企業規模，幹部とのダイナミックス，経営資源などを指す。創業間もなく起業家のみによる事業運営の場合には，起業家の行動が直接，企業行動として表れるが，組織が整備され権限委譲がなされ，さらに多様なステークホルダー（顧客，取引先，従業員，投資家などの利害関係者）が増すにつれ，起業家であり経営者となった者の意向や判断が企業としての行動に反映されにくくなる。いずれにせよ，与件としての内部環境下における起業家の行動を反映した企業行動は，変化する外部環境に戦略的，戦術的に適応することにより成長・発展を促すことになる。企業は環境適応業と言われるように，企業のとる行動が外部環境に対して適切に対応できれば成長し，変化する環境

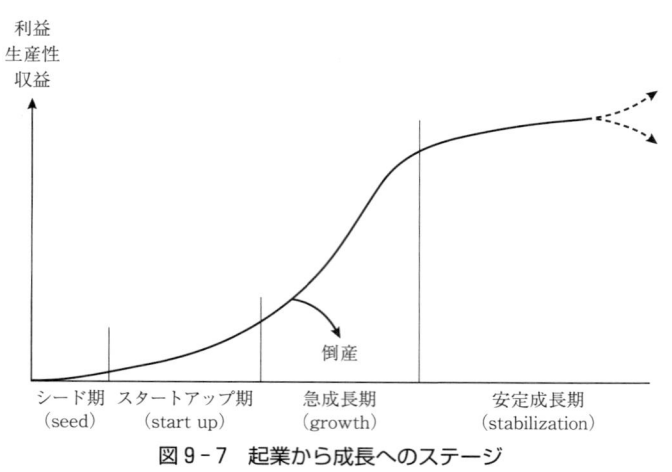

図9-7 起業から成長へのステージ
(出所) Kuratko & Hogetts (2010) より作成

に対する認識を誤り，また不適切な企業行動をとれば衰退する。

　このように，起業家の行動の成果は，起業家の能力ややる気を決定し，起業したての頃には，起業家の資質が企業としての成長と発展に大きく影響するが，企業規模が大きくなるに従い起業家（経営者）の資質は，企業内外の多様な環境要因によりその影響が見られにくくなると考えられる。

　企業が起業し，成長するまでには次の4つのステージがあると言われている（図9-7）。

　各ステージの特徴は次のとおりである（松田，2005）。

　①シード期（種が芽を出す期間）：起業家の卵がアイデアを事業化し，起業するまでの期間

　②スタートアップ期：起業から製品やサービスの販売を開始し，事業が軌道に乗るまでの期間

　③急成長期：市場や顧客に受け入れられ，規模が急拡大するまでの期間

　④安定成長期：市場や製品が成熟化し，規模拡大が鈍化するまでの期間

　図9-6に示したように，起業から企業に成長ステージが進展するにつれ，起業家（経営者）に要求される能力も変化する。起業前のシード期では，起業

家に斬新でチャレンジングな発想力が必要であるが，実際にスタートアップし，組織化が図られ規模的な成長が進展するに従い，むしろ管理能力が必要になってくる。次項では，起業家に必要な能力について詳述する。

（3） 起業家の能力（competency）

起業家の能力については，実務家やコンサルタントが経験的に導き出した多様な見解があるが，マークマン（Markman, G. D., 2007）は，下記のように成功する起業家に重要な知識（knowledge），スキル（skill），能力（ability）の特性を整理している。なお，これら3つの属性の総称は，それぞれの頭文字から**KSAs** とも示される。

①知識：知識は，ビジネスチャンスの発見や問題の解決に必要である。一般的な新聞や雑誌等による知識は均一な結果しかもたらさないため，起業家の食指は動かないが，ユニークで特定の知識（インテリジェンス）は，ビジネスチャンスをもたらす。

②スキル：以下の3レベルがあり，起業の初期段階ではテクニカルスキルが重要であるが，組織化が進展するに従いヒューマンスキルやコンセプチュアルスキルが重要となってくる。

- テクニカルスキル（technical skills）：ビジネスの核としての製品，サービスの創造に必要
- ヒューマンスキル（human skills）：組織内外の人間関係による情報，資金，支援，信用の獲得に必要
- コンセプチュアルスキル（conceptual skills）：ビジネスチャンスの発見，戦略思考，組織の管理に必要

③能力：経営資源を組み合わせ，新たな価値を発見し創造する能力であり，事業機会の認知能力や適応能力を指す。主要なものとして，前述2-(3)の(i)ビジネスチャンスを見出す能力（opportunity recognition），(ii)やり遂げる能力（ability to persevere）および(iii)環境変化に対して人・物・金などの経営資源を再配分する能力（ability to reallocate resources）などがあげられる。これら

の能力が高い者は，起業家を目指すとともに成功の確度が高いとの研究結果がある。

＊

以上，本章では，起業と起業家についての諸側面を心理学的に解説した。起業は，雇用，経済成長，経営革新の源泉であり，製品・サービスの質，競争力，柔軟性，さらに，文化や社会性を向上させるものである。しかし，起業に関する理論的および実証的な心理学的な研究は未だ十分とはいえず，究明されるべき多くの課題が残されている。とりわけ，起業を促すとともに成功の確度を高める個人および環境要因についての理解が必要である。

〈もっと詳しく知りたい人のための文献紹介〉

Baum, J. R., Frese, M., & Baron, R. A. 2007 *The psychology of entrepreneurship*. New Jersey: Lawrence Erlbaum Associates.
⇨心理学的に起業家（アントレプレナー）を研究した文献であり，モチベーション，コンピテンシー，リーダーシップ，認知等多様な観点による起業家についての理論と実証研究をもとにした起業家研究の集大成である。

越出均　2013　起業モデル――アントレプレナーの学習［第3版］　創成社
⇨起業家が会社を起こし成長・発展させる過程を起業家の連続的学習プロセスとして論述した文献。国内外の理論や事例を紹介しつつ，起業論の視座，起業家の特性や学習過程，起業家の戦略アプローチなどをわかりやすく解説している。

清水龍瑩　1983　経営者能力論　千倉書房
⇨わが国での経営者研究の草分けによる研究書。起業自体ではなく，わが国の経営者を対象としたアンケート調査に基づき，経営者の意思決定プロセス，能力体系，およびそれらと企業成長との関係性などを実証している。

〈文　献〉

Baron, R. A. 2006 Opportunity recognition as pattern recognition: How entrepreneurs "connect the dots" to identify new business opportunities. *Academy of Management Perspective*, **20**, 104-119.

中小企業庁　2011　中小企業白書2011年版　同友館
Global Entrepreneurship Monitor 2011 *2010 GEM Global Reports.*
Global Entrepreneurship Monitor 2013 *2012 GEM Global Reports.*
Kuratko, D. F., & Hogetts, R. M. 2010 *Entrepreneurship : Theory, process, practice.*　Thomson/South-Western.
Markman, G. D. 2007 Entrepreneur's competencies.　In J. R. Baum, M. Frese & R. Baron（Eds.）, *The psychology of entrepreneurship.* London : Lawrence Erlbaum Assoc.
松田修一　2005　ベンチャー企業　日経文庫
McClelland, D. C. 1961　*The achieving society.*　NY : Van Nostrand.
Miner, J. B. 1996 *The four routes to entrepreneurial success.*　San Francisco, CA : Berrett-Koehler Pub.
Rauch, A., & Frese, M. 2000 Psychological approaches to entrepreneurial success : A general model and an overview of findings. In C. L. Cooper & I. T. Robertson（Eds.）, *International review of industrial and organizational psychology.*　Chichester : Wiley.
Rotter, J. B. 1966 Generalized expectancies of internal versus external control of reinforcements.　*Psychological Monographs,* **80**, 1-28.
Smith, N. R. 1967 *The entrepreneur and his firm : The relationship between type of man and type of company.*　Michigan State University Press.
Strenger, C., & Burak, J. 2005 The Leonardo effect : Why entrepreneurs become their own fathers.　*International Journal of Applied Psychoanalytic Studies,* **20**, 103-128.

ケーススタディ　栄子さんの起業

　清水栄子さんは，都内の大学を卒業後，都心の中堅メーカーにて主に経理・総務畑で5年働きました。栄子さんにとって，そこでの仕事は辛いものではありませんでしたが，景気の悪さは自分の会社にも大きく影響していることを感じていました。職場の雰囲気も悪化し，中高年の社員が次々退職していく中で，自分の人生・将来を考えていました。

　いつしか，栄子さんは，学生時代から好きだった自然食品のお店を自分で経営したいと思い，起業の勉強や準備をするようになりました。週末には開業セミナーに通い，ビジネスプランの作り方を学びました。その折，自分の育った東京都町田市の中心街で，8坪（26.4㎡）と小さいながらも店舗が安く借りられることになりました。ざっと見積もったところ，お店の改装費や設備や什器が400万円，保証金と商品の仕入れが300万円，それに運転資金が100万円と800万円の開業資金が必要でした。

　その資金は，自分の貯金・退職金の一部と親からの借入れ（出世返し，無利子）でまかないました。いよいよ，栄子さんの夢がスタートしました。栄子さんは，28歳の誕生日に自分のお店をオープンしました。

　栄子さんの趣味と人柄の良さに加え，近くに競合店も無く，時代と地域のニーズにマッチしたこともあり，はじめてのチャレンジとは思えぬほど商売は好調でした。店が小さいことから，パートを一人雇うだけでよく，経費も節約できました。

　それからの3年間，一生懸命に働き，馴染みのお客さんも増え，手ごたえを感じていましたが，売上げは伸びていきませんでした。栄子さんが，その原因をお店の狭さにあると感じるようになった頃，栄子さんは，自然食だけでなくハーブ・健康器具などの品揃えを充実し，その場で自然食の美味しさを提供できるイートインなども備えた総合的ヘルシーショップの店作りを展開したいと思うようになりました。

　その後，渋谷区内に半年ほど空店舗となっている20坪（66㎡）の物件を見つけ，好条件で借りることができました。渋谷は栄子さんの好きな街で，人口も増えています。この広さがあれば，2号店も成功すると思い早速，着手しました。

　付き合いのある卸業者から，1ヶ月分の商品仕入れを掛けにしてくれる話もあり，これまでの貯金に，知人や親戚から融通してもらったお金を加えた1千万円を開業資金として，什器・設備等の購入を始めました。しかし，開店の3ヶ月前になり，

第9章 起　業

資金がショートし、冷蔵庫、調理器具等の必要設備が買えないことが明らかになりました。栄子さんは、やむを得ず、市中銀行に500万円の借入れの相談に行くことにしました。

　上記のケースを読んで、次の問いについて考えましょう。
問1　なぜ、2号店開業の資金がA子さんの見積りと違い、ショートしたと思いますか。
問2　A子さんは、2号店への着手の際に、何をすべきでしたか。
問3　A子さんは500万円の銀行借入れをすべきでしょうか。
問4　A子さんの事業展開を支援するため、あなたは、どのような提案をしますか。

第10章
経営革新

髙石光一

ストーリー第10話　"日々創出，日々前進！"——経営革新
　何となく，博樹と2人で映画を観に行くことになった。試写会のチケットが手に入ったと誘われたのだ。秋の3連休中日，昼間の回指定。映画配給会社に勤めている彼のお姉さんからもらったらしい。
　入社して半年後，正規に配属された博樹の勤務地はやや遠かった。片道2時間半の通勤時間はロスに感じるということで，彼は学生時代から住み慣れたアパートを引き払い，勤務地にほど近い会社独身寮へ引っ越していった。僕も遅めの夏休みを利用し，トラックでその転居作業を手伝った。今は通勤ラッシュとは無縁の生活で，片道15分，愛車のオートバイで通勤しているらしい。
　博樹は頻繁に連絡を寄越す奴ではないが，会わなかったからといってブランクを感じさせる奴でもない。昨日の続きであるかのような構えのなさで落ちあうと，上映開始時間まで映画館のラウンジでコーヒーを飲んで過ごした。
「お姉さんから，映画のチケットは，よく譲ってもらうのか？」
「たまにな。2，3ヶ月に1度くらい」
「……その割に，僕，はじめて誘われたんだけど」
　博樹がちらと僕の顔を見た。
「恋愛物とか，理と観ようと思ったことがないからね，仕方がない」
　じゃあ，誰を誘っているんだ，と問い詰めたい気もしたが，追及は止めた。言いたくなったら，きっと自分から話すだろう。代わりに，手元のチケットの半券を見た。
「産業スパイのサスペンス・アクションなら，僕と一緒に観てもいいと思ったんだな」
「まぁね。3連休の中日，きっと暇しているだろうと，見当もついたし」

失礼ではあったが，図星なのがまたしゃくに障った。

　映画自体は，B級サスペンス物で，追われる男性スパイ，追う女性捜査官の駆け引きが山場という作りだった。
　「設計図のデータと言えば，今の映画では，あれ，フラッシュメモリだったね。昔はマイクロフィルムが定番だったけれど」
　「手軽だからね。本当は，データ保存の堅牢性を考えると，それでいいのか，消えるぞって突っ込みたいところだが」
　他愛のない話をしながら，早くから開いているバーを探して入り込んだ。17：30まではハッピーアワーとかで，ビールが半額だというから嬉しい。
　「博樹さ，何か，話でもあるの？」
　２杯目に入ったところで，口火を切ってみた。多分，何か言いあぐねていることがあるのだ。今日は，そんな気がしていた。
　「いや。……あぁ。うん，理に，ちょっと気晴らしに付き合ってもらえば，気が済むだろうっていうくらいの話だったんだけれどね」
　少し黙り込んだ後，博樹が静かに話し出した。
　今，仕事上のことで，悩んでいることがあるのだと言う。
　「悩みって言うか，俺にはどうしようもないから，たんなる愚痴なんだが……」
　博樹の会社で，開発費の予算配分のことで部署間が揉めているらしく，博樹が所属する部署のプロジェクトが立ち消えそうな怪しい雲行きなのだそうだ。
　「今年度就任したばかりの代表取締役が，ホームページの挨拶で，"経営革新元年。技術力を結集した革命的なイノベーションを！"とか，スローガンを書いているんだよ。でも，その実，全然，そんなことなくて，旧態依然というか」
　「うん……」
　「課長の話だと，たとえば，部長クラスの話しあいに，新しい開発品を持っていっても，"これ，売れそうなの？""モノは確かなんだ，そのエビデンスならある。売るのはそっちの仕事だろう？""売れるという予測に関する根拠が弱いと，こっちも推せない"，と，まるで押し問答状態。長かった不況のせいで，売れなかったときの戦犯探しが身に染み付いているらしくて，ちっとも先

に進まないらしいんだ」
　あぁ，ちょっとわかる。僕も神妙にうなずいた。
「新入社員だから，今の段階で何ができるわけでもないし。ただ，部署の人たちが，連日，実験室や何かであれこれ試行錯誤しているのを目の当たりにしているのを見てきて。その結果が，会議室での2時間足らずの議論で，あっさり却下されたりしているのには，がっかりする」
「うん」
「エンジニアって，とにかく作りたいんだよな。せめて，作ったもの見てから議論してくれよって，思う。こういうのは，……甘いのかな」
　どこの会社でもある話なのかもしれない。
　博樹のところとは，会社の規模も，立場も全然違う。が，うちでも最近，同じような展開に陥っていて，木元課長もぼやいていたっけ。
　うちの場合，こんな感じだ。
　営業部門としては，次に打つべき手は見えていた。
　クライアントさんから上がってくる声を拾ってみれば，"マルチバンドのアンテナがほしい"というニーズがあるのが明白だった。どこでも耳にするのが，現在は帯域（バンド）ごとに対応している個々のアンテナを，少ない数でカバーできるマルチバンドアンテナがほしいという要望だ。アンテナのマルチバンド化により，携帯電話をはじめ，各種通信機器のさらなる小型化，軽量化が図れるなど，そのメリットは大きいという。
　個人的に，エンジニアの中田君にも尋ねたところ，可能なのではないかとの回答をもらっていた。あとは技術部門に正式に持ちかけ，具体的な問題点をクリアすればいいはずと軽く考えていたら，そう簡単にはことが進まなかった。
　予算の問題と，製造部門のほうの新規ラインの確保が難しいというのだ。品質管理部門からも，やんわりとペンディングを求められた。品質管理に関する評価方法が従来と異なる可能性があるので，製品化の前に検討が必要だというのだ。
「できたら買うよって，先方さんは言ってくれているのに，もったいないよな」
　"日々創出，日々前進！"
　社長が掲げる社是って，このことだと思うのだが。

> 一方で，それに対立する企業倫理，品質管理の不行き届きで欠陥製品を作り出すわけにはいかないという論理も理解できた。万が一，世に送り出した後で回収ということにでもなれば，それこそ会社の信用問題につながる……。
> 　珍しく落ち込んでいる博樹を慰めながら，僕は経営革新ということを考えていた。
> 　会社が業績を上げ続けるためには，適度な経営革新は欠かせないスパイスなのだという。とくにメーカーにとって，イノベーションはとても重要な動力源になる。
> 　けれども，実際のところ，それをうまく成し遂げられる会社ばかりではない。
> 　経営陣のかけ声だけに留まらない，経営革新とは，何なんだろうか？　どうやったらうまく進めることができるのだろうか？

　企業の成長の源泉は，経営革新にある。なぜなら，環境が変化しているからである。環境変化をチャンスととらえ経営革新により成長するか，変化に気づかず衰退していくかは，組織で働く人々の姿勢と行動にかかっている。本章では，経営革新とは具体的にどのようなものか，経営革新はどのように起こるのか，さらに，経営革新を促す行動や成功のためのポイントについて組織行動論・心理学の立場から学ぶ。

1　企業の成長・発展と経営革新——なぜ，経営革新に取り組むのか

　本節では，身近な中小企業について経営革新の定義，経営革新への取り組みの実態，また経営革新のアイデアの源泉などを解説する。

（1）　経営革新とは

　18世紀の産業革命以降，蒸気機関や鉄道，自動車が発明され，今日も，回転寿司，カラオケ，スーパー，コンビニ，宅配便，インターネット，スマートフォンなど，われわれの生活を豊かで，便利にしてくれるあらゆるモノやサー

ビスが生まれてきた。これらは，企業の経営革新の成果と言ってよい。

経営革新とは，中小企業基本法の定義では「新商品の開発又は生産，新役務の開発又は提供，商品の新たな生産又は販売の方式の導入，役務の新たな提供の方式の導入，新たな経営管理方法の導入その他の新たな事業活動を行うことにより，その経営の相当程度の向上を図ることをいう」（中小企業基本法第二条）とされている。

シュムペーター（Schumpeter, J.）は，経営革新の原語であるイノベーション（innovation）を「新しい製品やサービスの開発，新しい調達源・調達方法の登場，新しい販売方法の登場等5つの要素を備えた非連続的な変化と定義」し（Schumpeter, 1934/1977），急激で大きな変革を伴う均衡の創造的破壊と考えたのに対して，**アバナシー**（Abernathy, W. J.）らは，小幅で漸進的な変革もイノベーションであると考えた（Abernathy et al., 1983）。よって，経営革新は，これまでの技術・生産体系を破壊し，まったく新しい市場を創造するものだけでなく，既存の枠組みの中での漸進的，累積的な改良や改善などを含む。

（2）　経営革新の実態と企業の成長

図10-1は，中小企業においてさまざまな経営革新に取り組んだ企業の割合である。

「新しい商品の仕入れ又は生産」「新しい技術・ノウハウの開発」などに6割以上，「新分野進出，多角化」「新しい販売方式の導入」に4割以上，「事業転換」には1割程度の企業が取り組み，「経営革新を行っていない」と答える企業は約16％に過ぎない。図10-2は，経営革新の取組内容と企業の成長率との関連を示したもので，「一部の中小企業のみで行われている取組」や「大企業のみで行われている取組」さらに「広く普及している取組」に比べて「業界内では全く行われていない新たな取組」をした企業ほど成長率が高いことがわかる。

経営革新により新分野に進出し，新製品・新サービスを開発し，または新たなマーケットを開拓することは，企業の成長を可能にするだけでなく，そのよ

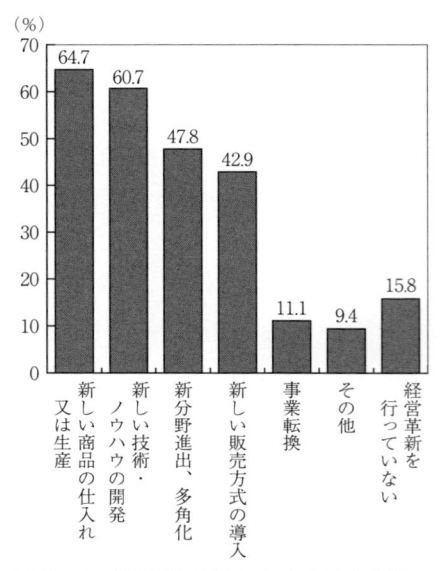

図 10-1 経営革新を行った中小企業の割合

- 新しい商品の仕入れ又は生産: 64.7
- 新しい技術・ノウハウの開発: 60.7
- 新分野進出、多角化: 47.8
- 新しい販売方式の導入: 42.9
- 事業転換: 11.1
- その他: 9.4
- 経営革新を行っていない: 15.8

（注）1. 1999年以降の経営革新の有無について尋ねている。
2. 従業員300名以下の企業のみ集計している。
3. 複数回答のため，合計は100を超える。
（出所）中小企業金融公庫「経営環境実態調査」（2004年11月）（中小企業庁（2005）より）

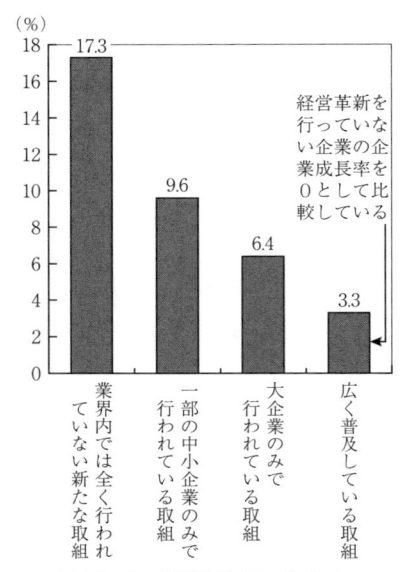

図 10-2 経営革新の新規性と成長率の比較

- 業界内では全く行われていない新たな取組: 17.3
- 一部の中小企業のみで行われている取組: 9.6
- 大企業のみで行われている取組: 6.4
- 広く普及している取組: 3.3

経営革新を行っていない企業の企業成長率を0として比較している

（注）1. 1998年以降に経営革新に取り組んだ企業の企業成長率の平均値を比較している。
2. 企業成長率＝（2004年従業員数－1998年従業員数）／1998年従業員数
（出所）中小企業金融公庫「経営環境実態調査」（2004年11月）（中小企業庁（2005）より）

うな取組を怠ることは企業の衰退を招くことになる。

しかし，大規模もしくは抜本的な変革を進めることはもちろん，通常業務の中に，つねに革新を取り入れていくことは，後述のように容易ではない。組織に革新力を確立・保持するためには，組織構造を見直すことからはじめなければならない。

（3）経営革新の源泉と従業員の役割

わが国の産業構造の変化からみて，モノからコト（サービス）への移行が進

第10章　経営革新

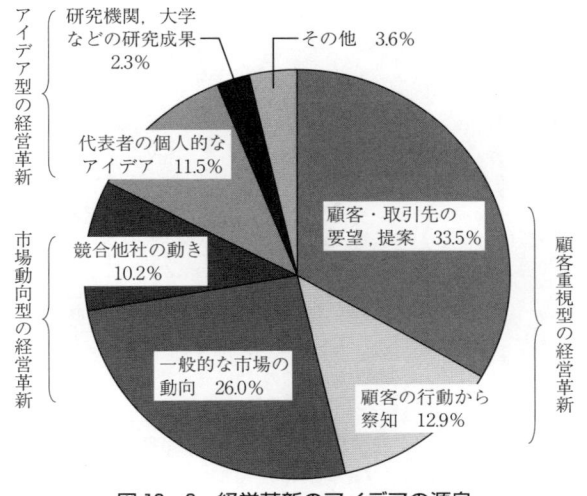

図 10-3　経営革新のアイデアの源泉

アイデア型の経営革新
- 研究機関，大学などの研究成果　2.3%
- 代表者の個人的なアイデア　11.5%

市場動向型の経営革新
- 競合他社の動き　10.2%
- 一般的な市場の動向　26.0%

顧客重視型の経営革新
- 顧客・取引先の要望，提案　33.5%
- 顧客の行動から察知　12.9%

その他　3.6%

(注)　1. 1998年以降に経営革新に取り組んだ企業のみ集計している。
　　　2. 従業員数300名以下の企業のみ集計している。
(出所)　中小企業金融公庫「経営環境実態調査」(2004年11月)
　　　　(中小企業庁 (2005) より)

展する中で，モノづくりにおいても知識による付加価値が問われ，ヒトの創造性と個人の自発性が，企業の経営革新の鍵となる (Ghoshal & Bartlett, 1997)。

　経営革新を推進する上で重要なことはまず，経営者が先頭に立つことであるが，経営革新を成功させるためには社員を巻き込むことが必要とされる。社員たちに危機意識や夢を与え，仕事・組織に夢中になってもらうよう，理念やビジョンの共有により仕事や組織に対する態度を向上させ，モチベーションや職務満足を高めることである。しかし，もっとも重要なことは社員の行動自体であり，具体的に社員たちが何をするかである。経営革新に成功したケースの背景には従業員の自発的・積極的行動がある (Kotter & Cohen, 2002)。企業の経営革新における社員の果たす役割についてみる。

　図10-3は，経営革新のアイデアの源泉を示したものである。「顧客・取引先の要望，提案」，「顧客の行動から察知」といった顧客重視型の経営革新が約

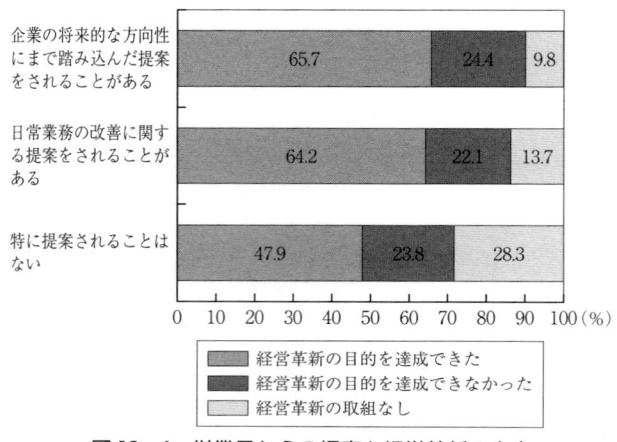

図10-4 従業員からの提案と経営革新の内容

	経営革新の目的を達成できた	経営革新の目的を達成できなかった	経営革新の取組なし
企業の将来的な方向性にまで踏み込んだ提案をされることがある	65.7	24.4	9.8
日常業務の改善に関する提案をされることがある	64.2	22.1	13.7
特に提案されることはない	47.9	23.8	28.3

(注) 1. 1998年以降に経営革新に取り組んだ企業の割合を比較している。
2. 目的達成とは,経営革新の目的に対して「目標以上に実績があった」「おおむね達成できた」を指す。

(出所) 中小企業金融公庫「経営環境実態調査」(2004年11月)(中小企業庁(2005)より)

46%,「一般的な市場の動向」,「競合他社の動き」といった市場動向型の経営革新が約36%,「代表者の個人的なアイデア」,「研究機関,大学などの研究成果」といったアイデア型の経営革新が約14%であり,顧客との関係から経営革新が行われる企業の割合が高い。顧客の要望や競合他社の動きなどは,営業や生産の最前線にいる社員の行動を通して,情報提供されることが多い。

また,図10-4は,従業員側からの改善提案の有無と,企業の経営革新の目的達成率を比較したものであるが,「企業の将来的な方向性にまで踏み込んだ提案をされることがある」,「日常業務の改善に関する提案をされることがある」企業ほど,経営革新に取り組みやすく,経営革新の目的を達成する割合は高まる。

これらの結果は,企業の経営革新には社員を巻き込むことが重要であることを示唆するものである。次に経営革新における心理学的な要因が影響する過程を概観する。

2　経営革新の心理学

(1)　経営革新と創造性

　経営革新（innovation）には**創造性**（creativity）が必要である。創造性とは，新しいアイデアを生起することであり，経営革新はその新しいアイデアを応用し，新しく有益なものを実際に生み出すことを意味する。これを経営革新の過程とみると，初期の段階では，経営革新は，個人やチームによる創造的思考によるアイデア発想が行われるが，そのアイデアを実現に向けた段階では，他者や他部署，さらに組織全体の協力や承認が必要となる。よって，初期の創造性レベルでは，個人の専門知識，パーソナリティや動機などが重要であるが，アイデアの実行に至る段階は，より社会的過程となり，部署や組織からの大きな影響を受ける。

(2)　経営革新過程における心理学的要因

　図10-5は，経営革新の過程に影響する主な心理学的要因をまとめたものである。まず個人，部署や部門等の集団，または組織全体などにより認識された問題が個人や集団に認識されることが前提である。その問題を解決するために，創造的思考とアイデア発想による解決が図られる。そこでは柔軟で斬新な思考法と専門知識が求められる。発想された新たなアイデアは，**実践知**と呼ばれる熟達者が持つような実践の場面における知見や制約のもとに洗練され，評価される。

　この段階では，個人特性としてビッグ・ファイブ[1]で指摘される経験への開放性（openness to experience）が高い一方で，誠実性（conscientiousness）が低

---

[1] ビッグ・ファイブは代表的な性格特性論の一つで，人間の性格を情緒安定性（emotional stability），外向性（extraversion），経験への開放性（openness to experience），調和性（agreeableness），および誠実性（conscientiousness）の5種類の性格因子で把握，説明しようとする理論。

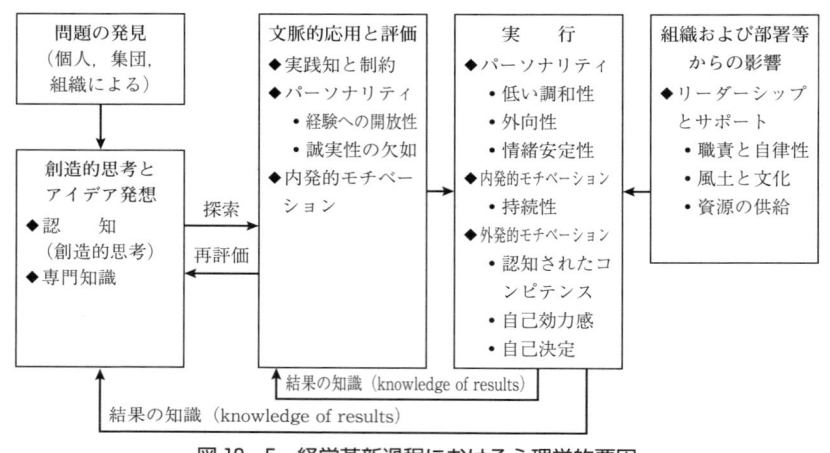

図 10-5 経営革新過程における心理学的要因
(出所) Patterson (2002) p. 134.

(2)
いといったパーソナリティ要因が経営革新にポジティブに影響することが検証されている。また、高い**内発的モチベーション**（intrinsic motivation）（第5章参照）を有していることも重要である。そして、次の実行段階では、調和性（agreeableness）が低く、外向性（extraversion）や情緒安定性（emotional stability）が高いパーソナリティや、実行を持続するための内発的な動機づけに加えて、認知されたコンピテンス（perceived competence）、自己効力感（self-efficacy）、自己決定（self-determination）を促すためのポジティブなフィードバックによる外発的モチベーション（extrinsic motivation）も重要な要素となる。

このような実行段階では、これらに加えて組織および部署等から、上司等のリーダーシップや組織的サポート（leadership & management support）、担当業務の職責と自律性（job responsibility & autonomy）、組織の風土と文化（climate & culture）や資源の供給（resource supply）により大きく影響されると

---

(2) 誠実性の高い者は規律を保持し、周囲からの信頼が厚く、人間関係を良好に保つなどの職場行動をとる一方、几帳面・潔癖、きまじめであるが故に革新を起こす傾向が低いという研究結果がある。

表10-1 組織機能と有効性に必要な個人行動のパターン

①システムに加入し留まること
　(a) 募集
　(b) 低い欠勤率
　(c) 低い退職率
②あてになる行動：システムにおける役割パフォーマンス
　(a) 量的に標準的なパフォーマンスに適合または超えること
　(b) 質的に標準的なパフォーマンスに適合または超えること
③革新的かつ自発的な行動：要求される役割を超えるパフォーマンス
　(a) 同僚たちとの協力行為
　(b) システムまたはサブシステムを保護する行動
　(c) 組織的向上のための創造的提言
　(d) 組織上の責任増加に対応するための自己教育
　(e) 外的環境に対する良好な風土作り

（出所）　Katz & Kahn（1978）p. 403.

ともに，実施した結果の知識（knowledge of results）としてフィードバックされることにより，経営革新の方向性とベクトルは変化する。

(3) 経営革新を促進する行動

　一方，経営革新に影響する従業員の具体的な行動とは，どのようなものであろうか。カッツとカーン（Katz, D., & Kahn, D. L., 1978）は，組織で働く従業員の行動を①成員として在職し続け組織活動に参加する基本的行動，②最低限のパフォーマンスの質と量を維持する行動，③自分の職務の範疇以外であっても革新的（innovative）かつ自発的（spontaneous）に発揮される行動に3分類している。この中で，組織の生き残りと効率性の要として，③の自発的で革新的な行動こそが重要であることを指摘した（表10-1）。

　このような考えに基づき，組織の成長と発展に影響する多様な行動概念が生まれてきた。たとえば，**組織市民行動**（organizational citizenship behavior）は，「従業員が任意に行う行動のうち，正式な職務の必要条件ではない行動で，それによって組織の効果的機能を促進する行動」と定義され（Organ, 1988），愛他性（altruism），誠実性（conscientiousness），スポーツマンシップ（sports-

表 10-2 経営革新に関する主な行動概念

行動概念	研究者	主要な具体的行動
向社会的組織行動（prosocial organizational behavior）	Brief & Motowidlo (1986)	ボランティア的追加業務遂行，顧客の個人的問題への手助け，組織改善のための提案
組織的自発性（organizational spontaneity）	George & Brief (1992)	建設的提言，自己啓発
革新的行動（innovative behavior）	Scott & Bruce (1994)	問題の認識，アイデアの創造，支援者との連携，変革モデルの立案・制度化
率先（taking charge）	Morrison & Phelps (1999)	職務遂行のための改善，効果的な遂行のための変革，欠陥のある手続きや習慣を修正する行動
ボイス（voice）	Van Dyne & LePine (1998)	変化に向けた建設的提唱および提案行動
プロアクティブ行動（proactive behavior）	Parker, Williams, & Turner (2006)	革新的行動：自主的な問題解決，自主的な創意工夫の推進
経営革新促進行動	髙石・古川 (2009)	問題発見と解決行動，重要情報収集行動，顧客優先行動，発案と提案行動

manship），礼節（courtesy），市民道徳（civic virtue）という5因子の要素から構成される。

　組織市民行動は，自分に課せられた役割外の行動としての他者支援や組織への協力であるが，さらに，このような行動を越え，現状の仕事にチャレンジし組織に変革をもたらす行動概念も生まれてきた。組織の革新・改革に向けた成員の行動に焦点を当てた主要な行動概念を表10-2に示す。これらの概念は，行動のとらえ方は異なるものの，組織の現状維持（status-quo）のための円滑なオペレーションや効率性を超えて，現行のシステムの改変などの経営革新を可能とする自発的な成員行動に焦点を当てている。

3　経営革新を実現する組織

（1）経営革新への抵抗と組織

　経営革新とは変化である。そして，変化はつねに脅威であり個人に不安を生

む。変化を避けたがる理由として，**古川久敬**（1990）は，①変化が過去や現在の自分の自己否定をともなう，②現在の自分を変容させていくべきかの確信が持てない，③変化を受け入れようとしても集団からのプレッシャーがかかる，ことを挙げている。よって，大規模もしくは抜本的な変革を進めることや，通常業務の中につねに変化を取り入れていくことは，容易ではない。組織に変革力を確立・保持するためには，組織構造を見直すことからはじめなければならない。コッターとコーエン（Kotter, J. P., & Cohen, D. S., 2002）は，大規模な変革を推進するための8段階のステップを提唱している。すなわち，①危機意識を高める，②変革推進のための連帯チームを築く，③ビジョンと戦略を生み出す，④変革のためのビジョンを周知徹底する，⑤従業員の自発を促す，⑥短期的成果を実現する，⑦成果を活かして，さらなる変革を推進する，⑧新しい方法を企業文化に定着させる，である。

（2） 経営革新を実現する組織

　前節でふれたように，個人やチームによる創造性が，組織としての経営革新に結実するためには，次の3つの要因が組織に備わっていることが重要である（Amabile, 1996）。

　①経営革新への組織モチベーション：全社員が，従業員の経営革新に向けた取組みを支援するよう動機づけられるべきである。組織が，異質性を認め，経営革新に向けた行動を支援していると従業員が確信している場合には，創造的または革新的であることが価値あることと認識されるとともに，チャレンジにともなうリスクの認知が軽減される。

　②資源の供給：経営革新に向けて，必要な経営資源を供給することも欠かせない。資金や機械のみならず，新規事業開発に向けた時間や専門知識を有する人材の登用や教育も重要である。

　③管理方法：組織全体または部署等での管理方法も，経営革新の生起や推進を左右する。とくに，職務遂行上の**自律性**（autonomy），すなわち成員が自主裁量の下に計画を立て，業務遂行ができるかどうかが重要である。なぜならば，

経営革新に向けた行動は自己の意志の下に任意にとられることが多く，職務遂行上の自律性が低い場合には，経営革新に向けた自由な行動が制約されるからである。また，上司の存在も大きく影響し，その中でも，メンバーに仕事への新しい視点を提供し，組織やチームの使命やビジョンを明確に示し，部下に創造的に考え行動することを奨励するなどの**変革型リーダーシップ**（transformational leadership）（第4章参照）も，従業員の経営革新への参加を促すと考えられる。

*

たえず変化する環境の下，現状を打破し長期的に発展するためには，経営革新への努力が不可欠である。今日の経営革新の成否の鍵は，経営トップの発想のみならず製造・販売などの最前線にいるすべての従業員の知恵と行動力を取り込むことにある。コッターとコーエン（Kotter & Cohen, 2002）が指摘するように，変革に向けた問題の核心は，戦略・構造・企業文化・制度ではなく，人々の行動を変えることにあり，いかに従業員たちに自発的な行動を促すかである。

〈もっと詳しく知りたい人のための文献紹介〉

古川久敬　1990　構造こわし――組織変革の心理学　日本能率協会マネジメントセンター

⇨組織には変革が必要である，しかし，変革ができない。本書は，組織変革を推進するための理論的かつ実践的な文献であり，人の変化に対する認知，組織学習，集団硬直，組織変革へのステップなどを詳述している。

Kotter J. P., & Cohen, D. S. 2002 *The heart of change*. John P. Kotter and Deloitte Consulting LLC.（高遠裕子（訳）　2003　ジョン・コッターの企業変革ノート　日経 BP）

⇨グローバルなインタビュー調査により得られた逸話を交え，大組織において変革を成功させるためには，戦略や構造，企業文化ではなく，人の行動を変えることが重要であることを明示し，そのための8のステップを提唱している。

〈文　献〉

Abernathy, W. J., Clark, K. B., & Kantrow, A. M. 1983 *Industrial renaissance : Producing a competitive future of America.* Basic Books.（日本興業銀行産業調査部（訳）1984　インダストリアル・ルネサンス——脱成熟化時代へ　TBSブリタニカ）

Amabile, T. M. 1996 Creativity and innovation in organizations. *Harvard Business School*, Note **9-396-239**, 1-15.（http://www.evcimen.com/photography/ENTREPRENEURSHIP_files/Creativity%20and%20Innovation%20in%20Organizations.pdf）

Brief, A. P., & Motowidlo, S. 1986 Prosocial organizational behaviors. *Academy of management Review,* **11**, 710-725.

中小企業庁　2005　中小企業白書2005年版　ぎょうせい

古川久敬　1990　構造こわし——組織変革の心理学　日本能率協会マネジメントセンター

George, J. M., & Brief, A. P. 1992 Feeling good-doing good : A conceptual analysis of the mood at work-organizational spontaneity relationship. *Psychological Bulletin,* **112**, 310-329.

Ghoshal, S., & Bartlett, C. A. 1997 *The individualized corporation.* Harper Collins Publishers, Inc.（グロービス・マネジメント・インスティテュート（訳）1999　個を活かす企業　ダイヤモンド社）

Katz, D., & Kahn, D. L. 1978 *The social psychology of organizations (2nd ed.).* New York : Wiley.

Kotter, J. P., & Cohen, D. S. 2002 *The heart of change.* John P. Kotter and Deloitte Consulting LLC.（高遠裕子（訳）2003　ジョン・コッターの企業変革ノート　日経 BP）

Morrison, E W., & Phelps, C. C. 1999 Taking charge at work : Extrarole efforts to initiate workplace change. *Academy of Management Journal,* **42**, 403-419.

Organ, D. W. 1988 *Organizational citizenship behavior : The good soldier syndrome.* Lexington Books.

Parker, S. K., Williams, H. M., & Turner, N. 2006 Modeling the antecedents of proactive behavior at work. *Journal of Applied Psychology,* **91**, 636-652.

Patterson, F. 2002 Great minds don't think alike？ Person-level predictors of innovations at work. In C. L. Cooper & I. T. Robertson (Eds.), *International re-*

view of industrial and organizational psychology, Vol. 17. Chichester : Wiley. pp. 115-144.

Schumpeter, J. 1934 *The theory of economic development : An inquiry into profits, capital, credit, interest, and the business cycle.* Oxford University Press.（塩野谷祐一・中山伊知郎・東畑精一（訳）　1977　経済発展の理論（上）　岩波書店）

Scott, S., & Bruce, R. A. 1994 Determinants of innovative behavior : A path model of innovation in the workplace. *Academy of Management Journal*, **37**, 580-607.

高石光一・古川久敬　2009　経営革新促進行動に関する研究——職務自律性の影響過程について　産業・組織心理学研究, **23**(1), 43-59.

Van Dyne, L., & LePine, J. A. 1998 Helping and voice extra-role behaviors : Evidence of construct and predictive validity. *Academy of Management Journal,* **41**, 108-119.

第10章　経営革新

ケーススタディ　社員たちによる経営革新

　㈱ナカムラ（大阪府池田市　http://www.nakamurasan.co.jp）は，各種 OA 機器および周辺機器の販売・システム提案・メンテナンスを事業内容とするチャレンジングな企業である。創業60年以上にわたりさまざまな取組みを行ってきたが，過去にこのようなことがあった。

　20年来の大口顧客との取引が，実績のない他社にとられてしまったのだ。その原因を議論したところ，情報提供力に帰結した。当社の営業は，顧客が経営情報を欲していたことに気がつかなかったのだ。これを契機に「われわれは顧客を本当に知っているのだろうか」と問い直し，「すぐやるプロジェクト」を実践した。顧客を知ることが起点で，顧客にとっての価値は何かを調べるため，全顧客へのアンケートを実施した。そして，2日間の全社員合宿でアンケート結果の意味内容を深く考察したのである。着地点はなかなか見つからず深夜にまで議論が続いたが，ビジョンを語り合う中で改革の姿が見えてきて，「皆でやらないと」と急速に結束が強まった。

　以来，社員には自発性が高まりさまざまな提案により，利益向上やシステムサポート，業種・業態別展開に効果を上げている。

　当社全体では，「ナカムラ変革プログラム」の一つのステップとして，業務システムの変革と社員の能力向上による業績向上計画を中心とした経営革新計画に挑戦した。IT システムを活用したワンストップサービス体制を構築し，営業とサービスの情報共有化を進めた結果，OA 機器のトラブル復旧時間（修理依頼から修理完了までの時間）は，150分から60分を切るところまで顧客対応スピードが強化された。さらに，第二弾の経営革新計画として訪問営業から集客型営業方法への転換にも着手した。テレアポイントメントサービスと本社設置の OA 機器ショールームを組み合わせる方法で実現し，顧客から好評を得て，販売実績が大いに上がった。以下は社員たちによる自発的な経営革新の取組みの一部である。

　エピソード1　全社員で自ら考え策定・導入したコンピテンシー

　合宿の際には，当社社員のコアコンピテンシー（職務や役割における効果的ないしは優れた業績に結びつく個人特性）とは何かを議論し，全員で6項目を選んだ。営業，営業支援，サービス，管理，製作スキル，開発のコンピテンシーを，深い対話を通してボトムアップで作り上げ，リーフレットまでも作成し，皆で認識を共有

している。

エピソード2　若手営業社員からのギャザリング販売の提案

会社方針によりデモカー（オフィス機械をバンなどの自動車に搭載して，地方などでデモンストレーションができる）が廃止され，現物による顧客プレゼンテーションの機会が減少していた。そんなとき，経験年数の浅い若手営業社員から「ショールームへ来てもらうよう発想の転換をしたら」との提案があった。常設のショールームを設けてギャザリング（集客）販売を実施したところ，顧客からは好評で，「今後末永く取引を継続したい」との声が多数よせられた。機器のハード部分だけでなく，機器を見ながら納得ゆくまで関連システムの説明が受けられ，担当営業マンだけでなく幹部どうしの面談ができ，相互理解が進んだ。また，会社そのものを直接見てもらうことで，会社の姿勢を理解してもらう機会となり，もはやオフィスはたんなる事務所ではなくインテリジェントなショールームに変化した。

エピソード3　営業のアイデアとサービス部門との連携

営業担当者は，営業先の顧客企業でインパクトのあるデモを効率的に行うことが売上目標達成に必要であったが，顧客に電源を借りねばならない点がネックとなっていた。ある営業担当者から，顧客が外に出てくれさえすれば機器を見てもらえるので，自分たちの営業車のシガーソケットから電源を取れば，電源を借りないでもデモをできるのではと提案があった。サービス部門と協力して繋いでみたところ，最大消費電力もわずか250Wで問題なく動いた。これにより顧客に迷惑・負担をかけることなく円滑な営業が可能になった。

このような取組みを通して，当社は地元企業から大きな信頼を得ることができ，業績はリーマンショック以降も順調に推移し，大手信用調査会社の企業評価では北大阪エリア5市（豊中市，池田市，箕面市，川西市，伊丹市）の企業の中で第6位にランクされた。その後も，他社にまねできない取組みとして地元池田市・箕面市においてはダウンタイム（コピー機が故障した際に当社に連絡をもらいサービスマンが訪問し復旧するまでの時間）を平均57分という驚異的な速さで実施している（2014年2月現在）。

このような社員たちの活躍について，社長 中村浩は振り返る。「今強く思いますことは，CS（Customer Satisfaction：顧客満足）の原点は ES（Employee Satisfaction：従業員満足）にありということ。社員満足度の中には高待遇というものは必要でしょうが，これらは一時的効果に過ぎません。成功体験を生み出す働きやす

第10章　経営革新

い仕組みを提供していくとともに仕事にいかにやりがいを感じさせることができるか……。中小企業の経営者はこれに尽きると思います。」

第11章
心の健康

伊波和恵

ストーリー第11話　心が風邪をひいた――同期のうつ

　昼時，社員食堂に向かう途中で，久しぶりに中田君に会った。彼は開発部門のエンジニアで，僕より2歳上の同期採用だ。A定食を向かいあって食べているうちに，同期で集まろう，という話の流れになった。

「高知さんが結婚するんだってよ。同期は全員ウェディングパーティーに呼びたいんだって。それで，その前にさ，まずは結婚報告会をしたいって相談されたんだ」

「それはおめでたいね，同期初か。相手は？　仕事は続けるの？」

　社会人3年目にして，はじめて身近で聞く結婚話は，何だかとても新鮮だったが，自分とはまったく無縁の話だった。

「大学時代の先輩と。仕事は続けるらしい。てか，辞めるって発想，なさそうだよ」

「春に希望の部署に移ったばかりだもんなぁ。すごいな，高知さん」

　"リアルな充実ぶり"を絵に描いたようだ。同い年なのに，高知さん，眩しすぎると思った。

　中田君は箸を置くと，早速スマートフォンを取り出して，スケジュールの候補をあげはじめた。僕は呑気に店の候補を口にした。

「今月中なら，あそこのビアガーデンなんかもいいかな。まだ暑いし」

「たんなる同期会ならそれも悪くない。が，こういうときのお店はさ，主役の意向を最初に確認するもんだよ」

　名幹事の中田君にあっさりスルーされたので，今度は声をかけるメンバーを確認しはじめた。同期は全部で14人だが，2人がすでに転職していて，3人が他府県勤務に配属されている。SNSの同期グループのリストを見ながら，伊

藤，酒井，髙橋，と参加できそうなメンバーの名前を何となく読みあげていたら，谷口君のところで，中田君がちらと僕のことを見た。
「あぁ，谷口君は，ちょっと無理かも」
　無理？　と，聞き返すと，中田君は少し困ったような顔をして，小さめの声で答えた。
「体調が悪いらしいんだ。その，今，休職中」
「マジか。谷口君が。何が悪いんだ？」
　僕は面食らってしまって，谷口君の姿を思い浮かべた。就職するまで野球で鍛えてきた身体は大柄だ。ずっと捕手をしてきたというだけあって，地声が本当に大きい。いつでも元気で，礼儀正しくて，仕事が大好きで，冗談大好きで……。
　中田君は質の悪い冗談を言う人ではない。が，それでもすぐには信じられなかった。
　中田君は，ますます困ったような顔つきになり，ますます声を小さくした。
「それが，心が風邪を引いたんだそうだ。つまり，『うつ』だって，聞いた」
「本人から？」
　中田君がこくりとうなずいた。
「マジか……」
　溜息交じりに，そういうのが精一杯だった。
　谷口君とは，入社間もない研修の頃は，夜，よく一緒に飲みにも行っていた。乗換駅の駅前にあるアイリッシュパブで黒ビールを飲むのが好きだったのだ。
「最近，会っていたか？」
「そういえば，もう，かれこれ半年も飲みに行ってないかな」
　保守・メンテナンスの部門にいる谷口君は，大きな災害の発生後，ずっとその対応に追われていた。日中は社外対応に手一杯で，夜に帰社後，自分のルーティンワークをこなしているのだ，とぼやいていた。だから，飲みに行く余裕もなかった。何ヶ月か前にエレベータで乗り合わせたときにも，家には入浴と寝に帰っているだけだと笑っていた。
　100時間超えの残業が4ヶ月以上続いているという谷口君の口ぶりが，いくらか誇らしげでさえあったので，僕はさすがに心配した。身体を壊すなよ，とか何とか月並みなことを言ったと思う。

「でも，俺，忙しいのは嫌いじゃない。残業代もちゃんと付いているし，まだましだ」

谷口君はタフだな，と思った。仕事にやり甲斐も手応えも感じていたようだったし，元気そのものだった。

僕の中で，どうしても，うつという病名と，谷口君の姿が結びつかなかった。そういう心の病気など，"気合いだぁっ！"とか叫んで，豪快にはねのけそうな奴なのに。

「谷口君が，うつって。全然，わからないな。谷口君みたいな奴でも，かかるような病気なのか？」

さぁ，なんでなんだかなぁ，と答える中田君も歯切れが悪かった。

「ひとまず，実家に戻って2ヶ月ほどは様子をみるそうだ。……先月から，谷口君の部署と，しばらくやりとりがあって。谷口君が向こうの担当窓口だったんだが。どうも様子がおかしいと思っていたら，先週ついに，担当交代するとかで」

「様子がおかしいって？」

「たとえば，アポを忘れたり，合同ミーティングのとき，用意するはずのアジェンダ忘れてきたり。ケアレスミスが多くて，全体的に要領を得ないんだ。口では頑張りますって言うんだけれど，気持ちとやっていることがバラバラ，みたいな感じで。全然，いつもの谷口君らしくなかった」

「……谷口君……」

「うん，辛かったんだと思う。上司が，医務室に相談したらしい。で，病院へ行くことになってさ，そのまま休職するって。状況説明と，詫びの連絡が入ったってわけだ」

「こういうとき，谷口君に連絡してもいいものなのか？」

「……どうなんだろうな。俺は一度も連絡していないけれど。だって，俺が連絡すると，仕事のこと思い出して辛いんじゃないかなって思ったから」

「あ，そう，なのか……」

谷口君の声を聞きたいと思った。

「元気出せよ，また黒ビール飲みに行こうぜって，陽気に励ましてやりたいよ」

そう言うと，中田君から即座に駄目出しを食らった。

「いや，それは止めておいたほうがいい。俺も気になってちょっと調べてみたけれど，そういうときには励まさないほうがまだまし，らしいんだよ。プレッシャーになって負担なんだそうだ」
　「え，そうなんだ」
　「それに，服薬中は，飲酒は駄目なんだって。多分，薬も飲んでいると思うんだよね」
　「……そっとしておくのがいいってことか。何だか，もどかしいな」
　谷口君の話は，そのままうやむやになって，同期の飲み会の打合せを少ししてから，中田君とは別れた。
　その午後，気持ちは晴れず，仕事にもいつもより集中できなかった。谷口君のことが気懸かりだったし，中田君の話もまだ信じられないでいた。うつという心の病気と谷口君とが，どうしても結びつかなかった。
　うつって，何だろうか？
　誰だって落ち込む。気分が凹んだり，塞いだりして，仕事に集中できないときもある。仕事を休むほどのうつというのは，そういう状態とどこが違うのだろうか？

1　ストレスとストレス反応

（1）　ストレスとは何か

　ストレスとは何だろうか？　まず，その定義について考えてみよう。
　ストレスとは，心身の健康や，主観的な幸福感を脅かすと知覚した対象である。ストレスは，その原因となる**ストレッサー**と，ストレッサーに対する結果としての**ストレス反応**の2つの要素からなる。
　健康な心身の状態を，軟式テニスボールのようなものと仮定してみよう。健康な状態であれば，私たちの心身は弾力性と柔軟性を備えている。その心身にストレッサーの外圧がかかれば，力を受けた分，心身は押されて"凹む"（図11-1）。これが，ストレス反応である。つまり，ストレッサーがかかったときに適度にストレス反応が生じるのも，また，やがてこのストレッサーが除か

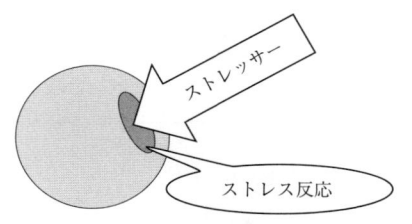

図11-1　ストレッサーとストレス反応

れれば，このストレス反応が自ずと消えてゆくのも，心身が健康であることの証である。

しかし，心身が健康ではないとき，ストレッサーが除かれたとしても，なおストレス反応だけが残ることがある。このときには，自力での回復力を失っていると考えられるので，**心理的ケア**も必要となる。

(2)　代表的なストレス学説

(1)一般適応症候群

ストレスという用語を最初に現代の意味で用いはじめたのは，生理学者の**セリエ**（Selye, H., 1936）である。彼は，有害な刺激（ストレッサー）に対して，全身的な変化（ストレス反応）が生じることを実験で見出し，これを一般適応症候群と名づけた。これらのストレス反応は，外界から身を守る**適応**メカニズムでもある。

図11-2のように，一般適応症候群は，ストレッサーがかかりはじめてからの時間の経過に沿って，①ストレッサーによるショック反応が生じた後，徐々に回復してゆく**警告期**，②ストレッサーに対して充分に適応が進む**抵抗期**，③ストレッサーが持続的に働き続けた結果，適応力が限界を超え，心身に著しい疲弊をもたらす**疲弊期**の3段階からなる。人は，ある程度はストレッサーに適応することができるものの，長期にわたるストレッサーは心身にとって有害で，不調をもたらす。

(2)認知評価理論

前述のように，セリエは人を含む生体に共通して起こる一般的なストレス反

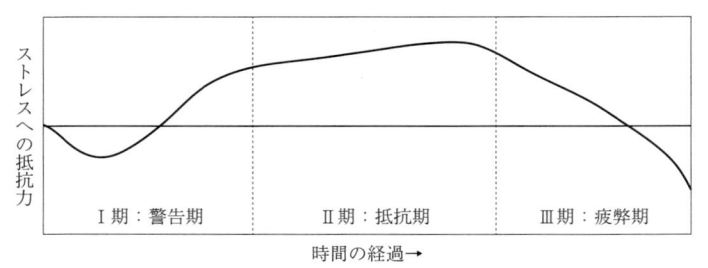

図 11-2　一般適応症候群モデル図

応について説明するモデルを提唱した。ただし現実には，ストレス反応の表現は人によってそれぞれである。ストレス反応において個人差が生じる過程を説明したのが，ラザルスとフォークマン（Lazarus, R. S., & Folkman, S., 1984）である。ストレッサーをとらえる主観的評価（**認知的評価**）が異なるため，同じストレッサーを経験しても，私たちのストレス反応は異なりうる。

　ストレッサーを自覚すると，私たちはそれを解釈しようとする（認知的評価）。まず，事態の影響力を評価しつつ（**一次的評価**），次に，その事態への**対処**（コーピング）可能性について考慮する（**二次的評価**）。これらの認知的評価は，経験，性格要因，価値観等の影響下で形成される。また，より適切な対処方法を覚え，対処スキルを磨くことは，対処可能性を高めることにもつながるので，結果的にストレッサーの脅威を弱め，ストレス反応を軽減することとなる。

(3) **NIOSH 職業性ストレスモデル**

　上述の２理論が個人の中で起こるストレス状況を説明するモデルであるのに対して，NIOSH（米国労働安全保健研究所：National Institute for Occupational Safety and Health）の，**ハレル**と**マクレニー**（Hurrell, J. J., & McLaney, M. A., 1988）による職業性ストレスモデル（図11-3）は，就労環境や諸条件を理解するのに役立つ。働く個人ならびにグループに，良くも悪くも影響する要因を整理したモデルである。ストレッサーだけではなく，満足感やパフォーマンスを改善させる要因を検討するのにも有用である。

第11章 心の健康

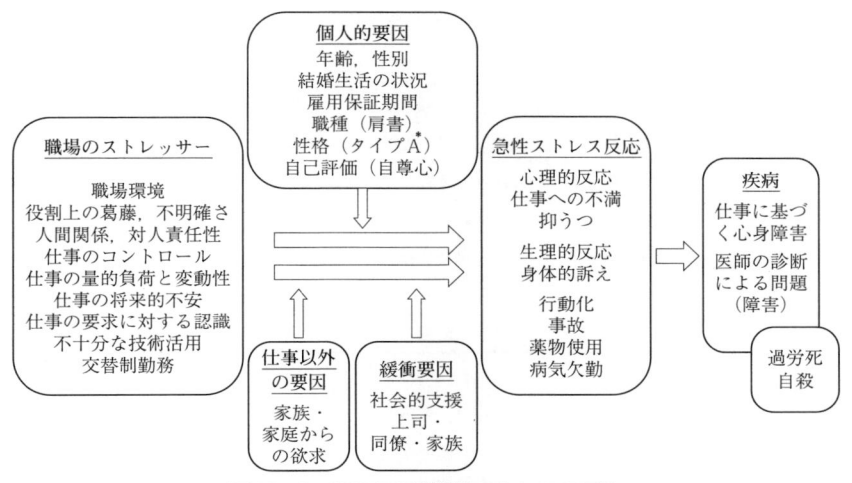

図11-3 NIOSH職業性ストレスモデル

職場のストレッサー
職場環境
役割上の葛藤，不明確さ
人間関係，対人責任性
仕事のコントロール
仕事の量的負荷と変動性
仕事の将来的不安
仕事の要求に対する認識
不十分な技術活用
交替制勤務

個人的要因
年齢，性別
結婚生活の状況
雇用保証期間
職種（肩書）
性格（タイプA*）
自己評価（自尊心）

仕事以外の要因
家族・家庭からの欲求

緩衝要因
社会的支援
上司・同僚・家族

急性ストレス反応
心理的反応
仕事への不満
抑うつ

生理的反応
身体的訴え

行動化
事故
薬物使用
病気欠勤

疾病
仕事に基づく心身障害
医師の診断による問題（障害）

過労死
自殺

（注）＊タイプAとは，性格特性の一つで，心疾患との関連が深いとされる行動パターン。すべてのことをコントロールするために努力しなければならないという信念に基づき，短気さ，負けず嫌い，せっかち，没頭するなどの行動をしがちであるのが特徴である。
（出所）Hurrell & McLaney（1988）

(3) ストレス反応と心身症

　さまざまに現れるストレス反応を総称して**ストレスサイン**と呼ぶ。これらは心・身体・行動と，3つの側面で整理することができる。

　心の面では，気分の落ち込みや苛立ち，不安感の高まり，集中力や意欲の欠如などがみられる。次に身体面では，血圧や脈拍の上昇，原因のはっきりしない痛みやしびれ，発疹などがある。そして，行動面でのストレスサインには，業務能率の低下，遅刻や無断欠勤等の勤務状況の悪化，対人関係の悪化（職場トラブルの増加）等がある。

　一般的に日本の労働者は，主観的な不快症状について，職場では表現を抑制し，我慢する傾向にある。自分が困っているはずの状況について無自覚であり，認めようとしない人も多い。労働者本人にとって，ストレスサインは，行動・身体・心，という順番で自覚しやすく，また，人にも打ち明けやすいと言える。

　明確なストレスサインの代表は，**心身症**である。心身症とは，**心身相関論**に

表 11-1　代表的な心身症

身体領域	代表的な病名
循 環 器 系	本態性高（低）血圧症・不整脈・冠動脈疾患
呼 吸 器 系	気管支喘息・過換気症候群
消 化 器 系	慢性胃炎・胃（十二指腸）潰瘍・過敏性腸炎
内分泌・代謝系	糖尿病・摂食障害
神経・筋肉系	頭痛・自律神経失調症・書痙
皮 膚 科 系	蕁麻疹・アトピー性皮膚炎・円形脱毛症
婦 人 科 系	月経前症候群・更年期障害

基づく概念であり，「身体症状を主とするが，その診断や治療に，心理的因子についての配慮が特に重要な意味をもつ病態」（日本心身医学会教育研修委員会，1991），とくにストレス反応と関連があるとされる疾患群である。表11-1のように，心身症は多岐にわたっており，素因としての**発症脆弱性**にも個人差がある。その疾患を患うすべての人が，心理社会的ストレスを抱えているとは限らないことには留意が必要である。

2　メンタルヘルス不全

(1)　メンタルヘルスとは何か

メンタルヘルスとは，心の健康のことであり，精神保健とも言う。

現代日本において，40年以上におよぶ職業生活を平穏無事に過ごせる者はごく限られた存在であろう。ほとんどの人が，職業面での山や谷を，あるいは家庭・社会生活での浮沈を経験し，それらを乗り越えていく。その間，私たちが心身の健康をつねに維持していくのは並大抵のことではない。そして，ストレスこそが，人生のスパイスや成長のチャンスの役目を果たすことも，じつはしばしば経験することである。仕事や社会生活についてそれなりにストレスを抱えながらも，その都度，変化への適応を繰り返しつつ，何とかやっていっているのである。

今日，厚生労働省は，「**労働者の心の健康の保持増進のための指針（メンタルヘルス指針）**」(2006)を定め，**職場におけるメンタルヘルス対策（メンタルヘルスケア）**を推進している。このメンタルヘルス指針においては，職場でのメンタルヘルスについて，次の4つの水準のケアが重要であることが明示されている。

①**セルフケア**：労働者自身がメンタルヘルスの適切な知識を持ち，ストレスを自覚し，対処する。この場合の労働者には管理監督者（管理職者）も含める。

②**ラインケア**：管理監督者が労働環境を把握し，改善に努める。労働者の相談に応じたり，休職者の職場復帰を支援したりする。

③**事業場内産業保健スタッフ等によるケア**：産業医・保健師等の専門職者を含む衛生委員会を職場内に設置し，セルフケア・ラインケアが効果的であるよう，企画立案し，労働者・管理監督者に対応する。

④**事業場外資源によるケア**：外部の諸関連機関，医療・保健施設ならびに，**EAP・CDP**（後述）等のリソースを活用することで，職場のメンタルヘルスケアをネットワークで支える。

また，メンタルヘルスケアを職場内で促進する際には，まず職場を挙げてメンタルヘルスケアの向上に取り組むことを充分に周知することや，これらの問題特有のプライバシーの保護や労務管理上の配慮をすることが，事業主をはじめとする職場の管理監督者に対して求められている。これらの指針は，**メンタルイルネス（精神疾患）**への対処の必要性を指摘するだけに留まらない。それ以上に，職場におけるメンタルヘルス（心の健康）の維持・促進の重要性を強調している。

社会生活に多少のストレスはつきものである。それぞれにストレスを抱えながら，職場において，労働者一人ひとりが長年にわたる職業生活を健全にまっとうするためにも，職場では互いにメンタルヘルスに関する適切な知識を備え，理解しあうことが重要である。

（2） さまざまなメンタルヘルス不全

職場において，メンタルヘルスが損なわれる状況を考えてみると，仕事で要求される度合いが大きく，自由裁量の度合いが小さく，**社会的支援**（ソーシャルサポート）が得られず，「（自分では）どうにもできない」という低コントロール状態で，ストレスは最大となる。

労働者の場合，メンタルヘルス上の異変，すなわち**メンタルヘルス不全**（**不調**）には，大きく分けて，心身症・**行動障害**・**精神疾患**がある。心身症については前述の通りであるが，行動障害とは行動上の不適応のことであり，次のような状況である：業務能率の低下（ミスやロスの増加，残業の長時間化），勤務状況の悪化（遅刻・早退・欠勤の増加），対人関係の悪化（挨拶や接触の回避，職場での孤立，他人の言動への過剰反応，落ち着きのなさ，不穏な態度，寡黙（あるいは饒舌），反抗）。

精神疾患については，①適応障害，②うつ病，③アルコール依存症について述べる。いずれも，今日では早期の発見と治療により，病気の進行を軽度に留められる可能性が高い疾患である。

①**適応障害**：ストレス障害の一種で，配置転換や失恋など明確に特定可能なストレス要因をきっかけに生じる強いストレス反応としての精神疾患である。心理面では説明のつかない不安感や憂鬱な気分が強まり，身体面では，**不眠**，頭痛等の不快症状を伴うことが多い。行動障害も出現しやすく，仕事や日常生活に全般的に支障をきたす。一般的には，ストレッサー解消後，半年以内に主なストレス反応は消失する。

②**うつ病**：人口の2〜3％にみられる。初期症状は，全身倦怠感，頭重感，食欲不振，興味・意欲の減退，不眠が典型症状である。とくに，朝〜午前中の不調と午後以降の回復という病状の日内変動が特徴的である。これらの症状が2週間以上継続すると，疲労の蓄積も重なり，仕事や日常生活に支障をきたすようになる。

治療としては，早期の休養と通院・服薬によって，心理的身体的疲労回復を図るのが効果的である。具体的には，休職しての療養が理想的であるが，医師

の指示を参考に業務量を軽減し，勤務時間を短縮する等，当面は業務負担を調整するのが望ましい。

③**アルコール依存症**：**物質関連障害**であり，重大な**健康障害**の誘因となるだけでなく，家庭生活や職業生活の継続が困難な状況を引き起こしやすいのがこの疾患である。適度にたしなむ程度であれば，成人の飲酒自体には何の問題もない。しかし，ストレス解消の手段のはずが，次第に過剰摂取することが習慣化したり，自らのコントロールの範囲を超え，飲酒が目的化したりすることがある。やがて精神的には過度の依存状態をもたらし，身体的にも重大な健康被害をもたらす。症状が進めば，暴言・無断欠勤等の行動障害や，家族を含む対人関係上や職業上のトラブルの頻発などがみられ，社会生活の破綻へと到る。

これらのメンタルヘルス不全を進行させないためにも，職場では，お互いにコミュニケーションをとりあうとともに，行動面での変化に日頃から留意しあい，早期発見・対応に努めることが大切である。

また，身体の病気と同様，病中病後は，本人の自覚あるいは周囲の期待に反して無理が利かず，回復までには見込み以上の時間を要することが多い。治療中にもかかわらず元のように働こうとして悪化させたり，服薬や通院を怠ったりという無理により，再び療養に戻らざるを得ないケースは少なくない。とくにうつは，最悪の場合，将来を絶望しての自殺へと到りうる。そのような悲劇を防止する意味でも，互いに致命的に追い詰めあわない，やり直しのきく職場作りが望ましい。

3　セルフケアとラインケア

(1)　セルフケア

ストレスとうまくつきあっていくために，自分自身で心身の健康の維持・改善に取り組むことを**セルフケア**という。セルフケアは労働者一人ひとりの問題でもあり，各々の労働者が自覚的に病気を未然に防ぎ（予防），心身の健康の維持・向上に努めることが大切である。

同時に，メンタルヘルスは職場の課題でもある。職場の管理者は，労働者に対して，職場でのメンタルヘルスの方針ならびに取組みがわかるよう折々に伝え，理解を促していくようにする。もちろん，管理監督者自身も一労働者であるので，次のようなセルフケアについての正しい知識を持ち，自分自身の心身の健康をも守ることが肝要である。

　①**対処（コーピング）スキル**：ストレッサーが脅威であると評価されたら，それらを適切に，意識的に処理しようとするのがコーピングであり，代表的な方略タイプとして**問題焦点型・情動焦点型**がある。問題焦点型対処は，ストレッサーそのものを直接的に変えて解決を図る。ビジネスの現場では，こちらの対処方略が期待される場面が多い。情動焦点型対処は，問題そのものではなく，自分の不快な気分や緊張状態の緩和や改善に目を向けるものである。これは気分転換に役立つ。

　②**リラクセーション**：気分のコントロールの中で，緊張を緩め，リラックスをもたらす方法であり，情動焦点型対処である。気分状態としては，覚醒水準が高くなく，かつ快適な状態を保っている，穏やかでくつろいだ内的状態のことを指す。心身の高緊張，高不安状態を予防・緩和する手法である。たとえば，マッサージ，アロマテラピー，半身浴，ストレッチ，散歩，音楽鑑賞，自律訓練法などがある。

　③**コミュニケーション・スキル**：対人関係を築いたり保ったり，調整したりする社会的能力である。たとえば，自分の考えや気持ちを他者にじょうずに伝える，**アサーション**が含まれる（詳細は第6章を参照）。やりとりの中で課題を明確化し，関係者の間で課題を共有することでいさかいや対立を解消しうるので，問題焦点型対処とも言える。

　④**ソーシャルサポート**：周囲の人々から受けていると自覚する社会的支援のことである。これが感じられるとき，他者からの受容感や，他者や社会とのつながりを実感でき，自らの**精神的健康度**を高めうる。ソーシャルサポートは職場ストレッサーからのダメージをやわらげる**緩衝要因**である（図11-3）とともに，ストレッサーそのものをはねのける強さをもたらす**ストレス耐性要因**と

しても注目されている。

（2） ラインケア

職場におけるラインケアとは，具体的には，上司が部下の相談に応じたり，休職者の**職場復帰**を支援したりすることを指す。管理職者である上司（リーダー）の役割としてできる行動を考えてみよう。

職場において，日頃から部下たちのよい聴き手，相談役，指導者であるのは，管理者として重要である。しかし実際は，メンタルヘルス不全に関しては，職場の対人的コミュニケーションや上司の理解やフォローで対処しきれない問題が生じやすい。上司その人との関係性がストレッサーになっていることさえあるからである。医療・心理カウンセリングは専門機関（可能なら，事業所内外の産業医・看護師・保健師，心理カウンセラー等）に依頼するほうがよい。専門職者であれば，心身疾患の可能性等についても視野に入れつつ対応をすることができる。企業内医務室の場合，適切な外部医療機関につなげてくれる。

部下のメンタルヘルス不全の問題について，「自分が何とかしなくては」と，責任感の強い上司が一人で抱え込んでしまうと，今度はその部下と他メンバーとの間で板挟みに陥りがちである。第三者の専門職者が部下のサポートに参加することで，上司もこの問題に関する適切な相談相手を得られ，部下たちに対応しやすくなる。

ただし，このような場合にも，医療機関での対応開始後，掌を返したように"もう何も聞かない""かかわらない"というのでは，部下の失望や不信を招き，疎外感を強めかねない。外部資源を含む専門職者の力を借りつつも，職場のメンバーとしてのコミュニケーションをある程度保ち，緩やかに支えていくことが，上司がなすべき行動である。

（3） 組織的なメンタルヘルスケア

企業においては，直接的なラインケアに加えて，組織全体での環境整備や取組みもまた重要な課題である。

①事業場内産業保健スタッフ等によるケア：産業医・保健師等の専門職者を含む**衛生委員会**を職場内に組織し，セルフケア，ラインケアが効果的であるよう，労働者ならびに管理監督者に対応するとともに，職場のメンタルヘルス計画や**トータルヘルスプロモーション**（**THP**）の立案・実行にあたる。THPには健康診断の実施，禁煙や減量の奨励，職階ごとの研修，個別の心理カウンセリングの機会提供等が含まれる。

②事業場外資源（ソーシャルリソース）によるケア：外部の諸関連機関，医療・保健施設等のリソースを把握し活用することで，職場のメンタルヘルスを直接的・間接的にソーシャルネットワークで支えるケアのあり方である。事業所の外部にあって，それぞれが補完的に労働者と職場のメンタルヘルスを支えるリソースとなりうる。

③EAPとCDP：**EAP**（Employee Assistance Program）は，1940年代のアメリカにて，飲酒問題を抱える雇用者への企業側の適切な対処により，工場内生産性の向上に成功したことから始まったと言われる。以降，心理カウンセリングやTHPなど，労働者のメンタルヘルスへの取組みが展開されてきた。現在では外部EAPによるアウトソーシング型のカウンセリングやネット利用の支援プログラムも増加している。

一方，**CDP**（Career Development Program）とは，事業場内労働者の適性を活かし，能力を向上させる活動である。職種や職階ごとの研修，特定のスキル向上を図る研修，外部機関への一時出向等を実施したりする。

このように，EAPとCDP，つまり，労働者の心理的ケア・予防と教育（能力開発）という2つの視点をもつことが，職場におけるメンタルヘルスへの取組みには不可欠なのである。

〈もっと詳しく知りたい人のための文献紹介〉
下園壮太　2006　うつからの完全脱出——9つの関門を突破せよ！　講談社
⇨うつを患う社会人J君との心理カウンセリングの記録から，うつの初期症状から回復までの経緯が追体験できる。心理カウンセリングの姿勢や手法もと

てもわかりやすく解説されている。

ちなみに，同じ著者による『目からウロコのカウンセリング革命――メッセージコントロールという発想』(2008，日本評論社)も，ビジネスパーソンのカウンセリング入門書として大いにお勧めできる。

大阪商工会議所（編）　2017　メンタルヘルス・マネジメント検定試験公式テキスト　Ⅲ種　セルフケアコース［第4版］　中央経済社

⇨ "メンタルヘルス・マネジメント検定" は，大阪商工会議所が主催する，ビジネスパーソンの心の健康と，職場のメンタルヘルスに関する知識を問う検定試験である。Ⅰ・Ⅱ・Ⅲ種があるが，そのうちⅢ種において，本文で解説したセルフケアの水準にあたる基本的な知識が問われている。メンタルヘルスに関する知識の定着と理解を試すのにほどよい難易度である。

皆藤章（編）　2007　よくわかる心理臨床　ミネルヴァ書房

⇨ 心理カウンセリング，臨床心理学の基本的な考え方がコンパクトにまとまった入門書である。

〈文　献〉

Hurrell, J. J., & McLaney, M. A. 1988 Exposure to job stress: A new psychometric instrument. *Scandinavian Journal of Work, Environment & Health*, **14** (**supl. 1**), 27-28.

厚生労働省　2006　労働者の心の健康の保持増進のための指針（メンタルヘルス指針）　厚生労働省ホームページ（http://www.mhlw.go.jp/houdou/2006/03/h0331-1.html）(2013.12.9)

Lazarus, R. S., & Folkman, S. 1984 *Stress, appraisal, and coping.* Springer.（本明寛・春木豊・織田正美（監訳）　2002　ストレスの心理学　実務教育出版）

日本心身医学会教育研修委員会（編）　1991　心身医学の新しい診療指針　心身医学，**31**, 537.

Selye, H. 1936 A syndrome produced by diverse nocuous agents. *Nature*, **138**, 32.

☕ **ケーススタディ　メンタルヘルス不全——働きながら治せますか**

　ミユキさんはコンピュータ関連会社勤務7年目，入社以来，経理部門所属です。毎月定期的に残業があり，年2，3回は繁忙期がありますが，よく慣れた業務に不満はありません。人間関係も良好なので，働きやすい職場です。学生時代の友人たちともつきあいがあり，SNSなどで日々やりとりし，月2回ほど食事をします。また，よい気分転換になるので，ケータイゲームを頻繁にしています。

　じつは数ヶ月前から，ミユキさんは目の奥のしつこい疲れや痛みに悩まされていました。目薬も全然効きません。近頃は，朝に起きられなくなるほどの疲労も気懸かりでした。寝過ごして，ごみを出し忘れたり，会社に遅刻しそうになったりすることもありました。

　眼科医院では"眼精疲労"と診断されました。処方のビタミン剤を服用しても，肝心の症状は相変わらずです。SNSやゲームも前ほどには楽しめません。目の疲れに堪えているうちに，肩凝りや背部痛が強まり，次第に寝付きも悪くなりました。どうせ眠れないなら，とケータイを手に取ると，1時間はすぐに経ってしまいます。せめてゲームは気分よく楽しみたいと，最新の強いキャラクターを入手するため，衝動的な課金も増えましたが，"無駄遣いしてしまった"という思いがまた新たな自己嫌悪の種となってしまいました。

　さらに，全身倦怠感・食欲不振・気分の停滞，とさまざまな症状が複合的に現れていきました。折しも，職場で産前休暇に入った先輩からの仕事の引継ぎも重なり，業務量が増えていた時期でした。上司の期待はわかっていましたが，ミユキさんにはそれが重荷にも感じられていました。業務上のケアレスミスをカバーするための自主残業が増えていきました。胃腸の不調が徐々に悪化していき，恒例の女子会も欠席しました。仕事への意欲や自信も衰えがちで，朝，出勤時に身支度をしていると，自然に涙がこぼれるほどに辛くなってしまっていました。

　それでも，ミユキさんは体調不良を相談できませんでした。同僚たちは忙しそうです。友人たちがSNSにアップする近況は楽しげで，弱音を吐きづらかったのです。遠方の親にも，わざわざ心配をかけたくありませんでした。

　ある日，友人から電話がかかってきました。食事会の急なキャンセルを案じる友人の声を聞いたミユキさんは，つい泣き出してしまいました。

　数日後，ミユキさんはその友人に付き添われて，心療内科クリニックを受診しま

した。検査を経て初期うつと診断，服薬治療という説明を受けたとき，「仕事は続けられますか？」と，怖々尋ねたミユキさんに，医師は慣れた様子で答えました。「問題ないでしょう。が，無理は禁物です。お薬はきちんと飲んで。働きながら，治しましょう」ミユキさんはほっとしました。医師の話では，治療を受けつつ働く社会人は大勢いるそうです。その医院自体もオフィス街の一角にあり，19時まで受付しています。たしかに，無理なく通院できそうでした。

　医師の勧めで職場の産業医にも相談のうえ，ミユキさんは上司に業務の軽減を依頼しました。当初，上司は戸惑い，人手不足を理由に渋りましたが，産業医と人事部の助言を受けて調整してもらえました。医師の指導の通り，抗うつ薬と相性が悪いので，飲酒は止めました。マイルドな睡眠導入剤で睡眠習慣を整えることで，起床時の疲労感がとれました。通院から10日ほどで，肩凝りや背部痛，しつこい目の痛みが和らいできました。久々に部屋を片付ける気になりました。

　4回目の通院時には回復を実感した彼女でしたが，クリニックの心理カウンセリングも受けてみました。今後再発することがないように，自分自身を見直してみようと思ったのです。カウンセラーと話してみて，ミユキさんはじつは仕事が大好きだということ，だからこそ，仕事で人に認められたいという願望にも気づきました。同時に，SNSやゲームへののめり込みも自覚しました。「気晴らしの方法が，かえって負担になっていることに気づいたら，付き合い方を見直す時期なのかもしれませんね」とカウンセラーに言われたことも腑に落ちました。

　今，ミユキさんは，焦らず，徐々に生活を見直していこうと思っています。

第12章
働く環境の質

施　桂栄

ストーリー第12話　職場環境を見直す

　その年の新人研修明け，うちの課にOJTの新人が配属されてきた。入社3年目にして，はじめて"先輩"の立場になるのだ。初々しいリクルートスーツ姿に，つい，目が釘付けになった。
「相原陽菜です。福井出身です。よろしくおねがいしますっ」
　長い黒髪をきちんとまとめた頭を下げ，折り目正しくお辞儀をした彼女は，緊張した面持ちでぎこちなく微笑んだ。素朴な顔立ちだが，笑うと段違いに可愛い。脚がほっそりしていて，雰囲気がキレイな人だ。
　外回りとか，一緒に行くことになったら，何を話そうかとか，いいランチの店はどこかなとか，気分は勝手に舞い上がってしまう。
　が，斎藤部長の一言で一気にしぼむ。
「はい，よろしく頼みますよ。相原さんは，じゃ，志田主任のところね」
　僕が待望していた新人は，残念なことに，浅野さんのいるチームに加わった。

　いつもより早めに出社した朝。タイムスタンプの前で，相原さんを見かけた。横から挨拶すると，彼女は少し驚いた様子で振り返り，僕に返礼した。
「早いね。いつもこんなに早く来ているの？」
　僕は壁から自分のタイムカードを手に取り，出勤時間を打刻して戻した。
「はい，まだ通勤電車に慣れなくて，遅刻しないように気をつけているんです」
「いい心がけだね。……あれ，それ？」
　彼女が手に持っていたのは浅野さんのタイムカードだったのだ。彼女はちょっとためらったが，あの，と僕に向き直った。

「浅野さんに頼まれたんです．出勤したら，俺のも押しておいてって」
「え，浅野さんが？　何の理由で？」
　さぁ，と相原さんが言葉を濁した．罪悪感に満ちた，悲しそうな顔だった．
「やっぱり，駄目ですよねぇ．大丈夫，皆やっているから，誰も気にしないって言われたんですけれど．多分，今日もまた遅刻するつもりなんだと思います」
　相原さんが来てから，3週間ほど経っていた．
「頼まれたの，はじめてじゃないんだね」
　相原さんは，浅野さんのカードの下の方を持ったまま，かたまってしまった．
このままでは，まずいよな．
　それ，貸して，と，僕はそのカードを受け取り，ひとまず席に座らせた．コーヒーをいれて，時間稼ぎをした．身を縮めている彼女にも手渡すと，彼女は小さな震え声でお礼を言った．完全に涙声だった．
「相原さん．そんなに怯えなくてもいいよ」
「でもっ，私，な，何回か，押したんですぅ……っ」
　彼女が嗚咽を噛み殺して堪えているのがわかった．
　彼女の話では，配属の翌日から，浅野さんの依頼がはじまった．最初は電話で，"電車が遅れている．30分くらい遅刻しそう．ちょっと押しておいてね"と頼まれたことがきっかけだった．それからも電話やメールの連絡を受けた．前夜にメールで頼まれることもあった．もう5，6回は押したそうだ．
「最初もおかしいと思いました．電車遅延証明があれば問題ないと，研修のときにも聞いていたので．でも，一度押したら，次から断りづらくなってしまって」
「断ったの？」
「はい．自分の分しか押してはいけないと研修で言われたので，って」
「でも，効き目はなかったんだ？」
「仕事のことなんだから，直属の先輩の言うことくらいは，きいておいたほうがいいよ．今後の配属の希望にも響くよ，って」
「あぁ．そう返されたら，何だか断りづらいよね」
「できるだけ人目につかないように押すために，……私が早目に来るようにしたりしているんですけれど……．こういうの，やっぱり，おかしいですよ

ね」
　「うん，おかしい。相原さんが，おかしいって思う感覚は，真っ当だと思う」
　相原さんが，はじめて顔を上げた。涙目で見つめられると，どぎまぎするが，そんなことで動揺している場合ではない。
　「とにかく，上の人に相談しよう。……志田さんかな」
　「志田主任は，多分，ご存知だと思います。タイムスタンプ上は出勤しているはずの浅野先輩の姿がみえないとき，丁度出社してきた浅野先輩を見咎められたんですが，"なんだ，今，出社か？　しかたがない奴だな"と仰っただけで」
　「見逃したか。なら，うちの若松課長代理に相談してみよう。場合によっては，木元課長に直で話そう。若松さんには，メールしておく」
　出社した若松さんは，僕と相原さんを呼んで事情を聞いてくれた。
　ここから先は，僕は直接関与していないから，後で聞いた話だ。
　若松さんは，相原さんからきいた事柄を整理したうえで，志田主任と木元課長に連絡した。若松さんは，ほかの社員，派遣社員の三田さんなどからも，浅野さんとの間で，似たようなトラブルがあったことを聞いていたのだそうだ。
　「遅刻くらいは，と，大目に見ていました。浅野は，仕事はできる奴なんで」
　志田さんはそう説明したらしい。たしかに，うちの営業部では，事前に申し出て，主任等の上長の許可を受けていれば，合理的な直行直帰はとくに問題にならないはずだった。現場での運用の範疇のことで，僕にも経験があった。しかし，その場合，タイムカードの打刻を誰かに代理で頼むようなことはない。
　ただ，今回のことで，部内での現状の問題点もはっきりした。
　まず，"合理的な直行直帰"の運用ルールが明確でないことだ。知っている人は頻繁に実行している一方で，そのルールは曖昧なので，必要に応じて有給休暇の時間休を申請していたという人もいて，不公平だということになった。つまりは，主任次第だったのだ。そこで，主任間で調整して，このルールを明示することになった。それに当てはめると，浅野さんの場合，明らかに外回りと関連のみられない遅刻が，少なくとも半年以上にわたり散見されたそうだ。
　それから，パワー・ハラスメントにあたるふるまいも指摘された。相原さんや三田さんに対して，浅野さんが自らの立場を利用して依頼を強要したり，査定上の不利益をちらつかせたりしたことが問題視されたのだった。

浅野さん自身も"査定を少しでも上げたくて，真面目に出勤しているアピールをしたかった""パワハラのつもりはなかったが，頼んだ相手を困らせている自覚はあった"と，自らの非を認め，反省しているという。
　いつもより良くも悪くも口数の少ない浅野さんの隣は，何だか居心地が悪かった。ややお節介な指導が懐かしいほどだった。この一連のトラブルの顛末を聞いて，僕は若松さんに，よく事情が呑み込めないことを正直に打ち明けた。
「先月，パワハラのことも，ハラスメント予防研修会でやりましたけれど。浅野さん，普段はパワハラをするような人じゃないと思います」
　若松さんは厳しい顔つきで答えた。
「そりゃ，君との間ではなかったんだろう。俺との間にもない。が，相原さんや三田さんとの間では，そういうトラブルがあった。浅野君本人もそのやりとりは認めている。会社はそこを問題視した。再発は防止しなくてはならない」
「それはわかるんですが。僕は，浅野さんに悪気は全然なかったと思うんですよ」
「そうだったようだな。ただ，ハラスメントっていうのは，自覚があってしていたら悪質だが，無自覚ならば見逃されるのか？　いや，そんなことはない。それは認識が甘い。将来の管理職者としての資質を問われるというか，見識を疑われるような重大事だ。これを機に，浅野君もよくよく自省したほうがいい」
　浅野さんを庇う僕をも咎める口調だった。たしかに，これはいじめっ子の言い分なのだ。若松さんの言葉を聞いて，僕自身も，自覚の不足を痛感した。

　まもなく，斎藤部長から部全体への訓示があった。あらためて，コンプライアンス遵守とハラスメント防止に，部全体で正面から取り組むという主旨だった。
　部長は最後にこう結んだ。
「働くとは，"傍を楽にする"ことだと言います。自分が働くことで，周りの誰かが助かり，楽になる。部員一同，皆が互いにそう心がけていたら，大きく踏み外すことはないのではないか。不都合が起きたら，その都度話しあえばいい。皆にとって互いに気持ち良い職場は，必ず実現できる。私は，そう信じて

います」
　毎日顔を合わせる濃い人間関係だから，いろいろなことが起こる。しかも，人によってものごとの感じ方もさまざまだから，気持ちよく働ける職場環境を保証することが根本的に大切なのだろう。では，それを実現する，よい職場環境の条件というのはどういうことなのだろうか？

1 安全な作業環境を保つ組織とは

（1） ヒューマンエラーの理解

　1979年に発生したアメリカのスリーマイル島原子力発電所事故（TMI 事故）により，人間の行動が事故発生の主要因であるとみなされ，個人レベルの**ヒューマンエラー**（human error）という問題が重要視されることとなった。作業システムの中の人間はなぜエラーを起こしてしまうのかについて，行動科学の視点からの研究が盛んになってきている。そのような研究者の代表格である英国の心理学者リーズン（Reason, J., 1990/1994）は，「計画された一連の精神的または身体的活動が，意図した結果に至らなかったものとしてエラーを考える」と述べている。この定義は，人間が行動の意図を形成し，それを達成し得なかった場合を，結果的にエラーだと規定している。

　しかし，人間はどのような行動をするかと決めるまでに，外部からのさまざまな刺激情報を受容し，知覚・認知・判断という一連の行為によって決定している。したがって，この，それぞれの段階の情報処理過程に介在する人間の心理・行動特性を理解しなければ，エラーの発生を防止する有効な対策系を構築することは不可能であろう。

　情報処理の第一段階は**知覚機能**である。人間は視覚や聴覚，嗅覚，味覚などの器官により，外部からの刺激を受容しこれに意味づけをして情報を処理する。その中でもっとも注目され研究の対象とされてきたのは視覚である。人間は感覚器の異常の有無にかかわらず，実際の対象物に対して誤った感覚や認識を得

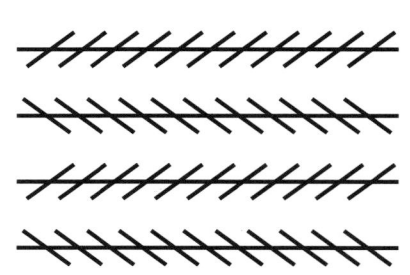

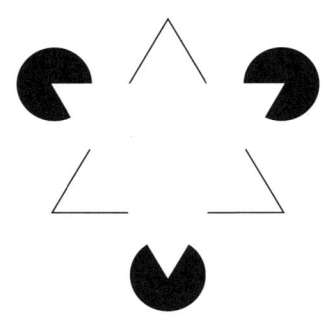

図 12-1　平行線の錯視　　　　図 12-2　描かれていない
　　　　　　　　　　　　　　　　　　　　三角形の認知

ることがしばしばある。図12-1に示されている図形を観察すると，4本の線分はすべて平行であるが，付加線の角度が鈍角であるほど，平行感のズレが顕著になることが理解できよう。また，図12-2に示した図形は，実際には描かれていない三角形が明らかに浮き上がって見えてしまう。人間は現実にないものさえも見てしまう特性を持っている。

　第二段階の情報処理は認知である（意図の形成）。**認知**とは，人間が外界に存在する対象を知覚した上で，それが何であるかを判断したり解釈したりする過程である。人間が「見る」ということは，たんに外界の対象物を目の網膜に映すだけではない。ものを見たり聞いたりすることは，外部情報をすでに持っている経験や知識，期待，欲求などに基づいて解釈しようという無意識の意図を働かせる作用である。たとえば，見間違い，聞き違い，勘違いなどが人間の認知システムの特性によって不可避的に発生する。しかし，それは認知システムに欠陥があるためではない。人間の認知システムはコンピュータのように入力情報を処理して，認識と判断，決定というアウトプットを出力する。コンピュータとの大きな違いは，情報が不完全でもあいまいでも，前例や状況，文脈を手がかりにしてとりあえずのアウトプットを出してくれることである（芳賀，2012）。

　したがって，「人間はエラーを犯す生物である」と言っても過言ではない。心理学の知見から分析した人間の特性によると，リーズンの定義によって規定

されたエラーであっても，システムの状況によってはヒューマンエラーにはなり得ないものがあるとの指摘もある。興味深いことに，逆に人間の特性によって起こったエラーは「ヒューマンエラー」とは呼ばない方が適切だという主張もある。事故の原因がまだ明らかになっていない段階で，人間が介在した事象を，すぐに「ヒューマンエラー」と規定してしまうと，それは人間だけが問題視される原因論となる。その結果，システム全体としての検討が行われず，エラー防止に有効な対策が得られないままで終わってしまう例はたくさんある。

　ヒューマンエラーを有効に防ぐためには，「ヒューマンエラーは事故の原因ではなく，結果である」と考えることが重要である。「なぜこのようなエラーが生じたのか」というエラー発生の背景要因を探ることが有効な対策につながっており，エラーを引き起こす要因（リスク）が組織（システム全体）の何処に潜んでいるかを明らかにして，そのリスクを取り除くことが根本的な解決策となる。

（2）　リスクマネジメント

　最近の産業界では，**組織エラー**（organizational error）という表現がよく取り沙汰されている。ヒューマンエラーを引き起こす組織レベルの背景要因の総称を組織エラーと呼ぼうという考え方である。組織のシステムを巨大な氷山とたとえるならば，ヒューマンエラーはたんに海面上の氷山の一角に過ぎない。つまり，それは目に見えるものなので，管理者に注目されやすい（顕在したエラー）。一方，組織エラーは海面下に隠れている氷山の大部分である。これらは目に見えない要因のため，管理者はなかなか気づかない（潜在するエラー）。

　組織エラーは具体的に次のような形態で組織内の各レベルに潜んでいると考えられる。

　①ポリシー共有エラー：安全行動の理念や方針が十分に浸透せず，形骸化していること。

　②目標設定エラー：過酷なノルマが設定され，作業現場の現状から乖離した目標を無理やりに達成させること。

③意思疎通エラー：コミュニケーションチャンネルが閉塞となり，上層から下層への指示や文書などが通達できず，現場から成果のフィードバックや改善提案なども上層部に伝達できないこと。

④人的資源管理エラー：現場の人員配置や評価基準，報酬分配などが不合理で，メンバーのモチベーションが低下してしまうこと。

⑤リスク管理エラー：リスクの評価が実施されず，リスクの共有・低減も行われないこと。

⑥マニュアル・文書管理エラー：マニュアルが必要に応じて更新・改善されず，現場作業にかかわる文書の管理もずさんで，手順からの逸脱行為が常態化となる可能性を生じさせること。

⑦危機管理エラー：緊急時対応の体制が整備されず，対応方法の有効性も十分に検討されていないこと。

⑧教育訓練エラー：教育の体制が不十分で，教育の方針や目的が不明確であり，内容も不適切であるため，必要な知識と技能を持つ人材が育成できないこと。

上述のような各種のエラーは組織の各階層に潜在しており，最終的にいつかどこかでヒューマンエラーという形で顕在化し，大きな事故やトラブルを引き起こしてしまうものである（図12-3）。潜在的な危険性を有する組織に起きる事故の原因は，事故を引き起こした当事者の個人的な問題ではなく，その組織に潜む欠陥にある。このような組織に潜む欠陥が引き起こす事故は「組織事故（organizational accident）」と定義されている（Reason, 1997）。

ヒューマンエラーを有効に防ぐためには，その誘発要因である組織エラーに注目すべきであり，組織の中に隠れているさまざまなリスク（落とし穴）を低減することが根本的な方法である。それは**リスクマネジメント**の考え方である。組織メンバーの全員が安全の問題に取り組み，安全を優先する組織風土または組織文化を構築することによって，組織エラーを防止することが必要である。最近，安全文化（safety culture）という概念が提起されているのはこのような視点に基づいたものにほかならない。

第12章　働く環境の質

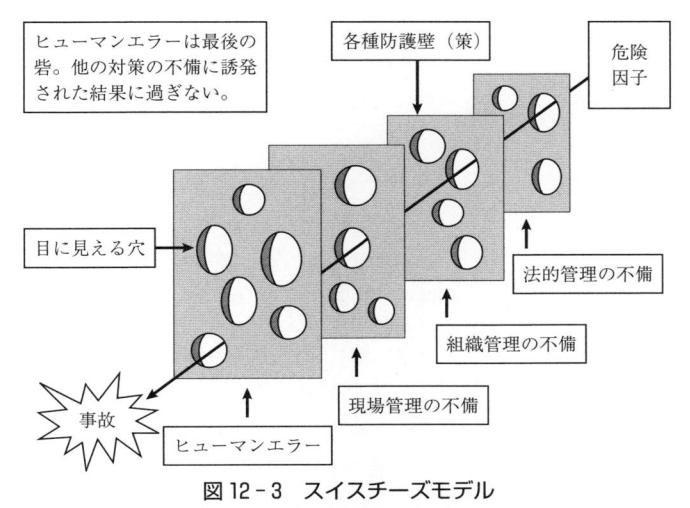

図12-3　スイスチーズモデル
(出所)　Reason（1990/1994）より筆者改変

(3)　安全文化の醸成

「安全文化」の概念にはさまざまなものがあるが，以下のような諸定義が一般に受け入れられている。安全文化とは，「原子力プラントの安全問題に関して，その重要性に見合った注意を払うことを最優先として確立する組織および個人の特質と態度の集合である」（国際原子力機関（IAEA），1991）；「安全に関して従業員が共有する態度，信念，認識および価値である」（Cox & Cox, 1991）；「行動，ポリシー，手順に表明された組織の信念や態度である」（Ostrom et al., 1993）；「個人や集団の価値，態度，認識，効力，組織衛生や安全管理へのコミットメント，スタイル，進歩を決定する行動のパターンなどの成果である」（HSC, 1993）等々。しかしながら，このような概念は，あまりに抽象的な部分を内包しているため，組織内でこれを具体化する方法が見当たらないことがネックとなり，有効に展開するのがなかなか難しい。

　そのため，安全文化を総合的に評価するための一つの「安全文化評価ツール（Safety Culture Assessment Tool：SCAT）」が開発され，現在さまざまな産業分野で活用されている（施ほか，2004）。このツールは基本的には，「安全確保

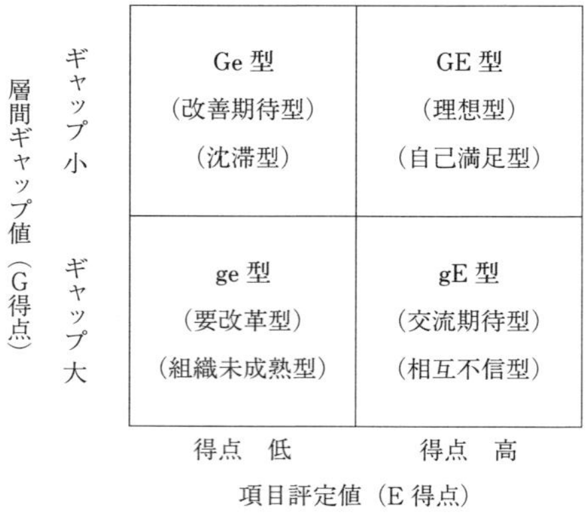

	得点 低	得点 高
ギャップ 小	Ge 型 （改善期待型） （沈滞型）	GE 型 （理想型） （自己満足型）
ギャップ 大	ge 型 （要改革型） （組織未成熟型）	gE 型 （交流期待型） （相互不信型）

（縦軸：層間ギャップ値（G得点）、横軸：項目評定値（E得点））

図12-4　SCAT-MAPによる評価モデル

のための仕組み」に向けられた「組織成員の安全態度・安全行動」およびそれらに対する「組織成員の安全態度・安全行動の共有性」（管理者層，責任者層，作業者層のそれぞれの層間ギャップ値）という2つの指標から，「安全声明」「安全と生産性」「規則・文書類」「責任・権限・役割」「不具合処理」「教育・訓練」「情報経路・コミュニケーション」「作業条件」「制度・活動」「外部との協力」の10分野で安全文化の実態を評価するものである。

　さらには，上記の2つの指標に基づいて安全文化に関する組織の総合評価を行うための枠組み（SCAT-MAP）を提唱している。これは，縦軸に層間ギャップ値（G得点），横軸に項目評定値（E得点）をとり，これら2つの次元から組織の相対的位置を見出すというものである。図12-4に示しているように，G得点とE得点のタイプを組み合わせることによって，安全文化レベルに関して4つのタイプ（GE型，Ge型，gE型，ge型）が構成され，すべての組織はいずれかのタイプに分類することが可能となっている。この4つのタイプの特徴は以下の通りである。

　GE型（項目評定値も高く，層間ギャップ値も小さい）：安全文化の観点からは理想的なタイプであるが，自己満足の可能性もある組織。

　Ge型（項目評定値は低いが，層間ギャップ値は小さい）：全般的に安全態度や安全行動は低いが，層間のギャップは小さいので，新たな施策を導入しようと

する際には組織が結束しやすく，改善への期待は持てる。ただし，現在は停滞している状態の組織。

gE 型（項目評定値は高いが，層間ギャップ値は大きい）：全般的に安全態度や安全行動は高いが，層間のギャップは大きいのが問題である。層間の交流を増すことで相互の認識の相違を取り除くことにより，組織として結束する可能性がある。ただし，現在は階層間での不信が存在する組織。

ge 型（項目評定値も低く，層間ギャップ値も大きい）：全般的に安全態度や安全行動が低く，層間のギャップも大きいため，大幅な組織改革が必要な組織。

この SCAT を用いて把握した「組織の安全文化上のウィークポイント」に対して，下記のような PDCA サイクルを廻すという考え方に類似した取り組みを行い，実行途中のモニタリング調査を行うなど（風化対策），幾つかの工夫を組み込むことによって，組織内で安全文化を醸成し，安全な仕事環境を保っていくことができるだろう。

ステップ1：SCAT 調査で組織の弱点を把握する。
ステップ2：把握した弱点をヒアリング調査によって確認する。
　　　　　（裏付けを取る）
ステップ3：確認された弱点に対して3層ごとに対策を立案し実行する。
　　　　　（年間プラン）
ステップ4：実行の経過をモニタリング調査によって監査する（3ヶ月ごと）。
　　　　　実行の遅れが生じている場合には計画の修正を行う。
ステップ5：再度 SCAT 調査を実施し効果測定を行う。

2　安心して働きやすい人的環境とは

（1）　コンプライアンスの定着

人間は誰でも安心した仕事環境の中で気持ちよく働きたいであろう。しかしながら，昨今では，社会に重大な不利益をもたらす組織の不祥事が相次いで発生している。典型的な事例としては，JCO 臨界事故（1999年），雪印乳業集団

食中毒事件（2000年），日本ハム牛肉偽装事件（2002年），三菱ふそうトラック車輪脱落死傷事故（2002年），東京電力シュラウド傷隠蔽事件（2002年），JR西日本福知山線脱線事故（2005年），製薬会社「ノバルティスファーマ」の高血圧治療薬のデータ改ざん（2013年）などが挙げられる。不祥事が暴露されれば，営々として築き上げてきた内外の信頼を一夕にして失い，それにかかわった企業の存続が危うい状態になる恐れがある。不祥事を防ぐために，近年，企業組織にコンプライアンスが強く求められるようになった。

　コンプライアンスは，多くの場合，「法令遵守」と訳される。そのため，「法律を遵守すること」，あるいは「法令違反を犯さないこと」がコンプライアンスだと広く理解されている（浜辺，2005）。しかしながら，法律を守るべきことは当然のことであるが，それは最低限の要請である。法令は企業活動のすべてをカバーしているわけではないし，法令を超えた事態が現実にあるとすれば，それだけに依存して判断し，行動を決めることは十分ではない（菱山，2002）。

　コンプライアンスの本来の意味は，法令の文言のみならず，その背後にある精神まで守り，実践することである（高，2003）。それによれば，法令（法律，政令，省令など）だけではなく，企業の価値観あるいは価値基準を具体化した社内規則・行動マニュアル，さらに社会的規範（倫理観）までを遵守することがコンプライアンスの内容だと理解すべきである。

　コンプライアンス違反は組織風土の問題である。岡本・今野（2006）はコンプライアンス違反を，「**個人的違反**」（会社のものを私用に流用したり，勤務時間をごまかすなど，個人が楽や得をするための違反）と「**組織的違反**」（組織の利潤利益のために，定められている基準や手順を省略する，不正を隠蔽するなどの行為）に分類し，「個人的違反を容認する雰囲気」には規程・マニュアルの整備が有効であるが，「組織的違反を容認する雰囲気」には「属人風土」の改善が必要だと主張している。

　「**属人風土**」とは，仕事にかかわる判断や意思決定の過程で，「事柄」ではなく，「人」の情報を重要視する組織風土を意味するものである。属人風土は以下のような特徴を有している（岡本・鎌田，2006）。

①同じ案でも提案者によって案の通り方が異なる。
②仕事ぶりよりも好き嫌いで人が評価される。
③相手の体面を重んじて反対意見が表明されない。
④「原因が何か」よりも「誰の責任か」を優先する。
⑤誰が頼んだかによって，仕事の優先順位が決まる。

　企業組織では，コンプライアンスの定着をどうすれば確保することができるか。**高巌**ら（2001）はコンプライアンス経営という視点から以下のように提言している。①コンプライアンス計画の制定：倫理方針を具体化し，行動規範を決める。教育計画や監査計画，是正・改善計画などを策定する。②コンプライアンス体制の構築：専門部署を設置し，責任者を決める。実質的権限を与える。③コンプライアンス体制の運営：報告相談部署を設置し，コミュニケーションを図る。不正が起こらないよう個人・職場・組織の各レベルでモニタリングによるチェックをし，改善する。

（2）職場のハラスメント

　経済・雇用環境の変化に伴い，さまざまなハラスメントについての問題が表面化するようになってきた。よく耳にするのは「パワー・ハラスメント（パワハラ）」と「セクシュアル・ハラスメント（セクハラ）」である。ほかには，「**ジェンダー・ハラスメント**」（社会的に作られた，男女の固定的な役割意識をもとに行われるハラスメント），「**アルコール・ハラスメント**」（上司から部下へ飲酒を強要したり，酒の入った場で暴言を吐くなどの行為），「**アカデミック・ハラスメント**」（大学などの教育機関で，教授や教職員がパワーを用いて学生や教員に対して行うハラスメント）などのハラスメントもある。

(1)パワー・ハラスメント

　職場の「パワー・ハラスメント（パワハラ）」とは，職務上の地位または職場内の優位性を背景にして，本来の業務の適正な範囲を超えて，継続的に相手の人格や尊厳を侵害する言動を行うことにより，就労者に身体的・精神的苦痛を与え，また就業環境を悪化させる行為である（岡田・稲尾，2011）。

パワハラ	レッド	頻度・回数	1回でも×	①刑法に触れるもの ②不法行為の強要 ③労働基準法に触れるもの ④明らかに基本的人権を侵すもの
	イエロー		多↕少	⑤人格を傷つける行為 ⑥マネジメントの問題 ・不適切な業務指示 ・行き過ぎた教育指導 ・好ましくない職場環境
パワハラではない				①業務上必要，かつ適切な指示 ②正当な教育指導 ③評価，待遇に対する根拠のない不満 ④具体的ハラスメント行為がない

図12-5 パワハラの判断基準
(出所) 岡田(2004)より筆者改変

パワー・ハラスメントの典型例は以下のとおりである(厚生労働省，2012)。

①身体的な攻撃(暴行・傷害)

②精神的な攻撃(脅迫・名誉毀損・侮辱・ひどい暴言)

③人間関係からの切り離し(隔離・仲間外し・無視)

④過大な要求(業務上明らかに不要なことや遂行不可能なことの強制，仕事の妨害)

⑤過小な要求(業務上の合理性なく，能力や経験とかけ離れた程度の低い仕事を命じることや仕事を与えないこと)

⑥個の侵害(私的なことに過度に立ち入ること)

パワハラは以下のような職場環境で起きやすい。①上司・部下双方にコミュニケーションが希薄である職場，②失敗への許容度が低い職場，③忙しすぎる，または暇すぎる職場，④さまざまな立場の従業員が一緒に働いている職場，⑤人や仕事のマネジメントが徹底されていない職場。

パワハラを防ぐためには，上記のような職場環境を改善することが必要であるが，個人としての対策を講じることも不可欠である。それに対して，岡田(2004)は図12-5のようなパワハラの判断基準を提案している。その中での

レッドゾーンにあるものは既存の法律で処罰できるものである。この基準によって，自分の置かれている状況がパワハラだとわかった場合，人としての尊厳を持つ権利があることや，いろいろな選択肢の可能性を考えながら，毅然とした態度を取ることが重要である（岡田，2004）。また，職場の中で孤立しないように，理解を得られそうな同僚や上司を味方につけることも大切であることが提言されている（岡田，2004）。

(2) **セクシュアル・ハラスメント**

職場における「セクシュアル・ハラスメント（セクハラ）」とは，相手（労働者）の意思に反して不快や不安な状態に追いこむ性的な言動に起因するものであって，①職場において行われる性的な言動に対する労働者の対応により当該労働者がその労働条件につき不利益を受けること，または②職場において行われる性的な言動により労働者の就業環境が害されることを意味する（男女雇用機会均等法第十一条1項）。アメリカ・カリフォルニア州の定義はセクシュアル・ハラスメントの行為をより具体的に示している。

カリフォルニア州の定義は以下のとおりである（大西ほか，1998）。

- 言葉によるもの：性的ニックネームをつけて人前で呼んだり，性的な中傷をすることなど。
- 肉体的なもの：暴力的に身体に触ったり，抱き締めたりすることなど。
- 視覚によるもの：性的なポスターを目につくところに貼ったり，写真や絵を見せたりすることなど。
- 性的行為によるもの：性的な誘惑，要求に対する相手の対応により，雇用条件を変化させることなど。

また，フィッツジェラルドら（Fitzgerald, L. F. et al., 1995）は，セクシュアル・ハラスメントの種類を以下の5つに分類している。

① 一般的な，性差別的で不快な言動（gender harassment）
② 相手の望まない性的な誘いや注目（seductive behavior）
③ 対価を示しての性的関係への誘い（sexual bribery）
④ 脅しによる性的関係の強要（sexual coercion）

業務の進め方	□ 指示した仕事をやり終えたとき，その都度「ありがとう」などのねぎらいの言葉をかけているか □ 雑用係と見なすような仕事の与え方をしていないか □ 「考える」のは男性，「処理する」のは女性という意識に基づき仕事の割り振りを行っていないか □ 情報が男性集団の中だけで流通しないよう，文書の流れ，打ち合わせの仕方などに配慮しているか
日常の言動	□ 挨拶代わりに毎日肩をたたいていないか □ 「女のコ」「○○ちゃん」「オバさん」などの呼び方をしていないか □ 「カレシいるの？」「どうして結婚しないの？」などと尋ねていないか □ 女性の前で他の女性と性的魅力を比較していないか □ 飲み会で座席位置を特定の上司の隣へ強制していないか

図12-6 セクシュアル・ハラスメントのない風土作り チェックシート
（出所） 吉田（2007）

⑤直接的な脅しや暴力による性的関係の強要（sexual assault）

この分類では，番号が大きくなるにしたがい，セクシュアル・ハラスメントの内容も深刻になる（角山，2006）。

セクハラの発生原因はさまざまである。吉田（2007）は組織全体にある「男性が主，女性は従」といった固定的な性役割分業の意識が遠因であると指摘し，「セクシュアル・ハラスメントのない風土作り チェックシート」（図12-6）による現状把握をつねに行うように提言している。

さらには，セクハラを防止・解決するためには，組織内で以下のような対策を講じるべきであるとも主張している。

①現場の実態を調査する。対策立案には現状把握が欠かせない。調査を行うこと自体やその結果を発表することにより，セクハラに対する理解や認識が高まることも期待できる。

②会社の方針を明確にする。「セクハラは見逃さない」という会社の方針を明確にするとともに，社員全員に周知徹底する。

③社内研修を実施する。性別や階層ごとに異なるカリキュラムで実施するほうが効果性が高い。

④相談窓口を設置する。相談を受けるだけではなく，その内容や状況に応じ

適切に対応する。

〈もっと詳しく知りたい人のための文献紹介〉

リーズン，J. 塩見弘（監訳） 1999 組織事故――起こるべくして起こる事故からの脱出 日科技連出版社（Reason, J. 1997 *Managing the risks of organizational accidents.* Ashgate Publishing Company.）
　⇨組織事故とは，組織に潜む欠陥が引き起こす事故である。本書は，さまざまな産業分野での事故事例を通じて，その発生メカニズムを明らかにするとともに，組織事故を防ぐための方法について解説している。

岡本浩一・今野裕之 2006 組織健全化のための社会心理学 新曜社
　⇨頻発する企業不祥事のほとんどは，危険や非倫理性を認識しながら，積極的に意思決定されていたのである。本書は，個人行動や集団意思決定，組織風土などの視点から，不祥事の発生メカニズムと対策を解説している。

高巌 2003 コンプライアンスの知識 日本経済新聞社
　⇨企業不祥事を防ぐためには，コンプライアンス活動に組織の経営全体で取り組まなければならない。本書では，コンプライアンスの基本概念から，組織内体制の整備，運用のノウハウまで具体的に解説している。

〈文　献〉

Cox, S., & Cox, T. 1991 The structure of employee attitudes to safety: A European example. *Work and Stress,* **5**, 93-106.

Fitzgerald, L. F., Gelfand, M. J., & Drasgow, F. 1995 Measuring sexual harassment: Theoretical and psychometric advances. *Basic and Applied Social Psychology,* **17**(4), 425-445.

芳賀繁 2012 ヒューマンエラーの基礎知識 労働安全衛生広報，**44**，20-25.

浜辺陽一郎 2005 コンプライアンスの考え方 中公新書

菱山隆二 2002 倫理コンプライアンス 経済法令研究会

HSC 1993 Organising for safety: Third report of the Human factors Study Group of ACSNI (Sudbury: HSE Books).

角山剛 2006 モチベーションマネジメント 古川久敬（編） 2006 産業組織心理学 朝倉書店

国際原子力機関（IAEA） 1991 セイフティ・カルチャ――国際原子力安全諮問グ

ループ報告　IAEA 安全シリーズ，No. 75-INSAG-4.
厚生労働省　2012　職場のパワー・ハラスメントに関する実態調査報告書
岡田康子　2004　防ごうパワー・ハラスメント　労働の科学，**59**(4)，9-12.
岡田康子・稲尾和泉　2011　パワー・ハラスメント　日本経済新聞出版社
岡本浩一・鎌田晶子　2006　属人思考の心理学　新曜社
岡本浩一・今野裕之　2006　組織健全化のための社会心理学　新曜社
大西守・篠木満・河野啓子・廣尚典・菊地章彦　1998　産業心理相談ハンドブック　金子書房
Ostrom, L., Wilhelmsen, C., & Kaplan, B. 1993 Assessing safety culture. *Nuclear Safety*, **34**(2), 163-172.
Reason, J. 1990 *Human error.* Cambridge University Press.（林喜男（監訳）1994　ヒューマンエラー――認知科学のアプローチ　海文堂出版）
Reason, J. 1997 *Managing the risks of organizational accidents.* Ashgate Publishing Company.（塩見弘（監訳）1999　組織事故――起こるべくして起こる事故からの脱出　日科技連出版社）
施桂栄・細田聡・菅沼崇・奥村隆志・余村朋樹・井上枝一郎　2004　産業組織体における安全文化評価ツールの開発に関する研究　産業・組織心理学会第20回（20周年記念）大会発表論文集，19-22.
高巖　2003　コンプライアンスの知識　日本経済新聞社
高巖・稲津耕・国広正　2001　よくわかるコンプライアンス経営　日本実業出版社
吉田珠江　2007　セクシュアル・ハラスメントのない組織を作る　人事マネジメント，**6**，90-91.

第12章 働く環境の質

☕ ケーススタディ　コンプライアンスのケース（チャレンジャー号爆発事故）

　1986年1月28日午前11時38分，アメリカのスペースシャトルであるチャレンジャー号はケネディ宇宙センターから打ち上げられた。しかし，打ち上げ73秒後に爆発して大破，乗員7人全員が死亡する事故となった。事故後，ロジャース元国務長官を委員長とする事故調査委員会が設置され，徹底的な原因解明がなされた。調査の結果，事故の直接の原因は，右側固体ロケットブースタの密閉用Oリングが発進時に破損し，密閉していた継ぎ目部分から高温の燃焼ガスが漏れ出したためであるとされている。

　合成ゴム製のOリングは低温では固くなって弾性を失い，隙間を埋めることができなくなるという欠点がある。こうした欠陥が技術者によって前もって指摘されていながら，事故の起きた日の打ち上げ時の気温は－1～－2℃と，それまでの打ち上げの気温に比べて13～14℃ほど低かったにもかかわらず，打ち上げが強行された。

　打ち上げ前日の夜，サイオコール社の技術者と幹部は，NASAの幹部と遠隔会議を開き討議を行った。何人かの技術者——中でもとくに，以前にも同様の懸念を表明した技術責任者は，Oリングの弾力性が異常低温で低下し破損する可能性があると指摘し，打ち上げを延期するように主張した。しかし，すでに4回にわたって発射を延期している NASA は，財源獲得のためにスケジュール通り飛ばさなければならないというプレッシャーがあって，再考を要求した。

　サイオコール社は NASA に年間400万ドルのビジネスを依存している企業である。このとき，NASA と新しい契約交渉を進めており，固体燃料ロケットの独占納入業者としての地位を継続したいという目論みがあった。そのため，同社の経営責任者は技術責任者に向かって「技術者の帽子を脱いで経営者の帽子をかぶりたまえ」と言ったという。最終的には「経営上の判断」によって打ち上げに同意する旨を NASA に伝えることになった。

参考文献：Vaughan, D. 1996 *The challenger launch decision : Risky technology, Culture, and Deviance at NASA.* Chicago : The University of Chicago Press.

補　章
働くことと心理学

岡村一成

1　心理学の知識が産業界で応用された初期の頃

　心理学を科学として基礎づけたのはドイツのヴント（Wundt, W.）である。1879年に彼は，ドイツのライプチッヒ大学に心理学実験室を創設し，人間の心を科学的に研究する新しい学問を唱導した。従来の哲学的・宗教的心理学から脱皮して，実験心理学を成立させたことは，心理学にとって大きな前進であった。このことを一つの契機として，イギリスのゴルトン（Galton, F.），ドイツのクレペリン（Kraepelin, E.）やシュテルン（Stern, W.）による個人差の研究，ドイツのエビングハウス（Ebbinghaus, H.）による学習と記憶の測定などがさかんに行われ，1905年にはフランスのビネー（Binet, A.）とシモン（Simon, T.）によって，世界で最初の知能検査が考案された。

　こうした心理学の知識が産業界で応用されはじめたのは比較的古く，1900年代の初頭のことであった。当初は，経営者が労働者をできるだけ能率よく働かせ，多くの利潤をあげることや，広告・販売活動の効果をあげる方法などについて，心理学の考え方を取り入れた研究が行われたのである。

　1892年になると，ドイツを去ってアメリカに帰化したミュンスターベルク（Münsterberg, H.）によって，ボストン市の市電運転手や電話交換手，フェリーボートの操舵手など，職場の第一線で働く人々の個人差や適性に関する研究などが精力的に行われるようになったのである。

　そこでミュンスターベルクは，さまざまな心理学的研究を基礎に，産業界において実際的な問題，とくに経済生活上の問題解決に応用する技術の学として，

「精神工学（精神技術学）」という学問を提唱したのである。

彼は，1912年にこれまでの研究成果をまとめて『心理学と経済生活（*Psychologie und Wirtschaftsleben*）』，1913年に『心理学と産業能率（*Psychology and Industrial Efficiency*）』などの著書を刊行し，体系的な論述を展開した。

彼は，その著作の中で，経済の問題に心理学を応用する領域として，
①最適な人材を選抜すること
②最善の作業方法を見出すこと
③最高の効果を上げること
があると主張し，この新しい学問を「経済心理学」と名付けている。

ミュンスターベルクがあげたこれらの領域は，後の産業・組織心理学研究の枠組みに大きく影響をもたらしていることから，これが「**産業・組織心理学**」のスタートであると考えられる。

心理学が科学として哲学から独立してから，約30年後にその知見を産業の問題に応用しようとした試みは，まだまだ不十分であったとは言えるが，そこには強い社会的な要請があったことがうかがえる。

しかし，ミュンスターベルクの心理学と経済生活を統合しようとした創意は，当時の研究が寄せ木細工的であったことや，人間機械観的な実験心理学であったことなどから，その後，各方面から批判を受けていた。ところが，1914年に第一次世界大戦が始まると，軍事力，生産力増強のために，産業界での実践的活動が望まれて，急速な発展をみたのである。

以下に，産業・組織心理学研究の歴史的展開を概観していくが，各分野の研究は独立しているのではなく，相互に関連をもちながら発展してきたのである。

2　モチベーション管理の研究

（1）　科学的管理法の隆盛

19世紀末には生産力は増大し，企業では能率と利潤が重視されていた。当時の賃金は出来高給であって，生産高の多い人には賃金を多く，少ない人には賃

金を少なく支払われるしくみであった。ところが，働く人の能率が向上し，企業全体の生産量が高まると，賃金総額の増大をおさえるために，経営者は賃金の引き下げを行った。そのため働く人々は不満をもち，首にならない程度に適当に仕事をすればよいという怠け心に流されていったのである。そして，連帯し適当に働くという組織的な怠業を行うようになってしまった。

こうした現実に対して**テーラー**（Taylor, F. W.）は，科学的に仕事量を決め，それに照らして賃金を支払えば混乱はなくなると考えた。そこで，一流の工具を選び，その作業時間をストップウォッチで測定することによって，一定の作業量当たりの標準時間を定めた。そして，そのデータに基づいて出来高払い制による賃金体系を構築していった。さらに，計画係や原価係など監督者の役割を明確にし，分業による効率化を進めたのである。これが，いわゆる「**科学的管理法**」である。

テーラーの科学的管理法はアメリカにおける近代的人事管理のはじめとされている。こうした科学的管理法をテーラーが最初著作として世に明らかにしたのが1911年である。その後，科学的管理法は第一次世界大戦中（1914～1919年）の軍事工場で大きな役割を果たし評価され，その後世界的ブームとなった。

科学的管理法の背景にある人間に対する仮説は，後年マグレガー（McGregor, D.）によって**外発的モチベーション**（**動機づけ**）の立場をとる「X理論」として体系化された。

X理論が仮定しているものは「人間は基本的に勤労意欲をもたず，彼らを労働させるためには何らかの罰を必要とし，また大部分の人間は自己の考えで働くことよりも他人によって動かされることを好む」ということであった。

（2） ホーソン実験と人間関係の重視

しかし，テーラーの科学的管理法は万能ではなかった。その欠落している部分が露呈するきっかけとなったのが，メイヨー（Mayo, E.）らのホーソン実験（1927～1932年）であった。**ホーソン実験**は作業現場の物理的な環境が労働者の生産性にどのような影響を与えるかを研究するために始めた実験で，照明の

明るさと労働者の生産性との間の関係を調べたものだった。当初は照明を明るくすると生産性が上がり，暗くなるにつれて生産性は落ちると予想していた。しかしながら，実験を行った結果は，照明を明るくするとたしかに生産性は上がったものの，暗くしても生産性は落ちなかった。また，継電器組立作業などの実験においても同様の結果が出たのである。

テーラーの科学的管理法全盛の時代は，生産能率の向上は物理的な側面からのみ検討されてきたのである。ホーソン実験も元来，作業環境（照明や休憩時間など）を最適にすることを目的として計画されていたのであるが，得られた結果から，働く人にとってより大切なことは，仲間に認めてもらいたい，受け入れてもらいたいなどの社会的欲求を満足させてやることであることを認識したのである。さらに，インフォーマルな職場集団での暗黙のルールが，職場行動に影響を与えていることが見出されたのである。この発見は画期的なものであり，人間関係を重視する考え方を生み出したのである。ここでは，管理者は仕事の成果そのものに対して指示するだけでなく，働いている人に大きな配慮をはらう必要があった。すなわち，部下のいだく所属感，仲間との連携感などの「社会的欲求」の満足度に注意をはらうこと。さらに，グループを中心に考え，たんに個人的に報奨されるというよりも，むしろグループに対する報酬に重点を置くことが，仕事への動機づけになると考えたのである。

なお，モレノ（Moreno, J. L.）の社会測定学やレヴィン（Lewin, K.）らの集団力学（グループ・ダイナミックス）の研究もこの分野の発展に大きな役割を果たしている。

（3）　自己実現欲求の充足

ところで，人間関係を重視することによって，職場はたしかに和気あいあいとした雰囲気をつくり出すことができたが，本来の目的であったはずの生産能率はいっこうに上昇しないという弊害が現れてきた。

そこで，新しい考えが生まれてきた。それは，**内発的モチベーション（動機づけ）** によってもたらされる自己実現欲求の充足を，モチベーション管理の中

に取り入れる動きである。この考えによると、働く人はたしかに経済的な動機づけをもち、高い賃金を望むし、また、社会的欲求から仲間に受け入れられたいという気持ちをもっているが、働くことによって得られる本当の満足は、自分の能力を十分に活用し、自分の潜在的な可能性を十分に発揮したときにあるという考え方である。

　この考え方は第二次世界大戦後、国際社会が落ち着きはじめた1950年代から主流となってきた。これを明確に理論づけたのが、マグレガーだった。彼は、先に示した「X理論」に基づく科学的管理法と対照的な「Y理論」の考え方を表したのである。すなわち、「人間は、自らに課した目標を達成しようとするために、自らにムチ打って働くものである。また、問題解決にも自ら創意工夫をし、自らの能力を惜しみなく発揮する。とくに、自己の能力の向上とその発揮の場を求め、さらにその正当な評価を受け入れるものである」と考えたのである。これによれば、自己の仕事を立派に遂行することに専念し、自己が有能な存在であると認識することにより満足を引き出すことができるとしているのである。これが、いわゆる自己実現欲求の充足なのである。

　この立場をとる代表的な研究者としては、マグレガーのほか、欲求階層理論のマズロー（Maslow, A. H.）、動機づけ—衛生理論のハーツバーグ（Herzberg, F.）などをあげることができる（第5章参照）。

　こうした背景から生まれてきた具体的施策が、**「目標による管理」**であり、さらに、こうした自我欲求の充足機会を仕事に盛り込むための「職務充実」や「職務拡大」へと発展してきた。また、モラールや生産性の研究から、モラール・サーベイも積極的に行われ、実証的な研究が展開されたのである。

3　リーダーシップの研究

　古くから関心がもたれていたのが、リーダーシップの問題である（第4章参照）。組織目標を達成するには、リーダーの存在が非常に大切である。それは、リーダーのあり方が、集団の雰囲気やモラール、生産性に大きな影響を与える

からである。

　リーダーシップの研究で，初期の研究から行われていたのが「特性論的アプローチ」である。リーダーとなるような人は，他の一般の人々がもたない，何か優れた資質を有しているという考え方に立って，リーダーが共通して備えている個人的特性を見出そうとした。しかし，ストッジル（Stogdill, R. M.）の研究では，1949～1970年までの間にアメリカで行われた163の研究において，どんなリーダーにも共通した特性というものを見出すことはできなかった。

　そこで，リーダーの行動をいくつかのタイプに類型化し，それぞれのタイプによって，フォロワーの行動がどのように影響されるかを研究する「行動理論的アプローチ」が，リピット（Lippitt, R.）とホワイト（White, R.）やネルソン（Nelson, C. W.）によって試みられた。その結果，リーダーシップのあり方によって，集団の雰囲気が大きく変わることが実証された。その後，三隅二不二の「PM理論」やブレーク（Blake, R. R.）とムートン（Mouton, J. S.）の「マネジリアル・グリッド理論」などが展開され，企業における管理監督者のリーダーシップ訓練方式が開発されていったのである。

　しかし，その後，リーダーの行動はフォロワーを含むリーダーシップの場の力（状況）に即応するものであるという立場から研究が行われるようになった。これが「コンティンジェンシー理論的（状況理論的）アプローチ」である。この研究にはフィードラー（Fiedler, F. E.）の「コンティンジェンシー・モデル」やハーシー（Hersey, P.）とブランチャード（Blanchard, K. H.）の「SL理論（状況リーダーシップ理論，ライフサイクル理論）」などがあり，リーダーシップの新しい考え方として定着してきている。

　いずれにしても，この分野の研究領域は，動機づけ，モラール，人間関係，職場のコミュニケーション，リーダーシップなどを中心課題として発展してきたのである。最近では，よりよい集団づくりを目指した「チームワーク」の研究も行われている。

4　人事心理学分野の研究

　人事心理学の分野は，人々のもつ能力や性格などの差異に着目し，ある仕事にもっともよく適した人を選ぶにはどうすればよいか，また，そうした人をどうすれば育成できるか，といったことを研究のターゲットにしている。
　これは，個人差（差異）の研究の発展にそって成長してきたもので，19世紀末に現れた知的心理検査法の研究に始まる。中でもフランスのビネーとシモンによって考案された個別式知能診断法は，その後の個人差研究に大きな影響をもたらした。また，アメリカで第一次世界大戦中に開発されたアーミーテストは，兵員としての不適格者を除いたり，下士官，将校への採用決定などに適切な資料を提供し，急速な軍隊編成に役立てられた。さらに，ドイツでは，きわめて多方面にわたる職業分析と特殊性能検査が開発された。
　わが国においては，1920年頃に発足した**職業指導運動**による職業適性の研究が，児童・青年の職業指導の実践活動や，職場における適材選抜の方法の研究へと結びついていった。
　第二次世界大戦後の1947年3月に「教育基本法」「学校教育法」が公布され，4月に「労働基準法」，さらに11月に「職業安定法」が公布された。これによって，職業指導運動の再建がなされ，中学校・高等学校における職業指導を継続的・計画的に実施することや，公共職業安定所（現在のハローワーク）を職業指導の機関として設置し，職業紹介，職業補導を行うことになった。そして，旧労働省職業安定局では，アメリカ労働省の GATB（General Aptitude Test Battery）を基にして**『一般職業適性検査』**を開発（1952年）した。この検査は，多種多様な職業分野において，仕事を遂行する上で必要とされる9種類の適性能（能力）を15種の下位検査から測定し，個人の能力面の特徴から，どのような職業活動に成功する可能性があるかを予見しようとするものである。わが国の適性検査の原点にもなるもので，信頼性の高い検査である。
　このようなことを契機として，産業界における心理学の有用性への認識が高

まり，数多くの適性検査やパーソナリティ検査などが考案された。そして，適性検査を用いて，特定の職種に関する適材の選抜，不適材の淘汰を行い，能率の増進と事故の防止を図る研究が行われた。さらに，適正配置，人事アセスメントや管理職の評価の問題，管理者・監督者の研修を含む能力開発などの研究へと発展してきた。

その他，1995年にアメリカのゴールマン（Goleman, D.）によって「職業活動において成功できるかどうかは，能力の高さ（IQ）ではなく，**EQ**（Emotional Quotient）の高さで決まる」という提唱がなされ注目を集めている。EQ は感情を上手に管理し，問題解決などに利用できる対人コミュニケーション能力のことで，「**心の知能指数**」とも言われている。働く人々に必要な能力として，「EQ 検査」の開発や EQ の鍛え方の研究なども行われている。

また，1980年代の高度成長の時代には，働きすぎから疲れ果て仕事への意欲をなくし，さまざまな精神・身体症状が発生し，自殺する人まで出てきた。その頃から「**職場ストレス**」の問題が取り上げられるようになっていた。しかし，1990年代までは右肩上がりの経済が続き，ベースアップや定期昇給が保証されていたが，バブル崩壊による不況の中で企業はリストラを行い，中堅社員や若年社員の減少がみられ，終身雇用，年功序列制度を崩さざるを得なくなってきた。そして，残った社員の負担も厳しく，仕事の質も高度なものが要求され，効率化をはかり成果を出すことが求められた。このような事態の中で，再び「職場ストレス」の問題が注目されるようになり，職場では「メンタルヘルスの施策」や「産業カウンセリング制度の導入」などに組織的な取組みがなされてきているのである（第11章参照）。

そして，近年は雇用形態が多様化し，正社員だけでなく，派遣社員や契約社員，アルバイトなど非正社員を活用する傾向が顕著になってきている（第8章参照）。これによって，フリーターやニートの増加が問題視されるようになって，若年層におけるキャリア発達や就職後のキャリア開発の研究も盛んに行われるようになってきたのである（第3章・第7章・第8章参照）。

5　作業心理学分野の研究

　作業心理学の研究は，作業環境の整備を中心とした分野である。この分野は実験心理学的研究から発展したもので，テーラーの科学的管理法，ギルブレス（Gilbreth, F.）夫妻による**動作・時間研究**などを基礎にしている。

　作業心理学の関心は，職務に合った人材を見出すよりも，むしろ，いかに職務をすべての人々に適合させるかという点にある。したがって，研究領域も，疲労，労働時間と休憩時間，動作・時間研究など，人間を中心とした作業環境の整備から，機械・工具などの設計，工場のレイアウトにまで広がりをもっているのである。

　わが国における心理学の研究は，1901年に元良勇次郎が東京帝国大学において，1908年に松本亦太郎が京都帝国大学において，それぞれ実験室を開設したことに始まっている。そして，産業心理学の導入も，星野行則の『学理的事業管理法（*The Principles of Scientific Management*）』（テーラー）（1912年）や鈴木久蔵の『心理学と産業能率（*Psychology and Industrial Efficiency*）』（ミュンスターベルク）（1915年）の翻訳紹介が原動力になった。この時期は，国内では産業振興にともなって生産規模が拡大し，能率の向上が求められるようになっていたことから，これらの著作の影響を受けた。そして，テーラーの科学的管理法も，1916年頃から行われていた，いわゆる「能率増進運動」との強い結びつきのもとに，逓信省や電話局などで心理学者による労働時間，疲労の調査が開始され，作業の改善が試みられた。こうした能率運動は，民間事業所にも急速に浸透していった。まさに，能率心理学の時代であった。また，1921年には岡山県倉敷の紡績工場に「倉敷労働科学研究所」が創設され，産業労働の生理学的・心理学的研究が暉峻義等，桐原葆見らによって開始された。

　この分野の研究が飛躍的な発展をとげたのが，第二次世界大戦およびそれ以降である。オートメーションを含む近代機械，航空機などの技術的進歩が急速に発達をとげたが，人間の能力や特性にはさほどの変化がみられなかった。そ

のため機械の技術的進歩に人間がついていけなくなりエラーや事故が続発した。それで，人間と機械の適合の問題がクローズアップされて，機械設計，製作に携わる工学と，心理学，医学，建築，デザインなどの領域が協力し発展した。

今日では，労働上の能率，安全，疾病などの問題のほか，快適な仕事環境づくり，職場の災害防止と労働安全，ヒューマンエラー行動，組織過誤と職場安全風土の問題などの研究へと発展してきた。

6　マーケティング分野の研究

広告や販売についての研究は古く，スタートは，**スコット**（Scott, W. D.）が1901年にアメリカのノースウエスタン大学で「心理学の原理が広告に応用できる」というスピーチを行ったことにある。その後，スコットは1903年に『広告の理論（*The Theory of Advertising*）』，1908年に『広告心理学（*Psychology of Advertising*）』を出版している。

しかし，この分野の研究が本格的に行われるようになったのは，1950年代後半からである。大量生産による大量消費時代の現れにより，企業の関心が消費者に対して向けられるようになり，広告や消費者行動の研究が盛んになってきて，マーケティング研究へと発展してきた。

マーケティングには基本的に4つの要素があると言われている。それは，製品（Product），価格（Price），場所（Place），販売促進（Promotion）の4つで**「マーケティングの4P」**と言われている。つまり，優れた製品（商品）やサービスに適正な値段をつけ，適正な市場で，効果的な広告などによって販売や提供を行うことがマーケティングの基本なのである。

このように，現代のマーケティング活動は**消費者のニーズ**を把握する段階から始まって，商品開発，販売促進活動へと展開しており，消費者指向を強く打ち出しているのである。

消費者の意識や市場環境が急激に変化する中で，効果的なマーケティング活動を行うことをマーケティング戦略と呼んでいる。それは，ねらう対象や市場

に応じて，もっとも適切なマーケティング・ミックス（4Pを組み合わせる）を行うことである。この場合，①ねらうべき客（ターゲット）は誰か，②競争相手はどこか，③商品の差別化をどう行うか（自社商品やサービスの優位性はどこか），④どのような売り込み（競争）をするか，などについて明らかにしていくことが必要である。そして，4Pのうちどれに比重をおくのかを検討することで，マーケティング戦略の立て方に違いが生じてくるのである。

しかし，マーケティングの基本は消費者に満足してもらえる商品を提供することである。そこで，消費者がいま何を求めているのか，という実態を把握して，それに見合った考え方，つまり戦略をとることが必要である。

このような研究領域を「マーケティング」や「消費者行動」と言う。研究には，社会心理学的な態度調査的な方法とともに，臨床的面接による方法も有用であることが示されている。この分野は，購買行動の起こる過程や，消費者への訴求や広告，購買動機などの研究を中心課題として発展してきているが，近年では女性の消費者行動の問題が取り上げられ，関心を集めている。

*

以上のように，産業界では古くから心理学の考え方を取り入れた研究が活用されてきたが，近年では心理学の重要性がさらに広く認識されるようになって，組織の円滑化，働く人々の能力開発や適応，安全管理，営業，販売，商品開発，消費者の心理を読み解くことなど，さまざまな領域において心理学の法則や実践的な知識が提供されるようになった。そして，現在のインターネット時代の経営活動においても，心理学の知識はますます必要不可欠なものとなってきたのである。

事項索引

あ 行

アイデンティティ 14
アウトカム 92
アカデミック・ハラスメント 227
アサーション 114, 208
アサーティブ行動 115
新しいキャリアパラダイム（new career paradigm） 131
アルコール・ハラスメント 227
安全文化 223
安全欲求 86
アンダーマイニング効果 90
安定的 66
怒り 94
偉人（great man）としてのリーダー 67
一次的評価 202
一般職業適性検査 241
一般適応症候群 201
意図 64
意欲 85
印象形成 110
インセンティブ 90
受身的行動 115
うつ病 206
影響 64
衛生委員会 210
衛生要因 89
エントリーシート 30
エンハンシング効果 91
横断的キャリア志向 130

か 行

開業率 160
階層別研修 152
外発的モチベーション（動機づけ） 90, 237
外部調達型（acquisition） 26
外部労働市場 23
快楽原則 96
科学的管理法 237
学習する組織（learning organization） 70
学習内容（learning content） 49
革新性（innovativeness） 165
過少支払い 93
過剰支払い 93
可塑性 113
価値（value） 26
　　──規範 107
学校から職業への移行（school-to-work transitions） 43
過程的視点 48
カフェテリア型研修 153
環境要因 112
感情 110
緩衝要因 208
管理監督者 112
管理職 112
起業家（entrepreneur） 160
　　──のパーソナリティ 168
企業内労働組合 144
記号 110
　　──化 110
　　──解読 110
稀少性（uniqueness） 26
帰属意識 107
期待 92
　　──理論 92
機能性 107
キャリア（career） 124
　　──発達 126
　　──発達の5つの段階 127
　　──発達理論 43
キャリアリズム（careerism） 131
業績 92
競争的積極性（competitive aggressiveness） 165
競争優位（competitive advantage） 26

246

共有された目標　64
空間　125
クリティカル・インシデント法　88
クロス・ファンクショナル・チーム　69
経営管理論　143
経営理念　44
警告期　201
傾聴　113
契約型（contracting）　26
結果の公正　94
言語　110
健康障害　207
攻撃的行動　115
高次欲求　86
公正理論　147
構造性　107
行動障害　206
行動理論　68
衡平　93
　──理論　92, 147
合理的なリーダー　68
交流型リーダーシップ（trasactional leadership）　73
コーチング　115
コーピング　202
心の知能指数　242
個人　5
　──－職務適合（Person-Job fit）　32
　──－組織適合（Person-Organization fit）　32
　──的違反　226
個別的配慮（Individualized Consideration）　74
コミットメント効果　30
コミュニケーション・スキル　208
雇用調整　144
雇用の多様化　144
雇用の流動化　144
コンティンジェンシー理論　68
コンプライアンス　226

さ　行

罪悪感　94
採用活動　24
採用計画　24
産業・組織心理学　236
シェアド・リーダーシップ（shared leadership）　71
ジェンダー・ハラスメント　227
視覚的情報　111
時間　125
事業場外資源によるケア　205
事業場内産業保健スタッフ等によるケア　205
自己啓発　153
　──支援　153
自己実現欲求　86
自己制御　86
システム　108
システム１　98
システム２　98
自尊欲求　86
実践知　185
自発性　115
社会　5
　──的支援（ソーシャルサポート）　206
就社　32
就職　23
終身雇用　144
集団　107
縦断的キャリア志向　130
準内部労働市場　23
状況に応じた報酬管理（Contingent Rewards）　74
情動焦点型　208
消費者のニーズ　244
職業指導運動　241
職種別採用　33
職場ストレス　242
職場におけるメンタルヘルス対策（メンタルヘルスケア）　205
職場復帰　209
職務記述書　32
職務充実　89

247

職務成果　46
職務満足　46
　　——感　89
所属・愛情欲求　86
自律性（autonomy）　165, 189
人格攻撃　114
人件費　24
人材ポートフォリオ　25
人事記録　145
人事考課　145
心身症　203
心身相関論　203
人的資源管理（human resource management）　143
心理的ケア　201
心理的構成概念　85
スーパーのキャリア発達モデル　127
スクリーニング効果　30
ストレスサイン　203
ストレス耐性　112
　　——要因　208
ストレス反応　200
ストレッサー　200
制御焦点理論　95
生産（販売）実績記録　145
精神工学（精神技術学）　236
精神疾患　205, 206
精神的健康度　208
生理欲求　86
責任感　64
セクシャル・ハラスメント（セクハラ）　229
絶対評価　146
セルフケア　205, 207
全方位型リーダーシップ・モデル（full range of leadership model）　73
専門別研修　152
戦略　66
相互作用　107
創造性（creativity）　185
相対評価　147
ソーシャルサポート　206, 208
促進焦点　96

属人風土　226
ソシオグラム　71
組織エラー（organizational error）　221
組織コミットメント　46
組織市民行動（organizational citizenship behavior）　187
組織社会化（organizational socialization）　43
　　——学習内容　52
　　——戦術（organizational socialization tactics）　49
組織図　107
組織的違反　226
組織の３次元モデル　128

た　行

対処（コーピング）　202
　　——スキル　208
第二新卒者　47
タスクの不確実性　72
達成欲求（need for achievement）　164
団塊の世代　25
チーム・ビルダーとしてのリーダー　69
知覚　219
知的刺激（Intellectual Stimulation）　73
提携型（alliance）　26
抵抗期　201
低次欲求　86
ディスコミュニケーション　111
定年制　25
適応　201
　　——障害　206
適性検査　30
手続き的公正　95
　　——感　147
転職意思　46
動機づけ　85
　　——の鼓舞（Inspirational Motivation）　73
　　——要因　89
道具性　92
動作・時間研究　243
統制の所在（locus of control）　164
トータルヘルスプロモーション（THP）　210

特性 (traits) 67
　　——理論 68
トップダウン 66
努力 92

な　行

内発的モチベーション（動機づけ）(intrinsic motivation) 90, 186, 238
内部開発型 (internal development) 26
内部労働市場 23
内容的視点 49
二次的評価 202
認知 220
　　——的選択 86
　　——的評価 202
　　——評価理論 201
年功処遇 144

は　行

廃業率 160
バウンダリーレス・キャリア (boundaryless career) 132
働く 7
発症脆弱性 112, 204
パワー・ハラスメント（パワハラ）227
非言語 110
　　——的記号 112
ビジョン 66
筆記試験 30
ビッグ・ファイブ 185
疲弊期 201
ヒューマンエラー (human error) 219
ヒューマン・オーガニゼーション (human organization) 45
ファシリテーターとしてのリーダー 70
フォローアップ研修 152
フォロワー 64
不衡平 93
物質関連障害 207
不眠 206
フラット型組織 69
プロアクティブ行動 (proactive behaviors) 50
プロティアン・キャリア (protean career) 132
分業 45
分配的公正 94
　　——感 147
変革 64
　　——型リーダーシップ (transformational leadership) 73, 190
放任主義 (Laissez-Faire) 75
ホーソン実験 237

ま　行

マーケティングの4P 244
マクロ 66
学ぶ意義 13
学ぶ力 14
ミクロ 66
身だしなみ 110
面接試験 30
メンタリング制度 50
メンタルイルネス（精神疾患）205
メンタルタフネス 112
メンタルヘルス 112, 204
　　——ケア 205
　　——指針 205
　　——不全（不調）206
目標管理制度 148
目標設定理論 95
目標による管理 239
モチベーション（動機づけ）46, 85
問題解決 116
問題焦点型 208

や　行

役割 6
やる気 85
誘意性 92
欲求階層理論 86
欲求と特性 86
予防焦点 96

ら 行

ラインケア　112, 205
リアリティショック（reality shock）　29
リーダー　64
リーダーシップの"4I"　75
リスクテイキング（risk taking）　164
リスクマネジメント　222
理想的な影響（Idealized Influence）　73
流動的　66
リラクセーション　208
類型学（typology）　166
例外管理（Management by Exception）　74
労働者健康状況調査　107
労働者の心の健康の保持増進のための指針（メンタルヘルス指針）　205

わ 行

ワーク・オーガニゼーション（work organization）　45
ワクチン効果　30

A–Z

B欲求　87
CDP（Career Development Program）　205, 210
D欲求　87
EAP（Employee Assistance Program）　205, 210
EQ（Emotional Quotient）　242
ERG理論　88
GE型　224
Ge型　224
gE型　225
ge型　225
KSAs　171
NIOSH職業性ストレスモデル　202
Off JT（Off the Job Training：職場外訓練）　50, 151
OJT（On the Job Training：職場内訓練）　150
RJP（realistic job preview：現実的職務予告）　28
ROP（realistic organization preview：現実的組織予告）　28

人名索引

あ 行
アーサー（Arthur, M. B.）　131
アヴォリオ（Avolio, B. J.）　73
アシュフォード（Ashford, S. J.）　50
アダムス（Adams, J. S.）　93
アバナシー（Abernathy, W. J.）　181
アルダーファー（Alderfer, C. P.）　88
尾高邦雄　8

か 行
コッター（Kotter, J. P.）　65

さ 行
シャイン（Schein, E. H.）　43, 63, 128
シュムペーター（Schumpeter, J.）　181
スーパー（Super, D. E.）　125
菅沼憲治　114
菅原裕子　115
スコット（Scott, W. D.）　244
ストレンジャー（Strenger, C.）　167
スネル（Snell, S. A.）　26
スミス（Smith, N. R.）　166
セリエ（Selye, H.）　201
センゲ（Senge, P. M.）　70

た 行
高巌　227
ダフト（Daft, R. L.）　64
テーラー（Taylor, F. W.）　237
デシ（Deci, E. L.）　90
ドラッカー（Drucker, P. F.）　148

は 行
ハーツバーグ（Herzberg, F.）　88
バウアー（Bauer, T. N.）　43

バス（Bass, B. M.）　73
馬場昌雄　44
バラック（Burak, J.）　167
ハレル（Hurrell, J. J.）　202
ヒギンズ（Higgins, E. T.）　96
平木典子　114
フォークマン（Folkman, S.）　202
深田博己　108
ブルーム（Vroom, V. H.）　92
古川久敬　189
ホール（Hall, D. T.）　125

ま 行
マイナー（Miner, J. B.）　166
マクレニー（McLaney, M. A.）　202
マクレランド（McClelland, D. C.）　164
マズロー（Maslow, A.）　86
三隅二不二　68
ミュンスターベルク（Münsterberg, H.）　235

や 行
ユクル（Yukl, G.）　75

ら 行
ライアン（Ryan, R.）　90
ラザルス（Lazarus, R. S.）　202
リーズン（Reason, J.）　219
ルソー（Rousseau, D. M.）　131
ルパック（Lepak, D. P.）　26
ロック（Locke, E.）　95
ロッター（Rotter, J. B.）　165

わ 行
ワナウス（Wanous, J. P.）　28

《執筆者紹介》

伊波和恵（いなみ　かずえ）編者，はしがき，第6章，第11章
　東京富士大学経営学部　教授

髙石光一（たかいし　こういち）編者，はしがき，第9章，第10章
　亜細亜大学経営学部　教授

竹内倫和（たけうち　ともかず）編者，はしがき，第2章，第3章
　学習院大学経済学部　教授

浦上昌則（うらかみ　まさのり）第1章
　南山大学人文学部　教授

竹内規彦（たけうち　のりひこ）第4章
　早稲田大学大学院経営管理研究科　教授

林洋一郎（はやし　よういちろう）第5章
　慶應義塾大学大学院経営管理研究科　准教授

鄭　有希（ちょん　ゆひ）第7章
　早稲田大学社会科学部　教授

山本　寛（やまもと　ひろし）第8章
　青山学院大学経営学部　教授

施　桂栄（し　けいえい）第12章
　関東学院大学人間共生学部　教授

岡村一成（おかむら　かずなり）補章
　東京富士大学　名誉教授

マネジメントの心理学
――産業・組織心理学を働く人の視点で学ぶ――

| 2014年5月30日 | 初版第1刷発行 | 〈検印省略〉 |
| 2022年1月30日 | 初版第4刷発行 | |

定価はカバーに
表示しています

編著者	伊　波　和　恵
	髙　石　光　一
	竹　内　倫　和
発行者	杉　田　啓　三
印刷者	坂　本　喜　杏

発行所　株式会社　ミネルヴァ書房
607-8494　京都市山科区日ノ岡堤谷町1
電話代表　(075)581-5191
振替口座　01020-0-8076

© 伊波・髙石・竹内ほか, 2014　冨山房インターナショナル・藤沢製本

ISBN 978-4-623-07056-5
Printed in Japan

よくわかる産業・組織心理学
山口裕幸・金井篤子 編
B 5 判　204頁
本　体　2600円

心理学スタンダード
サトウタツヤ・北岡明佳・土田宣明 編著
A 5 判　280頁
本　体　2800円

絶対役立つ教養の心理学
——人生を有意義にすごすために
藤田哲也 編著
A 5 判　226頁
本　体　2500円

絶対役立つ教養の心理学　展開編
——人生をさらに有意義にすごすために
藤田哲也 編著
A 5 判　226頁
本　体　2800円

絶対役立つ社会心理学
——日常の中の「あるある」と「なるほど」を探す
藤田哲也 監修　村井潤一郎 編著
A 5 判　256頁
本　体　2500円

絶対役立つ臨床心理学
——カウンセラーを目指さないあなたにも
藤田哲也 監修　串崎真志 編著
A 5 判　268頁
本　体　2500円

絶対役立つ教育心理学［第2版］
——実践の理論，理論を実践
藤田哲也 編著
A 5 判　272頁
本　体　2800円

いちばんはじめに読む心理学の本

臨床心理学——全体的存在として人間を理解する
伊藤良子 編著
A 5 判　256頁
本　体　2500円

発達心理学［第2版］
——周りの世界とかかわりながら人はいかに育つか
藤村宣之 編著
A 5 判　274頁
本　体　2500円

認知心理学——心のメカニズムを解き明かす
仲 真紀子 編著
A 5 判　264頁
本　体　2500円

知覚心理学——心の入り口を科学する
北岡明佳 編著
A 5 判　312頁
本　体　2800円

――― ミネルヴァ書房 ―――
https://www.minervashobo.co.jp/